互联网+

主　编　林蓬荣　许哲毓　田　崑
副主编　高清贵　翁景德　杜宇君

合肥工業大學出版社

前　言

2015年3月5日，在第十二届全国人民代表大会第三次会议上，国务院总理李克强在《政府工作报告》中提出："制定'互联网＋'行动计划，推动移动互联网、云计算、大数据、物联网等与现代制造业结合，促进电子商务、工业互联网和互联网金融健康发展，引导互联网企业拓展国际市场。""互联网＋"是利用互联网软、硬件及信息技术作为平台，嫁接各行各业的生活与服务，嫁接社会管理各方面，嫁接百姓日常生活，使生产、服务、管理、生活变得更高效、更绿色、更得体、更省心、更便利、更智慧的创新过程。

"互联网＋"代表着一种新的经济形态，即将农、工、商、信息等行业种类加进来，使传统产业升级为现代企业。本书将利用"互联网＋"的概念，引进"互联网＋"市场、"互联网＋"企业、"互联网＋"客户。

根据E-Marketer研究报告，网络最重要的11项发展趋势，涵盖食、衣、住、行、娱乐等领域。这意味着我们与网络关系将更加密切，透过网络接口可以进行在线购物、与人互动、查询数据库、下单、设立网络商店等多元化、个性化的营销活动。

伴随网络发明形成的新兴"互联网"现象，在进入21世纪后，具有决定性、革命性影响力，不仅带来了营销革新，提高了企业竞争力，更重要的是颠覆了以往消费者对生产者大规模宣传活动毫无招架能力，仅能被动接收信息的传统思维，使其转而成为集消费者、受播者、传播者及营销者等多重身份于一身的角色。这都是由于"互联网"的自身特色，让消费者亦能透过建立网站、传送短信、发送电子邮件、发行电子报、建立网络论坛、信使服务等数字传播方式，进行主动性、大规模、大范围一对一、一对多的"互联网＋"市场、"互联网＋"企业、"互联网＋"客户等营销活动。

本书颠覆以往企业对消费者人肆宣传、说服的传统单向、线性营销观念，强调"互联网＋"时代来临，任何企业体、消费者都可以扮演以往大众媒体的传播者角色，透过网络进行e-mail、简讯、语音、影像等多元形式之营销活动，达成组织与个人营销目标。顾及周延性，以"互联网＋"竞争市场变革、"互联网＋"企业思维、"互联网＋"客户需求等构面之实务运作经验与实证理论知识融入书中，试图从市场端、企业端及客户端（合称"互联网＋铁三角"）的实务运作情形，寻找与其对应的实证理论，整合成兼具理论与实务、具体可行的网络营销项目。

本书可作为全国相关高等院校市场营销、网络营销、营销管理、营销策划等核心课程教材，也可作为各行各业营销、业务、策划、创新等社会人员自学的参考用书。本书由林蓬荣博士、许哲毓博士担任主编，高清贵博士、翁景德博士担任副主编，具体编写分工如下：项目一、二、三、四、五（任务1至任务14）由林蓬荣编写；项目四（任务13）由许哲毓、高清贵、翁景德编写。全书由林蓬荣统编并定稿。

本书在编写过程中，参考了国内外的一些文献，其所涉及的案例、论述等对本书的完成起着重要的作用，在此表示感谢。主编为了编好本书，多次组织研讨、论证活动，目的是把本书最好的一面呈现给广大读者。由于时间和水平所限，书中难免存在不妥之处，我们热忱地希望各界人士将您的宝贵意见发到林蓬荣教授邮箱 linpengjung@qq.com，主编将回信致谢。

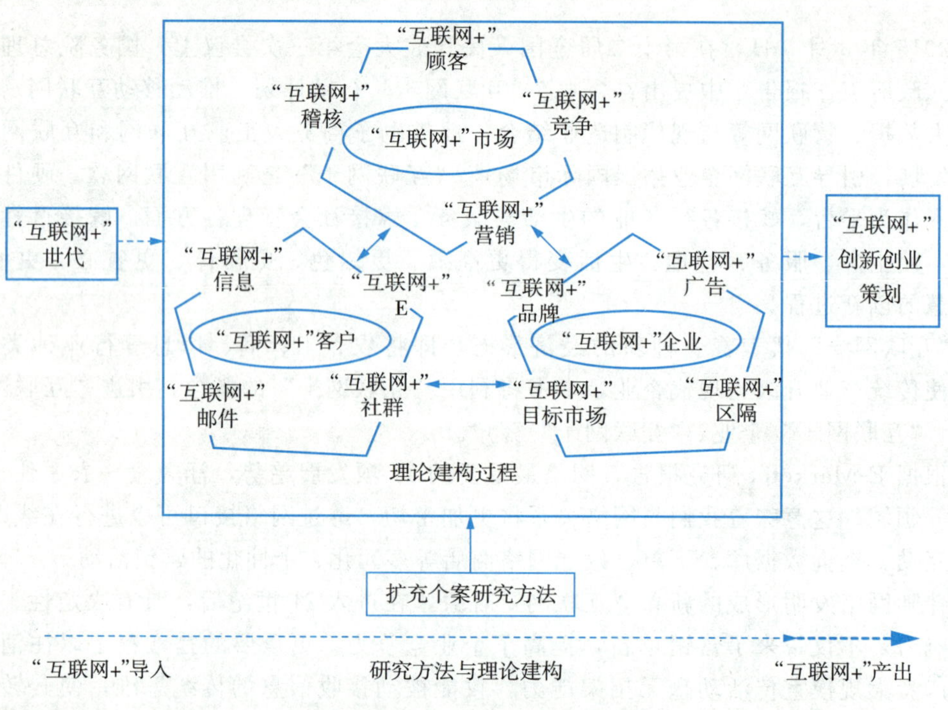

本书架构 三大主题、十二项子题

数据源：林蓬荣教授研究团队

目录

Contents

项目一 “互联网＋”序曲

“互联网＋”到底“＋”什么？

把人、平台、企业、资源、技术、关系等纳入！

——知识分享者　林蓬荣教授

◆ 专家点评

“互联网＋”以什么为中心，“企”字拆分结构说明企业是由人组成的，一个企业离开人（人才、客户），企业就终止了。“互联网＋”是以人为核心，加入企业、资源、技术、利益关系人等各种因素。

您会使用互联网吗？

想利用互联网做生意，难吗？只要学会收发 e-mail 就可以了。真的吗？是的。问题是您真的会收发 e-mail 吗？不会收发 e-mail，就谈不上营销，更别说“互联网+”营销。下面我们就来简单地调研和衡量一下“互联网+”的知识度。

第一部分 “互联网+”市场

- 您知道“互联网+”市场有哪些乱象吗？请试举出三项。
- 您如何针对顾客特质，量身定做定制化策略？请试举出三项。
- 您知道如何建构竞争优势、提高竞争力吗？请试举出三项。
- 您认为非营销部门员工需要做营销吗？还是只有营销部门负责？

第二部分 “互联网+”企业

- 您购买东西会看品牌吗？您觉得企业该采取什么样的品牌策略？
- 您认为广告有效吗？企业该采取什么广告策略来发挥广告效益？请试举出三项。
- 如何与其他竞争者品牌区隔？您认为企业该采取什么样的市场区隔？请试举出三项。
- 如何寻找获利顾客？您认为企业该采取什么目标市场策略？请试举出三项。

第三部分 “互联网+”客户

- 您如何利用 e-mail 做信息管理？防堵垃圾邮件？请试举出三项。
- 您如何利用数字工具做 E 营销？请试举出三项。
- 您如何利用社群与网络来连接关系？请试举出三项。
- 您如何利用电子邮件营销来开拓顾客或建立人脉？请试举出三项。
- 您如何利用博客拉近顾客关系？请试举出三项。

问题结束。谢谢您。

(1) 如果您的“互联网+”市场知识有限，请加强“互联网+”市场（任务 2～5）的学习。

(2) 如果您的“互联网+”企业知识有限，请加强“互联网+”企业（任务 6～9）的学习。

(3) 如果您的“互联网+”客户知识有限，请加强“互联网+”客户（任务 10～13）的学习。

只有充分掌握“互联网+”市场趋势、“互联网+”企业策略与“互联网+”客户技能，才能在“互联网+”领域游刃有余。同时要兼顾环境变化、企业运作与个人互动等方面，通过“互联网+”策划案将三者合而为一。

任务1 "互联网+"

不善用网络，企业就没有活路。

——甲骨文总裁 艾利森

◆ 专家点评

决定企业生存的关键因素很多，不只是网络，还包括"人、生、行、发、财"(记忆口诀：在人生行走的路途上，无非是为了发财)，也就是企业管理的五大功能：人力资源管理、生产管理、营销管理、研究与发展、财务管理。

网 上 生 活

特恩斯市场研究公司（Taylor Nelson Sofres PLC，TNS）调查了英国民众上网行为，发现英国家庭主妇在闲暇时间上网比例最高。研究也发现，人们逐渐在网络上进行传统的实体活动，例如：支付账单、使用网络银行、收看新闻和天气预报等。这些现象显示我们的生活将逐渐数字化。

研究发现，英国人有近三分之一的闲暇时间花在网络上（28%），18～24岁的民众花在网络上的闲暇时间更是高达32%。该研究说明英国人利用闲暇时间上网的行为已愈趋频繁。

调查执行前，大部分人认为学生和无工作者的上网时间占闲暇时间的比例较高，调查后结果令人惊讶：上网时间占闲暇时间比例最高的是家庭主妇，学生（39%）和无工作者（32%）都不及家庭主妇（47%）。英国的家庭主妇平均每天上网时间约为5.8小时，远高于英国人上网的平均时间5.2小时。

研究结果显示，人们逐渐把传统实体活动转移到网络上进行，例如：支付账单、使用网络银行、查询新闻和天气预报等。据特恩斯市场研究公司（TNS）统计，英国民众网络应用行为最受欢迎的服务是使用搜索引擎寻找信息（80%），其次是使用网络银行（76%）、查询新闻（75%）、利用网络支付账单（66%）。

此外，人们也开始在网络上进行许多娱乐活动，例如聊天（13%）或下载影片（12%）等（图1-1）。显而易见，网络能带给消费者多元化的生活乐趣，满足“一次购足”的欲望，增加消费者的停留时间，创造更大的利益（TNS，2014）。

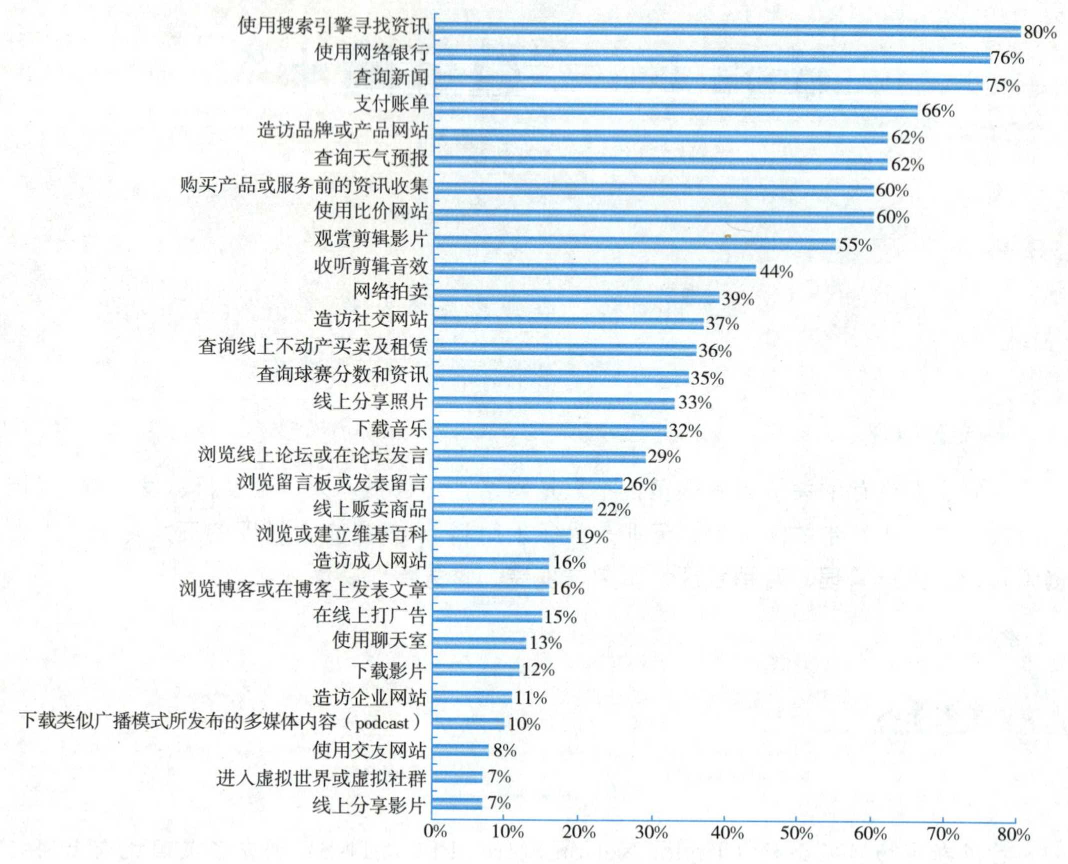

图 1-1 真实线上活动

资料来源：特恩斯市场研究公司，2014年。

注：线上线下活动的配合，使用户更加习惯于有互联网的生活。

第一节 “互联网＋”

2015年3月5日，在第十二届全国人民代表大会第三次会议上国务院总理李克强在《政府工作报告》中提出：“制定‘互联网＋’行动计划，推动移动互联网、云计算、大数据、物联网等与现代制造业结合，促进电子商务、工业互联网和互联网金融健康发展，引导互联网企业拓展国际市场。”

“互联网＋”是利用互联网软、硬件及信息技术作平台，嫁接各行各业的生活与服务，嫁接社会管理各方面及百姓日常生活，使生产、服务、管理、生活变得更高效、更绿色、更得体、更省心、更便利、更智慧的创新过程。

“+”是什么?“+”什么?简要地说,“+”就是“+农工商信息”,把传统产业升级为现代企业和未来企业;就是“+行业(Industry)”“+企业(Enterprise)”。本书将利用“互联网+”的概念,引进“互联网+市场”“互联网+企业”“互联网+客户”。

互联网发展至今,使用人数以极快的速度逐年增长。市场研究公司Ipsos-Reid针对12个国家网络使用行为调查指出:54%的受访者有联网行为,62%的上网族群曾经在网络上购买商品及服务。皮尤互联网(Pew Interenet)和美国生活项目(American Life Project)的调查显示:美国网上银行使用人数年增长164%,在线购物人数年增长78%。这些迹象表明网络已经融入人们生活的方方面面,网络社会已经来临。

一、网络发展历程

网络(Internet)一词来自交互网络(Internetwork),是指由两个以上的计算机、各类型机构网站互相链接而成,提供电子邮件、购物、商品、资金、娱乐等各类服务。

据美国南达科他州闪亮星球(Bright Planet)网络公司调查,目前互联网(Internet)大约有10亿个网页、700万个网站。相比于1994年莱卡斯(Lycos)网络搜寻公司调查发现的5.4万个网页,互联网发展迅速,可谓一日千里。网络发展历程分为:网络导入期、网络制度化、网络商业化三部分(图1-2)。

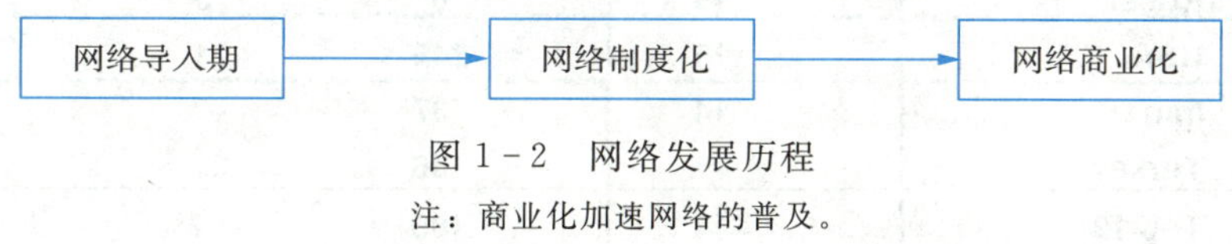

图1-2 网络发展历程

注:商业化加速网络的普及。

(一)网络导入期

网络起始于20世纪60年代末期,连接各个大学校园的大型计算机及其用户,颠覆校园间通过电话系统与邮件进行一对一沟通的模式。

(二)网络制度化

美国国防高级研究计划局(Defense Advanced Research Projects Agency, DARPA)最先着手构建军事网络;1986年,国家科学基金会(Nation Science Foundation, NSF)着手执行网络普及;1989年,蒂姆·伯纳斯·李(Tim Berners-Lee)在位于日内瓦的欧洲粒子物理研究中心(CERN)发明万维网(World Wide Web, WWW)。

(三)网络商业化

政府机构鼓励私人接线,扩充网络骨干,并提供全球性服务;1994年开始在网络上做营销及刊登广告;2000年通过网络提供军事设施和研究型大学等机构以外服务。

二、全球网络发展

网络发展自迈入商业化后,各国网络用户持续增长。

（一）全球上网人口

全球各国网络使用逐渐普及，各国的网络用户呈稳定、持续增加的趋势。2012 *KPCB Internet Trends Year-End Update* 研究报告指出，全球网络用户约有 23 亿人，年增长率为 8%。如果只看网络用户增长速度排名前 15 的国家，增长率则为 15%（图 1-3）。网络用户增长速度主要由新兴市场国家所带动，数据表明用户上网需求迫切。未来在世界各国竭力提升信息普及度的倡导下，上网人数将呈现更快速的增长，网络在生活中将扮演关键的角色。

Rank	Country	2008-2011 Internet User Adds (MMs)	2011 Internet Users (MMs)	Y/Y Growth	Population Penetration
1	China	215	513	12%	38%
2	India	69	121	38	10
3	Indonesia	37	55	22	23
4	Philippines	28	34	44	35
5	Nigeria	21	45	--*	28
6	Mexico	19	42	19	37
7	Russia	16	61	3	43
8	USA	15	245	1	79
9	Iran	14	37	--*	48
10	Turkey	11	36	26	49
	Top 10	444	1,189	12%	32%
	World	663	2,250	8%	32%

图 1-3　2011 年全球互联网用户

资料来源：联合国、国际电信联盟。

注：新兴市场带动 8%的互联网用户增长率。

（二）我国大陆地区的上网人口

据中国互联网络信息中心统计，2014 年我国大陆地区上网人口较 2013 年增长 5%，达到 6.49 亿人，几乎占总人口数的一半（47.9%）。其使用手机上网的比例由 2012 年的 81%上升至 85.8%，使用电脑上网比例仅有 70.8%。

另外，随着上网人数的增长，目前已有超过半数的网络人口习惯在网络上购物，比例由 2013 年的 48.9%上升至 55.7%。

（三）中国台湾地区的上网人口

根据 comScore Media Metrix 报告，中国台湾地区 2013 年 4 月不重复使用网友人数为 1187 万人（表 1-1），平均每位用户当月上网 1411 分钟（23.5 小时）、浏览 2416 个网页。与 2012 年 4 月相比，上网人数与平均上网次数微幅提升，但使用时间与浏览网页数则小幅降低。

表 1-1 中国台湾地区不重复使用网友人数统计表

	Apr—13	Apr—12	YoY % Cgabge
Target Audience (000)	11874	11691	2
Total Minutes (MM)	16755	17144	−2
Total Pages Viewed (MM)	28687	30317	−5
Average Visits per Visitor	54	53	2
Average Minutes per Visitor	1411	1466	−4
Average Pages per Visitor	2416	2593	−7

资料来源：comScore Media Metrix，2013.04.

2013 年 4 月，中国台湾地区上网人数中男性与女性比例为 51.5%∶48.5%，细分年龄族群：25～34 岁族群占比最大，其次是 15～24 岁族群与 35～44 岁族群（图 1-4）。

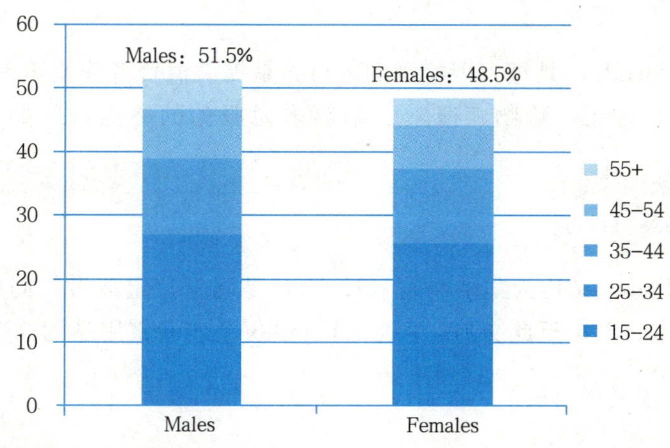

图 1-4 中国台湾网友男性与女性比例

资料来源：comScore Media Metrix，2013.04.

三、网络类型

网络因其特性与用途的不同有不同名称，我们依网络大小次序排列（图 1-5），将网络类型（Internet Format）分为因特网、网络、入口网站、群聚网站、企业外部网络、企业入口网站和企业内部网络等七部分。

（一）因特网（I.）

全球网络是由数以百万计的公司、政府、组织、个人等网络，以及电子邮件、网络群组等服务组成，称为网际网络，即因特网（Internet）。

（二）网络（W.）

网络是因特网的一部分，使用微软 IE（Internet Explorer）浏览器、支持图形接

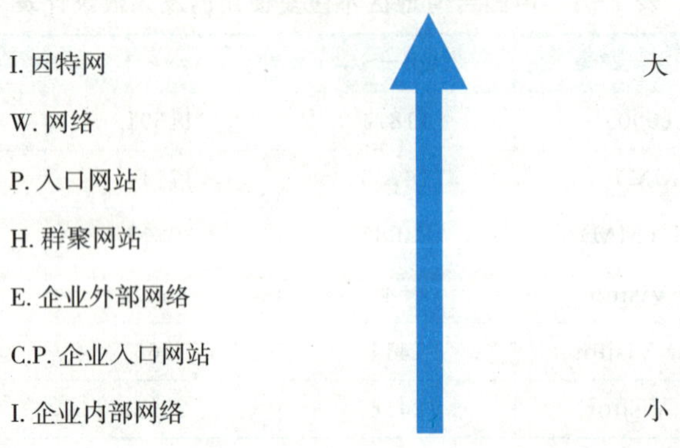

图 1-5 网络类型

注：企业根据组织特性和需求构建符合层级的网络服务顾客。

口、超文件（Hypertext）随意搜寻数据称为网络（Web）。

（三）入口网站（P.）

入口网站（Portal），是进入因特网的入口，是提供消费者连接至其他网页的起点，也是新闻、游戏、地图、购物、搜索引擎等多元服务的终点，例如 Yahoo、Lycos、Excite 等。

（四）群聚网站（H.）

群聚网站（Hub）又称为集结网站（Hub），是网上特定业者、同好或族群所建立的网站，吸引买家、卖家至此交易，例如 Chemdex 是实验室用品的群聚网站。

（五）企业外部网络（E.）

企业外部网络（Corporate Extranet）属于企业网络，允许同属集团公司的其他分公司或价值链上的策略伙伴进入浏览，有权限上的限制。

（六）企业入口网站（C. P.）

企业入口网站（Corporate Portal）是企业内部网络的第二代，把员工数据、通信需求、公司内部文件、数据库、群体分享软件、电子邮件、行事历等信息合并到同一接口。

（七）企业内部网络（I.）

企业内部网络（Corporate Intranet）使用与因特网相同的超文本标示语言（HTML）及浏览器，是一个迷你的因特网，主要提供企业内部使用。

四、网站类型

为便于读者了解各类网站，将网站类型（Website Format）分为政治网站、经济网站、社会服务网站、科技网站、信息网站、综合网站等六部分（图 1-6）。

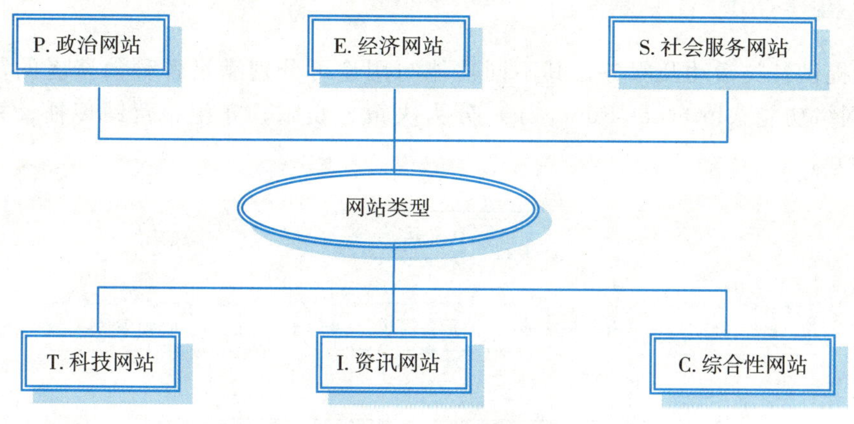

图 1－6 网站类型

注：网络由各类型网站组成，提供各种服务，满足消费者个别需求。

（一）政治网站（P.）

政治网站（Politics Internet）是指具有政治立场、色彩、势力的网络组织、机关、团体或个人，例如国防部网站、政党组织网站等。

（二）经济网站（E.）

经济网站（Economy Internet）是指从事金融性、消费性商品的网络组织、机关、团体或个人，例如网络银行、拍卖网站等。

（三）社会服务网站（S.）

社会服务网站（Society Service Internet）是指从事公益性、服务性及咨询性的网络组织、机关、团体或个人，例如基金会网站等。

（四）科技网站（T.）

科技网站（Technology Internet）是指介绍科技产品、信息的网络组织、机关、团体或个人，例如趋势科技网站、赛门铁克网站等。

（五）资讯网站（I.）

资讯网站（Information Internet）是指提供数据、信息、新闻供网络用户参考、查询的网络组织、机关、团体或个人，例如 Google、Openfind 等搜寻网站。

（六）综合网站（C.）

综合网站（Combination Internet）又称入口网站，指提供各类型数据、产品或服务供用户接近使用（Access）的网络组织、机关、团体或个人。

五、网络功能（DESMSS）

网络提供各类活动及服务，其不同功能与用途可分别满足各种消费者的需求（图1－7）。网络功能（Internet Function）分为决策、娱乐、守望、营销传播、社交、服务等六部分。

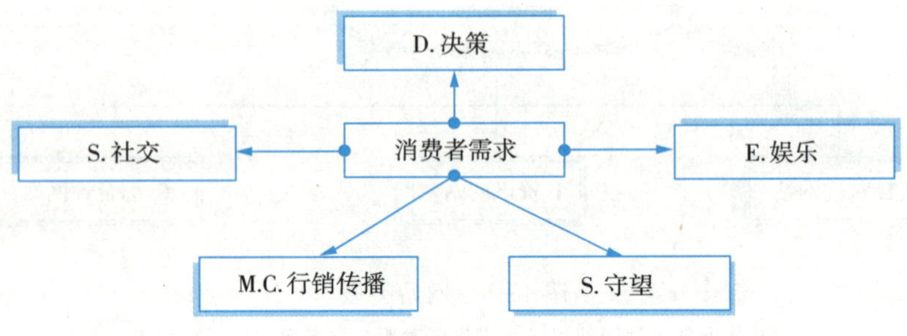

图1－7　网络功能

注：网络具有各种角色与功能，提供各种活动与服务，满足消费者的需求。

（一）决策（D.）

受知识领域的广阔性和人们认识的局限性影响，世界上还存在很多未知的领域。对这些未知领域的探索，可以通过学习过程和信息搜索来提供决策参考与依据，称为决策（Decision-make）。例如：公司准备导入CRM、SCM、ERP等信息体系，管理者可观摩其他公司执行情形，以供决策参考。

（二）娱乐（E.）

网络上有许多有趣、新鲜、新奇的信息，可以打发时间、增强生活情趣与乐趣，称为娱乐（Entertainment）。例如：上在线游戏网站与网友进行对战，上在线电影网站找寻最新上映的电影介绍，上旅游网站观看各地美景等。

（三）守望（S.）

网络上的预告、预测信息可以给网友提供事先准备、预防、防范的措施，称为守望（Surveillance），例如病毒消息、活动信息等。

（四）营销传播（M.C.）

网络四通八达且无边无际，可将信息大量传递，颠覆了以往的传播方向、对象，使传播者、受播者融为一体来传递观念与信息，称为营销传播（Marketing-Communication），例如寻人、求助的消息可借由网络大规模传送。

（五）社交（S.）

网络提供许多接口或平台，例如博客、聊天室与社群网站，作为与人们沟通、聊天与交友的园地，称为社交（Sociality）。

（六）服务（S.）

网络提供许多接口或平台，作为产品倡导、接触顾客与促进等渠道，称为服务（Services）。

六、网络服务（CMBPI）

网络提供各种类型服务，包罗万象、应有尽有，将网络服务（Internet Services）归纳为资金流、物流、商流、人流及咨询流五大类（图 1－8），统称知识流（Intelligence Flow）。这里针对各项服务列举相关产业供读者参考，分析如下。

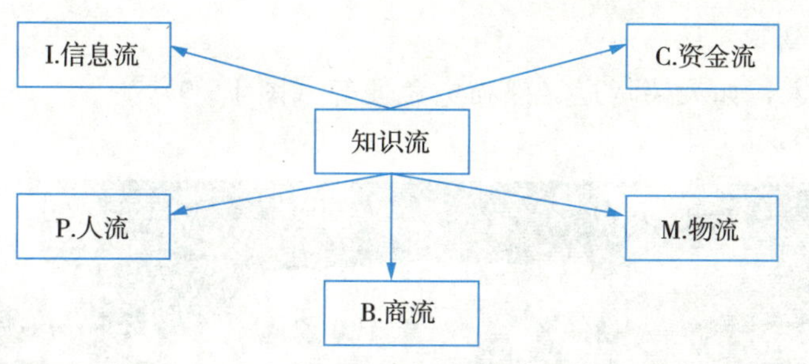

图 1－8　网络服务：知识流

注：知识经济时代需要运用知识资产创造财富。

（一）资金流（C.）

网络发展初期吸引许多怀抱“黄金梦”的网络新贵，促使在线资金大量流动，包括大量资金投入网络产业、网络购物在线交易机制、在线借贷，甚至电子钱包、虚拟货币等，称为资金流（Cash Flow）。

1. 资金流服务商家

资金流服务商家，例如富邦金控、在线银行、在线交易中心等。

2. 在线付款机制

较普遍的在线付款方式，包括信用卡、电子钱包、虚拟货币、金融机构转账及货到付款等。

（1）信用卡：由于网络安全机制存在疑义，消费者不愿冒险在网络上使用信用卡。基于信用卡被冒用的风险，有业者推出限额信用卡，指持卡人在线消费时，实时向银行申请一个临时账号与额度，使用后予以抛弃，以降低被盗用的风险。

（2）电子钱包：类似预付卡或储值卡，由消费者预先存入一笔金额，在网络购物交易时，依货款金额多寡从电子钱包中扣除，转到商家账户，即完成付款程序，例如 icash、悠游卡等。

（3）虚拟货币：由网络商店发行的一种货币，流通于网络上，消费者依据店家的规定，按照一定的程序取得货币，可在特定网络商店消费。

（4）金融机构转账：脱机支付方式如划拨、汇款、货到付款等方式，对迈入数字化时代是一大讽刺。需要建立更完善的安全机制来带动网络付款风潮，享受网络时代带来的便利。

（5）货到付款：网络购物常出现付款却收不到商品的案例，导致消费者不愿轻易在线付款，货到付款顺势而生成为较受青睐的方式，可达到一手交钱、一手交货的银货两讫境地。

（二）物流（M.）

提供网络平台实体或虚拟货物的流动，称为物流（Material Flow）。前者须通过运输设备传送，后者利用通信网络传递，其系统非常复杂，详细内容于下述物流内涵做介绍。

1. 物流服务商家

物流服务商家，如大荣货运、黑猫宅急便等（图1－9）。

图1－9　黑猫宅急便以人力车送货与顾客搏感情

（林蓬荣　摄）

2. 物流内涵

狭义物流是指存货管理（订购点与订购量的决策）、仓储管理（点收入库、储位管理、安全管理、盘点、领料出货）、包装（分装、组配、装箱、标示）、运输（途程安排、车队管理、交货点收）等。

广义物流是指包括物料结构列表（Bill of Material，BOM）、物料编号、供货商管理、客户数据管理、仓库位置选择等作业，并与组织的营销、生产与交易对象有关。

3. 自行处理与外包

网络商店兴起使物流需求增加，专业物流中心纷纷出现，许多传统的仓储、货运或通路业也相继投人，争取最后的市场。例如：7-Eleven 分店众多，推出网络下单、7-Eleven取货模式，导入网络营销物流市场；或者厂商利用 7-Eleven 广布的通路，亦采取至 7-Eleven 取货的方式。

店家自行处理货物配送虽然拥有对物流作业的高度掌控力度，但受专业程度与设备成本的影响，却比物流外包成本更高。物流外包服务借助物流公司专业知识与技能，辅以经济规模带来的成本降低，是网络商家规划与选择物流系统时应该深思的问题。

知识加值区：

在线虚拟服饰店等。

（三）商流（B.）

在线交易过程中，从企业内部接到订单开始，业务单位确认订单后转交生产部门，准备生产线排程，并备料生产；同时库存管理部门盘点原物料库存量，存量不足时则开出采购单向供货商订货，待物料入库后，财务部门随即付款；物料经过制造、装配、质量检验、包装、入库，等待业务部门出货至目的地，交运、点收、开立统一发票后，收回货款入账，即结案。这一企业运作的流程，称为商流（Business Flow）。

网络所提供的商流，除了是企业体内部运作的过程外，也是在线商机的扩展，但凡各式新奇、新鲜、新颖的产业投入，都是网络商机。

（四）人流（P.）

网络活动通过吸引人潮和人才来增加网站流量，也给公司提供大量的人力资源，或聚集志同道合的顾客成为社群，这一活动过程称为人流（Population Flow）。

谈到网站流量，有些集客能力较佳的网站，常常屡创网站流量新高，例如游戏橘子网站。对广告主而言，人潮流动密集的网站若能够使客群结构和公司诉求趋于一致，投入大量广告预算是最佳选择。

越来越多的网络产业提供人力服务，造成众多的人潮聚集，例如：104、1111 人力网站等，因提供人才汇集的园地，形成人气聚集；聚集志同道合顾客的社群网站，像网络同学会、爱情公寓等（图 1－10）。这些都是提供人流服务的厂商。

（五）信息流（I.）

随着业务流程的进行，有许多相关的信息会在消费者、各部门或机构间流动，称为信息流（Information Flow）。为便于知识的运用与统合，信息流的设计与应用须将信息内容、格式、流动方向、传递方式、交换方式，甚至信息安全等问题列入考虑，因为在网络流通中很容易发生数据难以整合，或容易被截取、窜改、冒用等著作权、隐私权及数据扩充性的问题。

信息的流动依据业务流程发展，目的在于促使业务流程有效进行或达成与消费者

图 1-10 爱情公寓

注：集结人气的社群网站，成为企业急于拉拢的对象。

数据来源：www.i-part.com.tw.

良性沟通，但因牵涉范围可能涉及企业内部环境、供货商、合作伙伴等组织，应妥善规划。

目前提供信息服务的网络商家很多，诸如入口网站 Yahoo 知识、模范市场研究公司等。

七、网络特性

网络媒体具有不同于传统大众媒体的特性，称为网络特性（Internet Attribute），包括互动性、个人性、立即性、全球性、多媒体、超链接、数据搜寻、社群性等八部分。而这八大特性，可以单独出现，也可重叠组合，建构出更丰富、多样化的功能。

（一）互动性

讨论区、聊天室、e-mail、网络调查、个人化电子报等，都体现了网络媒体的互动功能，有以下三个互动层次：

1. 人与人的互动

人们通过网络进行互动，分为同步互动或异步互动。前者包括 QQ、微信等，后者包括博客等。不管是哪一种方式，都能达到信息交换、交流的目的。

2. 人与机器的互动

人通过网络与数据库进行互动。互动的数据被数字化储存后，即可建立数据库。这种人与数据库互动，需要大量人力、技术及时间，甚至投入大量财力来进行研发，短期内较难完成。

3. 机器与机器的互动

计算机之间的互动，可以交换彼此的数据，在网络超链接的功能下，成为超级大数据库，并提供查询。

（二）个人性

网络具有个人性，人们可以通过网络建立个人资料库、个人化电子信箱、个人化信息等，即为个人的需求量身定做，提供个性化服务。

对个人而言，通常一个媒体工作者都会拥有属于自己的数据，如剪报、文件夹等，资料过于庞大又不好整理。网络可协助个人将数据进行最有效的设置，产生永远属于自己的个人的知识产权，将来离开这家公司，原本属于个人的知识产权便可做多用途运用。对公司而言，如有明文规定，员工工作期间所生产的知识产权属于公司，每个员工在公司期间做属于自己专业领域的工作，如果离职了，这些原属于个人的知识产权便全归公司所有。老员工离职、新员工进驻，日积月累，公司便可拥有大量的知识产权．这些都是网络所具备的个人化特性。

（三）立即性

我们可以立即、随时上网，在网络上寻找信息。网络不存在传统媒体的截稿时间，人们可以通过网络得到实时的回馈、更新内容、在线实时对谈，更可以打破不同空间的时差，使世界各地的人随时沟通。

（四）全球性

网络是全球性的产业，虽然有政治或人为的障碍，但通过网络，可以使不同地方的人同时做同样的事情。网络可使许多产业全球化，以一本书的出版为例，很有可能作者在伦敦，翻译在北京，封面设计在纽约，印刷在新加坡，市场在巴黎，形成一个真正无国界的全球市场。网络的全球性，可达成全球分工的特性。

网络不受时间和空间的限制，网络电台大量出现，年轻一代的学生，有很多已不再收听传统电台，尤其是宽带网络蓬勃发展后，上网费用降低，网络电台有多重选择空间。如喜欢听西洋音乐的人，可上网听外国的电台。

（五）多媒体

通过网络的数字整合，文字、声音、影像与图片等可以整合在一起。以一场重要的人物演讲为例，媒体可以将电视台的画面、电台录下来的声音、文字媒体的记录与分析，全部整合在一起，成为很好的历史档案资料。数字的多媒体特性，使数据文件可以做无穷的运用，促使网络产业走向知识产权的方向。随着宽带时代的来临，多媒体将会是网络的主流形式。

（六）超链接

通过网络，我们可以有系统、有组织地连接上世界各地的数据库，对人类知识经验的传递，向前跨了一大步。

如电台主持人主持节目几十年，对此领域的认知可能相当专业，但因网络具超链接的特性，听众上网后，可通过此功能连接到全球的相关数据库，涉及的层面可能较电台主持人更广泛。

（七）数据搜寻

用户可以轻松地从网络上获取相关背景数据，进行有系统的分类，获得更有深度和广度的数据。即使传统的图书馆也必须运用网络，才能使用户更有效率地查询信息。

在上述网络媒体特性中，互动性被认定为网络最特殊的功能。此种网络用户彼此互动、相互联系的沟通方式，改变了传播媒体和阅听人之间的关系，使受播者兼具传播者角色，而传播者也同时成为受播者，形成真正双向互动的传播、互动关系（杨志弘，2001）。

（八）社群性

网络能结合志同道合或志趣相投的朋友，形成一个具有共同意见、想法的社群，外来团体难以进入。此团体成员的结构若与公司诉求对象相同，可使其成为公司的代言者、营销者，节省公司的营销成本。

第二节 "互联网十"网络营销

网络营销与其他营销方式相比较，是一种新的营销方式，其效果较传统方式更佳，更能触及个人。本节谈论"网络营销概述"，涵盖网络营销定义、三角关系、类型、方法、特性等五部分。

一、网络营销的定义

网络营销（Internet Marketing）是借由营销人员将创意、商品、服务等构想，利用科技、广告、促销、公关、活动等方式在网络上执行，引介给消费者，以获取个人需求满足与组织目标达成的一种交换过程（图 1-11）。

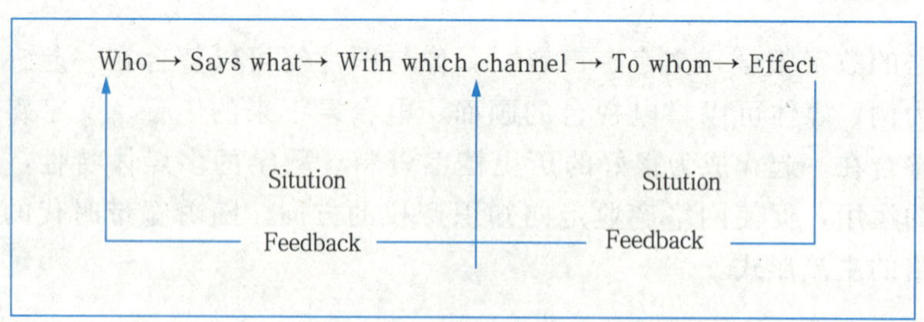

图 1-11 网络营销流程

数据来源：编修自 Lasswell，1948.

注：营销人员（谁，who）→创意、商品、服务（说什么，says what）→科技、广告、促销、公关、活动（透过什么渠道，with which channel）→引介给消费者（给谁，to whom）→获取个人需求满足与组织目标达成（获得什么效果，effect）。过程中，可能会受到异议声音干扰（噪音，noisy）及产生回馈（Feedback）。

这种推、拉式营销是综合传统营销方式的观点，以节省营销费用与增加营销价值的思维为出发点，在进行网络营销前，须先提出营销计划，在符合顾客及营销单位的需要后予以执行。

它与传统营销作为的最主要差异在于有效切中目标、节省印刷与邮资费用、速度更快。

二、网络营销铁三角（MBC）

进行网络营销需要强调理论与实务兼备，注重市场面、企业面及消费者面等三个面向（图1-12）的各自发展、推演、相互影响及整合，称为网络营销铁三角（The Iron Triple of Internet Marketing）。即从市场、企业及消费者的实务运作情形，寻找与其对应的实证理论，整合成兼具理论与实务、具体可行的网络营销项目。

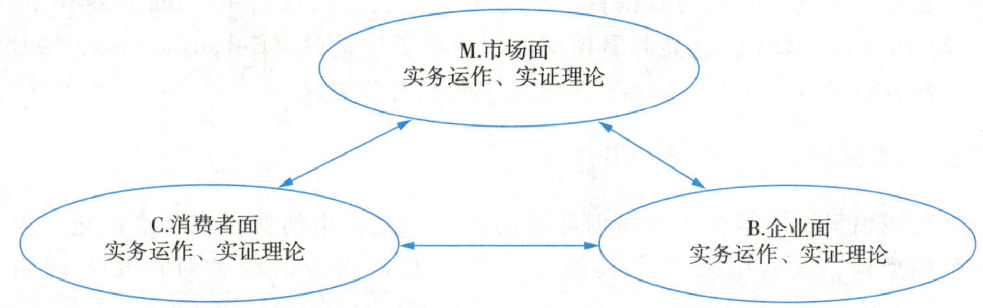

图1-12 网络营销铁三角

注：有效可行的网络营销方案应兼顾市场、企业及消费者三个面向，缺一不可。

（一）市场面

讨论网络营销市场最重要的趋势，称为网络营销市场五大趋势，包括网络稽核组织、定制化策略、竞争策略、八箭营销及创新营销等五个部分。

（二）企业面

讨论网络产业持续生存的关键策略，称为企业网络营销五大策略，包括品牌策略、广告策略、区隔策略、目标市场策略及企业2.0策略等五个部分。

（三）消费者面

讨论消费者从被动受播者角色转变为主动传播者的核心能力，称为个人网络营销五大技能，包括个人信息管理组合、E营销（加入Wechat、QQ）、电子邮件营销及科技营销等五个部分。

三、网络营销类型（BCPG）

企业体所诉求的营销对象不同，所采取的网络营销类型就不一样，直接影响网络营销方案的规模与范围。网络营销类型（Internet Marketing Format）包括企业对消费者网络营销、企业对企业网络营销、消费者对消费者网络营销、点对点网络营销及企业对政府网络营销等五部分。

（一）企业对消费者网络营销

这类网络营销是最常被提到的网络营销类型，是企业通过网络与消费者（注：消费者分为个人、家庭、团体、机构或中间商等）作联系，称为企业对消费者网络营销（Business-to-Consumer Internet Marketing，B2C）。

这类B2C模式，包括入口网站、在线零售业者、内容提供商、交易中介、市场创造者、B2C服务提供商及社群提供者等方式。

（二）企业对企业网络营销

企业通过网络向其他机构做销售，称为企业对企业网络营销（Business-to-Business Internet Marketing，B2B）。这类B2B模式，包括电子配销商（E-distributors）、B2B服务提供商、撮合服务（Matchmakers）与信息中介业者等方式。

（三）消费者对消费者网络营销

借助类似拍卖网站等在线市场创造者的协助，完全由消费者自备产品进行互相销售，并利用型录、搜索引擎等工具展示销售产品，称为消费者对消费者网络营销（Consumer-to-Consumer Internet Marketing，C2C）。

（四）点对点网络营销

科学技术日新月异，网友可直接与其他用户共享档案或计算机资源，无须再通过中央处理器或其他媒介（譬如中间商），称为点对点网络营销（Peers-to-Peers Internet Marketing，P2P）。

这类营销方式充分展现消费者的主动性，以近似“以物易物”的方式，达成整个交易过程。例如：Gnutella是免费的软件应用程序，可以提供用户直接与其他人交换音乐的服务；Napster. com是一个让网络用户寻找、分享在线音乐档案的应用程序（Kenneth C. Laudon，Carol Guercio Travel，2002）。

（五）企业对政府网络营销

企业将公共机关视为主要客群，借由参与招标取得政府的项目，称为企业对政府网络营销（Business-to-Government Internet Marketing，B2G）。

四、网络营销方法（EACETIRS）

对于不同的产品需求对象，企业须采用不同的网络营销方式，才能吸引不同需求的消费者。

网络营销方法（Internet Marketing Means）因其资源运用的组合方式不同，而划分为事件、议题或活动营销（Event/ Agency/ Campaign Marketing）、电子化营销（Electronic Marketing）、科技营销（Technology Marketing）、创新营销（Innovation Marketing）、资源整合营销（Resource Integration Marketing）与故事营销（Story Marketing）等六部分。

（一）事件、议题或活动营销

商家通过事先规划、安排、设计与宣传的主题性活动，如音乐会、明星签名会、签唱会、产品发表会、代言会、记者会、专题讨论、游戏、竞赛等各种形式的营销活动，邀请消费者参与，并通过活动、议题与特殊事件的引导，将活动内容与企业的形象、产品链接在一起，加深消费者对企业的印象，称为事件、议题或活动营销（Event/ Agency/ Campaign Marketing）。例如：互动营销（Interactive Marketing）、游戏营销（Game Marketing）。

1. 互动营销

企业利用网站做在线营销，通过前端接口与后端营销机制结合，发展更优质的互动关系，并结合在线、脱机活动，拉近与消费者的关系。企业代言人在聊天室直接与消费者对谈，或设计相关议题与网友一起讨论，并通过脱机活动与消费者面对面互动，借此吸引大量消费者，使其不断回流、造访，称为互动营销（Interactive Marketing）。

2. 游戏营销

企业在网站上建置趣味、竞赛或计分性质的游戏，让消费者在玩游戏的过程中，产生对品牌的认同与忠诚度，提高促销效益，称为游戏营销（Game Marketing）。例如：《苹果日报》在创刊时，设计一个射苹果的游戏，内容是找一个影视美女为《苹果日报》代言，身上满布苹果当罗衫，只要射中的苹果愈多，遍布代言人身上的苹果就愈少，对游戏玩家而言，想尽可能多地射下所有的苹果，就能一睹代言人曼妙的身材。

（二）电子化营销

随着数字工具日渐普及，手机、个人数字助理（PDA）、笔记本电脑等已成生活必备商品，也是工作上不可缺少的辅助工具，通过这些数字接口来接收、发送电子邮件（e-mail）、广告信（E-Direct Mail）、电子型录（E-Catalog）、电子折价券（E-Coupen）及电子报（E-Newsletter）等信息，不仅可以降低大量印制成本，也比传统邮件更经济、效率更高，更能达成个人化营销，这已成为一种趋势，称为电子化营销（Electronic Marketing）或E营销。例如：电子邮件营销（e-mail Marketing）、短信营销（Short Message Marketing）。

1. 电子邮件营销

e-mail名单数据库的建立，有助于以电子邮件传送E-DM、E-Catalog、E-Coupen及E-Newsletter等营销活动信息，并根据消费者感兴趣或回复信息，来提供更多的信息，做到不干扰消费者、不令消费者反感的境地。这种透过e-mail营销的方式称为电子邮件营销（e-mail Marketing）。这类营销的关键在于有效顾客名单的搜集，可从交换名片开始做起，设定每天要获取多少张新朋友名片，并建立顾客通讯簿。

2. 短信营销

中国台湾地区手机拥有率及淘汰率在一段时间内高居世界第一，基于此，许多通信服务业者提供涵盖各种节令的“短信罐头包”（根据消费者需求事先建构的问候语）供消费者下载，或提供短信传送服务系统（Send Message System）接口，供消费者大量传送短信。有些企业在网页上设定相关字段，进行活动或产品的短信营销（Short Message Marketing）。

（三）科技营销

“科技是生活”一语道破科技在我们生活中的重要性，及其无可取代的地位。在此营销时代中，科技的运用扩展了网络营销的视野，能够吸引消费者的目光，引爆消费者炫耀性的消费，拉近消费者与企业体的距离，这类将科技运用于营销的手法，称为科技营销（Technology Marketing）。例如：病毒营销（Viral Marketing）、信使服务营销（Message Marketing）及交互式广告营销（Interactive Advertisement Marketing）。

1. 病毒营销

在线口碑是非常有效率的网络营销技巧，笑话、话题及有趣的新闻，也容易让接收者无法忘怀、印象深刻，像病毒一样深入脑部神经系统，除对网友计算机设备具有强烈危害的病毒外，一些足以令人口耳相传的事物能让人如痴如醉，称为病毒营销（Virus Marketing）。

病毒本身的创意、威力，能否引起话题、切中现代人的心理层面、引起群众共鸣、存在信息上的价值等特质，往往决定它是否能够成功扩散。换句话说，病毒本身要有促成网友散布的特质，通过感人的图片、文章或爱情故事、美丽或有趣的图片及动画、有用的信息或工具、好玩的游戏等形态传递信息。例如：网络上流传一位工程师在爱琴海拍摄的美丽照片——“我的心遗留在爱琴海”（图 1-13），大受欢迎，即是病毒营销的最佳例证。

图 1-13　我的心遗留在爱琴海

注：美丽的图片借由电子邮件大量传递，令人爱不释手。

2. 信使服务营销

消费者可利用微软办公室软件系统（Microsoft Office）的命令提示字符来发送信息到个人计算机，收到时，计算机屏幕会出现一个窗口，说明信息的发送者、发送时间及传送的信息（图1－14）。企业体可以通过信使服务公司大量发送信息至搜集到的IP位置。这种通过计算机追踪到的IP位置传送信息的方式，称为信使服务营销（Message Marketing）。

使用信使服务步骤：开始→执行command或cmd→输入→net send对方的IP信息内容，按Enter键，就将信息传送出去。

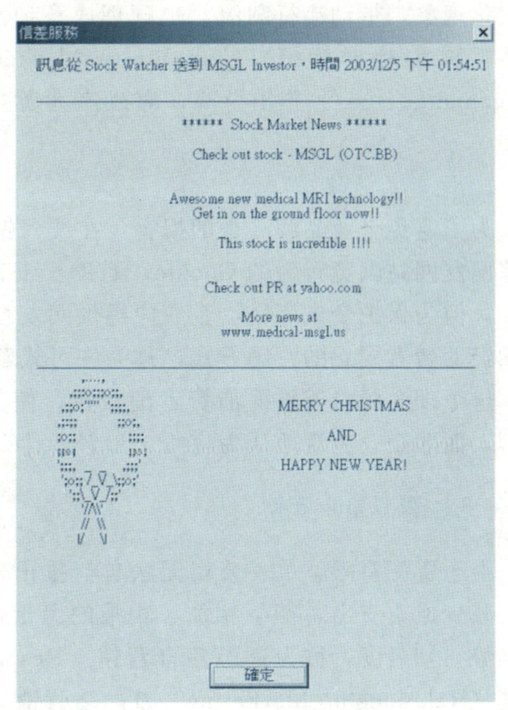

图1－14 信使服务营销范例

注：信息从Stock Watcher送到MSGL Investor，祝贺投资人圣诞节快乐，附带希望消费者光临www.medical-msgl.us网站。

3. 交互式广告营销

在网络世代，广告已融合声音、文字、图文件、影像、动画等多媒体（Multimedia）形态，扮演企业（商品）与消费者之间沟通、互动、决策参考、求知、娱乐、环境侦测等多元角色的交互式广告（Interactive Advertisement）。企业通过这些满足消费者需求的广告来营销，称为交互式广告营销（Interactive Advertisement Marketing）。

美国数字机械公司推出免费软件，开启广告主网站，消费者将广告对准读取数据的网络摄影机（Internet News Gathering），或使用特制光笔扫描产品包装上的程序代码（Program Code），即可搭起平面与电子媒体之间的桥梁，也指平面媒体广告透过读取机可直接链接到产品网站或其他相关信息网站，取得个人需要的信息。

（四）创新营销

世上唯一不变的道理就是世界不断地改变，从产品生命周期愈来愈短，到消费者的需求与喜好的改变，唯有不断地接受新的刺激与创造新的方式来营销，才能够抓住顾客的心理，称为创新营销（Innovation Marketing）。例如：社群营销（Community Marketing）、许可式营销（Permission Marketing）。

1. 社群营销

了解顾客并投其所好，提供顾客互动、结交志同道合朋友的空间与渠道，使消费者在网站找到同好，并透过同好的推荐，将人潮如滚雪球式地带进来，成为一个聚集共同话题、兴趣、爱好的社群网站（Community Internet）。

对网站经营者而言，这些忠实客源（Loyal Custom）的持续聚集，形成一股新兴的文化现象，带动流行潮流，也顺理成章地成为网站商品最佳的代言者、营销者与消费者，称为社群营销（Community Marketing）。例如：游戏橘子网站（http://tw.gamania.com/）推出游戏，通过广大游戏社群会员代言，省下巨额的广告、营销费用。

2. 许可式营销

为了避免企业品牌名誉的损害，在线营销活动应以消费者允许（Opt-in）为原则；追踪网友网站浏览行为的Cookie，有助于旧商品的替换、新商品的开发或营销方向的调整，但为保护个人资料，企业应提供网友自行选择是否接受Cookie追踪的选项。这种须经消费者同意的营销方式，称为许可式营销（Permission Marketing）。

这个理念源自于重视消费者消费权，使其免于无端的干扰，由消费者来选择接受与否，而非企业主观地认为应给予消费者什么。

（五）资源整合营销

由于资源有限，单一公司无法自行推出营销活动，整合两家或两家以上公司的资源，减少成本支出，产生相加、相乘的力量，抑或借由与大型公司的结合，拉抬自己的声势与知名度，称为资源整合营销（Resource Integration Marketing）。例如：关系营销（Relationship Marketing）及网络营销（Network Marketing）。

1. 关系营销

会员都是企业的忠实顾客，许多网站借着募集会员拉拢与会员的关系，并利用顾客关系管理的运作，加强与顾客联系，或鼓励顾客推荐顾客，进而把顾客带进来，称为关系营销（Relationship Marketing）。

2. 网络营销

当今时代是一个既竞争又合作的时代，企业与其他机关、团体共同举办营销活动或资源共享，以提高双方的曝光率与知名度，达到互通有无、双赢、多赢的境地，称为网络营销（Network Marketing）。例如：以内容互相刊登、链接、交换广告及新闻的方式，分享网络成员。

（六）故事营销

建构一个消费者感同身受的故事，让消费者认同企业、产品的理念，进而持续购买、重复消费，并将这个故事流传下去，称为故事营销（Story Marketing）。

故事可以让消费者了解我们，并与我们建立情感联结。绝佳的故事创造出绝佳的心灵图像，让我们与这些事件之间产生情感联结（Scott McKain，2004）。

Bruner（1986）认为，一个好的故事和好的论点可以用来说服我们相信某事。但论点是用它的事实内容来说服人，故事则是因为其接近个人的生活而得到共鸣。一个好的故事有两个范畴：生动（Action）与意识（Consciousness）。生动就是要让听故事的人身临其境，故事情节历历在目；意识就是让听故事的人能深切地感受到故事里的人物在想什么与感受到什么，如此一来听故事的人才能与故事产生互动。

Scott McKain（2004）提出，一个好的故事须含有三个要素：故事的主角、强而有力的叙事张力、令人难忘的结局。主角可能是人、事、物，但不管是什么，都要具备独特的特质；故事的发展要有一段剧情，扣人心弦；结局要让人回味，值得推荐。

五、网络营销特性

尼古拉斯·尼葛洛庞帝（Nicolas Negroponte）提出从原子到位（Atoms to Bits）的概念，说明网络营销是由实体产品转移至数字产品或由数字产品整合成实体产品的过程。在这一转变历程中，我们发现原本须由平面市集传送的信息，已转变为空间市集传递，原本须由马路运送的商品，已由网络来传送，说明网络营销的特性（Internet marketing attribute）具有多样化、互动性、一对一或一对多、权利由卖方转到买方、速度就是一切、无远弗届、同步化、知识管理、跨领域整合及精确传达给目标族群等十种特性。

（一）多样化

网络结合声音、文字、图文件、影像、动画等多媒体（multimedia）形态，让产品包装千变万化，更加吸引消费者眼球（Eyeball Flow），具有较高的流动及点选率(Click Rate)。

（二）互动性

以往消费者对产品有疑问只能向公司的客服人员咨询，有时候因客服人员繁忙，无法满足消费者的要求，现在消费者可上网在公司建立的实时数据库中查询，或通过在新闻议题的讨论区向众网友求教，就会收到很多的意见与建言；若不满意，消费者可以持续在聊天室或留言板张贴意见，会有很多网友与之互动，直到消费者的问题获得解决。

（三）一对一或一对多

网络营销可满足小众、分众与大众的不同需求，视个人的诉求所在，采取集中营销或无差异营销等方式。以e-mail来看，可以设计具有个性化的信笺及内容，亦可设计大众化的一般性信息，以满足营销人员一对一或一对多的要求。

（四）权利由卖方转到买方

以前营销业者将消费者约束在屏幕前，如今不再是卖方向消费者投射大规模信息，而是由消费者通过鼠标掌握消费的主动权。

（五）速度就是一切

威廉·葛力（J. William Gurley）说：“犹豫不决就遭殃，保守无任何好处可言。”网络是一个开放透明的环境，容易被模仿与取代，需要创造独特性，时时创新，也需要掌握改变的速度，以维持持续的竞争优势。因为在网络世界中，速度就是一切。

（六）无远弗届

网络打破距离造成的不便，让我们宛若生活在一个地球村，拉近彼此的关系与距离。

网络创造一个无国界、无疆域的全球组织，此一非正式组织拉近中心与边陲、信息有者与无者之间的距离，只要有网络串联的地方，就能将产品与售后服务传送给客户。

（七）同步化

跨国公司若要与其他海外的分公司联系，不再需要花几天时间，只要在网络上实时互动、同步沟通就能化解阻隔。

（八）知识管理

在数字化时代里，取得顾客资料较容易、成本较低、易于保存，更重要的是善于管理顾客消费行为数据及维持良好的顾客关系，并运用到策略的执行之中，这是营销人员责无旁贷的任务。

（九）跨领域整合

网络营销是一个整合接口，营销人员必须了解公司的技术能力、营销科技及自己所能运用的资源，将其充分运用于实体与虚拟领域。

（十）精确传达目标族群

比起传统广告，网络营销更能精准地把信息传送给接收者。例如：运用搜集到的会员数据，以电子邮件直接与目标族群沟通，或选择上下文属性与目标顾客相符的网站合作。

六、网络营销环境

网络营销环境包括整体环境与竞争环境两部分，直接影响企业体策略的发展与进行。网络营销也不例外，只有充分掌握环境的变化与脉动，才能让策略的执行符合环境图像，发挥吸引消费者重复消费与持续购买的效果。

（一）网络营销整体环境（PENSTELC）

环境因素包含的内容很多，为了更好地理解网络营销的内容，必须充分掌握网络营销整体环境（General Environment of the Internet Marketing），包括政治（Political）、经济（Economic）、自然（Natural）、社会文化（Social-Culture）、科技（Technology）、生态（Ecological）、法令（Legal）及顾客（Customer）等八个方面（图 1－15）。

1. 政治环境方面（P.）

网络上的政治环境深深地影响着营销策略，关系最密切的因素是政府职能、政府政策（Judy Strauss，Raymond Frost，2002）。

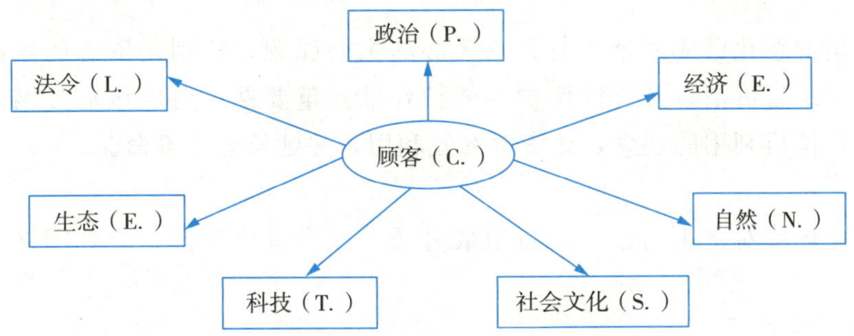

图 1－15 以顾客为核心的网络营销整体环境

注：以顾客为核心才能充分了解顾客所需、所冀与所求。

（1）政府职能

随着科技的发展，国际的竞争日趋激烈，为了避免国外企业的竞争，政府必须发挥政府的职能，给企业提供保护，或者在产业面临转型时，保障人民生存权。此外，为构建一个健全的环境，政府立法部门必须制定合乎实际的法令，行政部门应拟定政策，维持环境体系正常运作，让企业逐渐壮大，奠定国家产业的特色与独特性。

随着企业的高度发展、规模的逐渐扩张，必须获取更多超额利润来维持庞大企业的生存。如果企业为了提高利润而发生联合涨价、剥削劳工、安全卫生设施不良，甚至牺牲顾客利益等违法情况，政府应该及时出面保护人民群众的利益。

（2）政府政策

在经济不景气时，企业投资意愿及能力减弱，若任由经济持续衰退，对民生福利也会造成伤害。因此，政府应出面投资公共建设，以带动经济发展，或采用各种财政与货币政策来振兴经济，才能保护产业及人民福祉。

在对抗国际竞争方面，因新兴市场国家在资源、科技发展、基础建设与生产技术等方面无法与发达国家抗衡，为扶持国内产业，政府也应提出关税、配额、进出口管制等方面的相关政策，以保护产业发展。

2. 经济环境方面（E.）

经济环境对企业经营的影响重大，经济景气时，百业繁荣，人民收入增加，国民消费能力增强，大多数企业可以获利；经济不景气时，百业萧条，人民收入增长缓慢，消费能力减弱，大多数企业生存不易。由此可见，经济环境对企业的影响巨大。

此外，网络产业应随时掌握经济动态，了解经济变动趋势，并配合变动情形调整经营策略，才能降低经济环境造成的影响与伤害。例如：目前国内网络交易仍属免税的优惠环境，但随着政府陆续推动网络报税、缴税等政策，短期虽缓解了税务部门关于报税期间涌入大量人潮的压力，也可鼓励消费者善用网络，逐步融入数字化生活，来节省企业服务于消费者的人力资源成本。但随着网络拍卖逐渐盛行，全面执行网络交易课税政策，开始课征营业税，企业主在面对类似的经济政策转弯时，应及早因应，才能让损失减至最小，又不致将税负转嫁到消费者身上，影响其上网购物的意愿。

3. 自然环境方面（N.）

自然环境的恶化已成为企业与大众关心的主要课题，特别是资源的短缺与环境的破坏。借由网络告诉消费者资源保护与爱护环境的重要性，更应该通过网络营销倡导绿色营销与资源再利用的观念，让资源有效利用，并延长环境寿命。

4. 社会文化环境方面（S. C.）

社会文化环境对企业的影响来自组成分子、顾客价值取向、所处团体的文化等三方面。

（1）组成分子

他们是企业的潜在客户，其态度与价值观直接影响购买行为，其人口统计变项有助于企业进行顾客关系管理，分析顾客的喜好与需求。这些构成分子也是企业劳动力的来源，其行为模式、思考逻辑与企业在人力的招募、任用、训练等方面有紧密的联系，并具有重要的影响。

（2）顾客价值取向

顾客价值取向是顾客心理层面的反应，直接反映在对企业所生产商品的认知、态度与行为。顾客如果对商品有正面评价，就会乐于花时间去注意产品、认识产品、了解产品，进而产生兴趣；经过进一步的了解，才会购买、接近、使用，并改变原先的态度与观感，最后接纳、持续使用、重复消费。相反，企业营销人员则需要花费更多的人力、物力与时间来说服消费者，扭转他们的使用行为与价值观。然而，开发一个新客户的营销成本，可用来维持八个旧客户。

在顾客购买的反复决策过程中，企业主所要了解的是顾客心理层面与生理层面的改变，才能设计、研发出满足顾客意向的产品。通过上面的分析可见，顾客的价值取向对企业的影响深远，企业主在设定目标顾客群时绝不能轻易忽视。

（3）团体内部的社会文化

团体内部的规范束缚着团体成员，影响他们的购物行为。例如：农家子弟由于家中务农须仰赖耕牛从事耕种，因而都有不食牛肉的文化传承。企业主进行商品营销时，切忌侵犯到消费者所属的文化价值观。

5. 科技环境方面（T.）

企业以改善人们生活水平为使命，通过科技产品的导入，让生活更方便、更舒适，使企业得以节省成本，更具竞争力。

各种科技产品如信息、通信与运输科技等，都是近年来发展最快速的科技产物，这些科技产品的组合使得网络快速发展，也造成了网络乱象，可谓成败维系于科技。因此，企业在善用科技产品之余，也应当培育人文素养，避免完全为科技所奴役，在一切唯“科技”马首是瞻的前提下，偶尔也该回归“人文”，回到人性的原点“人心”，才不至于迷失在科技的洪流之中。

6. 生态环境方面（E.）

对环境生态的保护，应避免引起某类物种濒临绝迹或过度繁殖，造成生态浩劫。企业在创新产品之际，应考虑是否对生态环境造成严重影响，以致引起生态环境反扑。

7. 法令环境方面(L.)

企业的运作要依照相关法令、规章的规定,若从功能论的角度看,是为了公司的发展着想;从冲突的角度来看,反而限制了公司拓展。

8. 顾客方面(C.)

买方时代的顾客是公司的一切,是公司的资源,能再生更多的资源。因为顾客的推荐可以呼朋引伴,远胜过公司的任何营销活动,让支持公司的人如滚雪球般,愈累积愈多。只要公司所能掌握的顾客数愈多,钱潮就愈跟着来(人潮就是钱潮)。例如:广告主总是挑收视率、收听率及流量高的媒体,投以大量的广告预算。

在此前提下,消费者网络行为已成网络营销最重要的课题,唯有充分了解消费者浏览网页的习惯及行为,才能帮助网络营销人员设计出黏着性更高的营销活动。更重要的是因势利导,也就是给消费者喜欢的东西,使顾客愿意追随公司,成为公司的“粉丝”,成为公司的长期支持者,进而愿意为公司做推荐或代言。例如:游戏橘子公司推出的天堂游戏软件,经由爱好游戏的玩家推荐,让产品卖得更好,也节省了公司营销方面的开销。

综上所述,我们应保持“顾客是头家”的观念,与顾客维持良好的伙伴关系,让企业切实尽到取之于社会、服务于社会以及造福人群的责任。

(二)网络营销竞争环境(SCCSEP)

麦克·波特(Michael E. Porter,1980)的产业竞争分析架构,由五个互动力量(Five Forces)组成,包括纵向的替代者、现有竞争者及潜在进入者等主要分食市场大饼的竞争者、横向的供货商及顾客等具有共生结构关系的利润分享者(张纬良,2008)等。我们认为,更完整地分析网络营销竞争环境(Competition Environment of the Internet Marketing),需加入合作伙伴的观点,使网络营销竞争环境的内容更具完整性(图 1-16)。

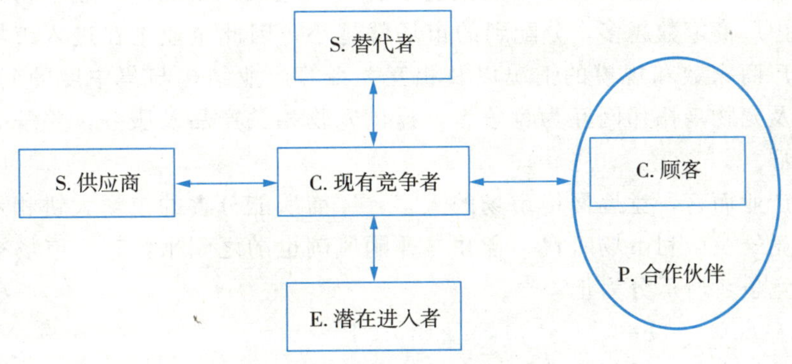

图 1-16 网络营销竞争环境

数据来源:编修自 Michael E. Porter,1980.

注:根据麦克·波特产业竞争分析架构改良而成,符合网络营销竞争环境强调互动性与关系的特点,任何个人、团体及机构,都无法独立于网络关系外,寻求合作伙伴以互惠互利更重要。

1. 供应商议价能力（The Bargaining Power of Suppliers）

厂商需要供应商供应原料及中间产品，进行生产与转换，才能实现销售和服务，获取购买各种投入设备的利润。随着供货商议价能力的提高，他们会要求较高的售价、提供较低质量或有限的服务，造成厂商成本增加，直接影响获利。为此，厂商应要求供货商建立质量保证及信息公开制度，遵循确保供料质量、正常供料及信息透明化原则，以保障厂商权益。

为避免厂商议价能力提高，供应商应掌握是否有替代品存在、购买者在供货商客户中的重要性、所提供产品对购买者的重要性、供货商产品差异化程度、供货商转移能力、供货商垂直整合能力及采购集中度等影响议价能力的因素。

对网络产业而言，完善的供应链管理，可以节省仓储管理成本，真正实现零库存、零风险的目标。要维持网络业者竞争弹性，需要与供货商维持良好的合作关系与默契，特别是在质量与价格弹性的维系方面，双方应明订契约，以保障彼此及消费者权益。

2. 顾客议价能力（The Bargaining Power of Customers）

消费者使用产品并从中获取满足感，通常以个人、家庭、团体、机构或中间商为基础，当他们拥有较强的议价能力时（团购），会要求较低的价格、较高的质量及更多的服务，使厂商的利润缩水。为避免买方议价能力提高，应避免购买量的大小、集中程度、标准化产品、转移成本高低、利润多寡、向后整合能力、产品重要性及充裕资金等因素产生。

对网络产业而言，顾客的需求，随着信息取得的便利性与公开性而变得难以满足。换句话说，顾客的消费意识增强，厂商需花费更高的经营成本，维持与顾客良好的关系，或对顾客购物行为加以研究，也唯有透过更多的营销工具辅助，以便于解读顾客的消费行为取向，才能切实掌握顾客行为，从而在网络竞争环境中占一席之地。

3. 现有竞争者（The Intensity of Competitive Rivalry）

现有竞争者是由一群提供相同或类似产品及服务的直接竞争厂商，或者可能在未来提供足以替代对方产品及服务的间接竞争者共同组成，是现行产业市场大饼的分食者。若产业中厂商家数越多，分配到的市场就越小，因此企业主在进入市场时，必须了解产业内厂商家数和规模的情况以及相互关系等产业结构与集中度的问题。例如：聪明宠物网及宠物乌托邦网互为竞争者，提供宠物相关产品及服务，并争夺豢养宠物的相同顾客群。

对网络产业而言，竞逐网络市场的人多，厂商所能分食的市场大饼相对减少，逐渐进入完全竞争及微利市场时代，合并与并购风潮也随之到来，直至市场被几个区域性入口网站竞争者所瓜分为止。

4. 替代品威胁（The Threat of Substitute Products）

提供与其他竞争对手相同功能的产品，其威胁性的高低，由替代品与被替代品间的替代程度、质量及价格，甚至替代品功能与价格比决定。对现有网络竞争者而言，应提高产品的功能与价格比，提供顾客更加价廉物美的产品。即提供更廉价、功能更强的替代品，待完全取代竞争对手后，以成本优势成为领导厂商，并以价值来争取更高的价格。

5. 潜在进入者（The Threat of New Entrants）

当一个产业利润高于正常情况时，容易引起与潜在进入者的竞争，带来新的产能，瓜分现有市场和资源，减少现有厂商销售额和利润，这也意味着竞争更加激烈。

对现有竞争者而言，应设置进入障碍，以防止潜在竞争者进入市场，包括产品差异化、规模经济、提高顾客移转成本、控制配销通路、掌握成本不利因素（专业知识与技术、供货商的掌握）及影响政府政策等。例如：政府应进行环境影响评估，统计产业市场所能容纳的最大厂商数（饱和量），维持市场供需，并设定“体质不良”企业的退场机制，健全竞争环境。

6. 合作伙伴（Partner）

不管是策略联盟、异业结合、授权、加盟还是共同生产等形式的合作伙伴，目的在于更接近市场，在最接近消费者的地方提供服务，或借着合作伙伴的优势来弥补公司的不足，来达到资源共享、共创双赢的境地。

我们提出波特五力模型以外的第六力（The Sixth Force）：合作伙伴，包括公司及顾客。与其维持伙伴关系，只要他们愿意为公司产品代言或推荐，所形成的个人工作室 SOHO 族（Small Office Home Office）或无形通路商 NOBO 族（No Office But Office），将更接近于消费者，并集消费者、营销者与代言者等多重角色于一身。他们的视野更宽广，渗透力更强，亲身影响性、传播效果也更强，在网络营销竞争环境中的强势竞争性更具有威力。

小结：服务为主，8C 为辅

网络营销关键成功因素在于将服务（Service）做好，并以顾客为核心，做到 8C，企业就可以无往而不利。如何把服务做好并做到 8C，现对这一问题分析如下。

S：Self-esteem & Smile，尊敬顾客，时时带着微笑，这是最好的语言。

E：Exceed expectation & Excellence，给顾客超乎预期及优质的服务。

R：Reaching everyone hospitality & Passion，要展现好客、殷勤的态度以招待顾客，充满热情地服务顾客。

V：Viewing everyone special & VIP，把每位顾客当成最重要的贵宾服务。

I：Improvement & Inviting everyone return，持续地改善，让服务可以做得更好，并邀请顾客重回公司。

C：Care & Create，持续地对顾客关心，创造更优质的顾客体验，让顾客回流。

E：Eye contact with everyone & Empowerment，亲切的目光展现对顾客的尊重，赋予员工更大的权能，服务顾客。

8C 是以顾客为核心，将企业与顾客连接，进行沟通、商务、社群、合作、创造与内容等服务，分析如下：

（1）Connection 连接：与市场、企业、顾客连接，进行实时互动。

（2）Communication 沟通：与企业、顾客良性沟通，化解冲突。

(3) Commerce 商务：通过网络进行商务交易，降低交易成本。

(4) Collaboration 协同合作：与企业、顾客良性合作，成为伙伴关系，让顾客也来帮企业营销。

(5) Community 社群：形成志同道合的社群，发挥聚众效果。

(6) Creative 创造：不停地创造、建构企业竞争力。

(7) Content 内容：Web2.0 思维，用故事来营销，所有企业、顾客的故事都是营销的题材。

(8) Customers 顾客：顾客是核心，企业当以顾客感受为第一优先。

把服务做好还不够，还要有典范转移，从 4P→4C→4S（图 1-17）。

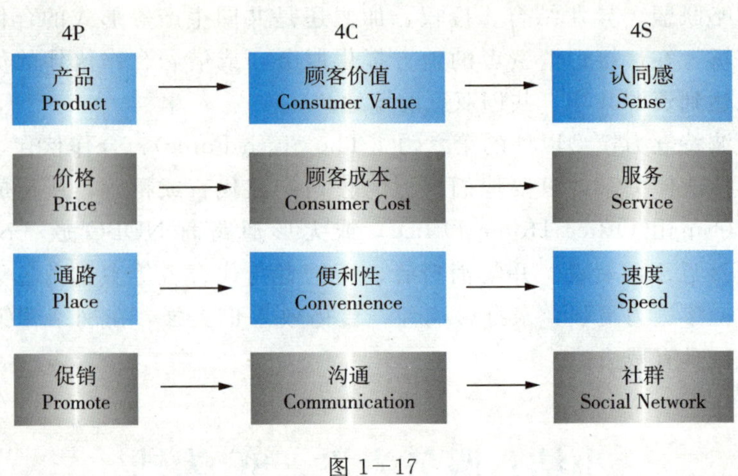

图 1—17

本章重点练习

(1) 请说明网络发展历程。

(2) 请说明网络类型有几种，并举实例说明。

(3) 请说明网站类型有几种，并举实例说明。

(4) 请说明网络功能有哪些？并举实例说明。

(5) 请说明网络提供了哪些服务，并举实例说明。

(6) 何谓网络营销？

(7) 请说明网络营销类型，并举实例说明。

(8) 请说明网络营销方法，并举实例说明。

(9) 请说明环境如何影响网络的发展，并举实例说明。

信息来源网站及参考书目

(1) 张纬良．企业概论．新水市：前程文化出版社，2008.

(2) 吴昭怡．营销决战点：给产品说一个故事．天下杂志，2003.

(3) Scott McKain. 每个企业都要表演：赢得顾客与员工满堂彩的最佳策略．台北：脸谱出版社，2004.

（4）Bruner，Jerome. Actual minds，possible worlds. Cambridge，MA：Harvard University Press. xi，1986：201.

（5）Porter M. E. Competitive Strategy. New York：The Free Press，1980.

（6）Lasswell H. D. The structure and function of communication in society in Bryson. The Communication of ideas. NewYork：Harper and Brothers，1948.

（7）e-Marketer . http：//www. emarketer. com/.

（8）网络世界统计 . http：//www. internetworldstats. com/.

（9）网络系统联盟 . https：//www. isc. org/.

（10）在线虚拟服饰店 . http：//www. rnainc. jp/.

（11）游戏橘子网站 . http：//www. gamania. com/.

项目二 "互联网+"市场四大趋势

一个物种里最强的，不是智商最高，是最懂得应变的。

——英国生物学家 达尔文

网络公司如何因应市场的发展与变动

◆ 专家点评

物种受制于环境因素，决定"适者生存，不适者淘汰"。互联网这一领域也是如此。唯有充分顺应网络营销市场的趋势变动，公司才能立足，否则就会被淘汰。

故事营销

现在流行以故事营销，帮产品说一个好故事，胜过千万宣传费用。

故事的核心思想

当今市场许多产品供过于求，为产品找到故事、建立情境远比减价来得有效。回溯故事本身，其实就是娱乐、导引、告知和说服的最佳工具。说故事更能创造亲和力，让理性的论证被听到。

勾勒出一个慑人心魄的故事，让人印象深刻，让故事流传久远。未来更是属于“说故事”的世纪，企业将靠“卖故事”赚钱。

《很久很久以前》书中检视超级品牌及偶像的成功之道在建立原型（Archetype）。“原型”是亘古以来存在人类心里的“形象”，反复出现在世界各地的传说和神话故事里。例如：“耐吉”代表“英雄”，“新力”像让人心想事成的“魔法师”。

3C通路逐渐建立起“照顾者”的原型。广告里，刚下班的一位先生，看到家中没有冷气，婴儿辗转难眠，先生的太太说，“没关系，忍一下就过去了”。拍出消费者的真实生活。“十二期零利率”促销策略，包装成“有些事我们不能不替你想”的口号，提高品牌的好感度。

《一千零一夜》有许多故事，你还记得阿拉丁与神灯的故事吗？

《一千零一夜》有许多故事，你还记得阿拉丁与神灯的故事吗？

勾起消费者的回忆

好的故事来自观察，也藏在生活的记忆和经验中。如某便利商店的开发人员到全台湾的火车站进行调查，发现被遗忘的奋起湖铁路便当。

他们在便当盒上写出便当的历史，放上创始人和铁道的图像，让消费者在享用便当时，仿佛神游了奋起湖。

消费者的购物压力，来自缺乏时间、注意力和信任。消费者追求的是“真实感”(Authenticity)。故事之所以让人难忘，就在于将真实感“深刻化”。

消费者参与故事

北京“全聚德”烤鸭店在顾客用餐结束前，让服务人员送给客人一个信封，里面写着一串数字。当客人走出餐厅时，门口的电子广告牌就显示这串数字，告诉你吃的是全聚德开张以来的第多少只烤鸭，让客人参与故事的进行（编修自《天下杂志》）。

项目二 导 览

任何策略的执行与发展，首先必须侦测环境（Scanning Environment），就是先掌握市场动态与趋势，如此才能对组织的发展与运作产生扩大作用与效果，做法是根据搜集的量化或质化数据，进行环境评估与市场分析。这种方法在网络营销市场同样适用。

就整个网络营销环境而言，直接、间接影响企业体的因素甚多，选定与企业息息相关的四大主题：顾客、竞争、营销和稽核，合称“互联网＋”市场四大趋势。这四大构面是网络营销市场最重要的课题，章节安排如下：

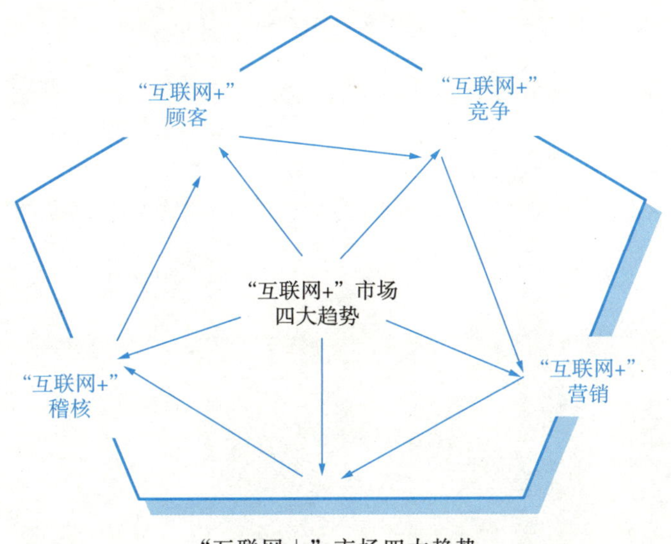

“互联网＋”市场四大趋势

注：这四大趋势是网络营销市场的主流价值，网络产业当唯此马首是瞻。

任务 2 “互联网＋”顾客

大量倾销和消费者被动接受的思维已落伍，买方市场与消费者主导的时代已来临。企业应推动顾客关系管理，了解顾客需求，致力于满足顾客需求的定制化策略。只有做到定制化，才能维持老顾客重复消费或让老客户成为忠实客源，节省和降低企业开发新客户的营销成本。定制化是留住顾客、节省经营成本的有效手段。

任务3 “互联网＋”竞争

网络产业竞争日益激烈，如何维持网络产业持续的竞争优势，响应卖方市场的强烈竞争，已成各个网络商家迫切思考的重点。

本章从实证与实务方面双管齐下，分析当前网络产业该采取何种竞争策略方能立足于市场。

任务4 “互联网＋”营销

网络产业已深入买方市场，如何维系顾客重复持续消费是争论的焦点，本章重点论述黏着性较高的八种营销模式，以此打动顾客的心，留住客源。

任务5 “互联网＋”稽核

网络营销市场日益壮大，但是缺少明确、具体的规范约束，造成许多不合理现象，例如：消费者网络购物付款后收不到商品，或者商品质量欠佳，增加消费者的困扰；网络掮客买空卖空赚取暴利；网络广告商漫天喊价，使广告主劳民伤财得不到应有的广告成效。这些网络乱象需要治理，才能建构一个网络产业共同参与的客观、公平、公正、公开及自由的网络稽核组织。

任务2 “互联网＋”顾客

你想尽办法投注大量资金，吸引顾客上门，为什么要让他们有必须离开的时候？

——邦诺书店创办人　瑞奇欧

◆ 专家点评

留住顾客使其成为忠实客源，并持续重复消费的方法不一定需要投注大量资金，更重要的是做到为满足客户个人的独特性需求，所量身定做的定制化服务。例如：爱看童书的读者进入书店时，服务人员快速引领至童书专区，就是最好的定制化服务，这样，客户怎么舍得离开呢？

公司贴心　顾客忠心

当今营销的重点，不是吸引更多顾客上门，而是让上门的顾客成为终身、忠实顾客。顾客要求完美的消费经验，除价格合理及购物方便外，还希望获得贴心的服务。

小型超市绿丘

在美国感恩节时，许多超市都会推出促销活动，聚集人气，绿丘（Green Hills，图2-1）却反对这种做法。绿丘认为，有些顾客平时不消费，感恩节为了得到火鸡，才会大量购物；火鸡是为忠诚顾客而准备的，不是专为促销而来的消费者准备的。一般顾客在感恩节购物，可以得到小礼物；忠诚顾客会在节日当天，得到火鸡，圣诞节时，会赠送他们圣诞树，春天时寄给他们园艺用具的折价券。

不同顾客　不同回馈

绿丘给予不同忠诚度顾客不同的回馈，摒弃短期刺激人气、追求拉出长红的做法。

图 2-1　绿丘

数据来源：http：//www.greenhills.com/.

注：绿丘给忠贞顾客回馈，不采取短期促销优惠拉拢零星顾客。

通过会员卡收集顾客详细数据，了解他们的购物频率和种类，不仅知道顾客是谁，而且能分辨出他们的不同，将重心放在最忠诚的顾客上，确保最好的顾客不会离开。

绿丘是针对顾客，而非针对产品。当最佳顾客上门时，部门经理会亲自送给他们一个装满热门商品的篮子。这些诉求留住了80%的老顾客。

不止卖你一本书

全美最大连锁书店邦诺（Barnes & Noble，图 2-2）创办人瑞奇欧（Len Riggio）表示，邦诺书店最成功的设计在于顾客很容易找到厕所！

图 2-2　邦诺书店

数据来源：http：//www.barnesandnoble.com/.

注：欢迎顾客在书店久留，使邦诺成为顾客聚集、停留的场所。

除了上厕所方便，邦诺书店的藏书丰富，空间宽敞舒适，备有沙发供顾客坐下来阅读，设有咖啡店，让消费者解饥消渴，跳脱希望顾客不要在店里逗留过久、而是把书买回家看的想法，创造一个顾客想留多久、就留多久的阅读环境。

邦诺费心地把上门的顾客留在店中，绞尽脑汁创造让顾客走进店里的理由，使得邦诺书店已经成为小区的活动中心。邦诺让顾客不断进店门，又不想出店门，架上的书便这样一本一本卖出去（编修自世界经理人文摘杂志）。

其实，定制化的用意在于让顾客感受到公司对他们的用心。在此前提下，顾客将乐意追随公司品牌，成为公司的忠实客源，这也就是企业主在进行客户服务时，言必称"定制化"或以"顾客导向"为上的主因。

第一节　定制化

企业主为吸引顾客，会采取"定制化""顾客导向"的顾客关系管理策略，定制化是否能成为留住顾客的万灵丹？还是止痛药？企业主在定制化之前，必须先了解顾客需求并加以管理，使其成为公司的忠实顾客，这就是顾客关系管理。

顾客关系管理的概念源自一对一营销，利用顾客个人化营销活动与服务来创造竞争优势。概念的内涵在于正确的时点上，通过适切的通路提供给顾客适当的服务，并以贴心的个人化服务创造顾客价值，以建构顾客忠诚度，形成竞争者难以取代的竞争力，为企业创造更多利润。

一、顾客关系管理

顾客关系管理（Customer Relationship Management，CRM）是将顾客的人口统计变项，包括性别、年龄、职业、教育水平、收入、需求、地理区位等因素，与消费者往常的购物习惯、行为相联系，以找出消费者接近使用、喜好与厌恶产品的状况的关联性，并维持与顾客的良好关系（图 2-3），并以此作为企业主运作营销组合活动参考的信息系统。

图 2-3　如何与顾客维持良好关系？

顾客关系管理目的在于运用信息科技协助企业将顾客变成公司最重要的资产，通过良好的信息分析能力，开始搜集顾客信息、建立数据库、积累顾客知识、构建企业与顾客的伙伴关系（图2-4）等，称为顾客关系管理循环。此一循环过程，除构建完整的顾客数据库外，也促使企业转化为信息型组织，增强企业竞争力。在决定导入顾客关系管理机制前，企业必须先明确了解公司的顾客群、流程改善优先于设备添置及顾客策略等观念。

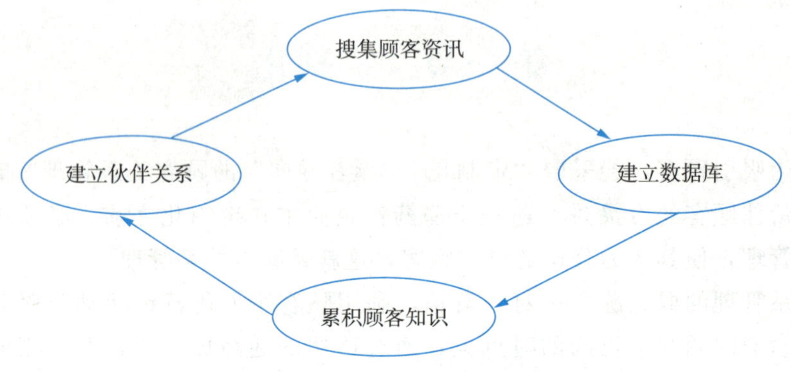

图2-4　顾客关系管理循环

资料来源：编修自刘明德。

注：顾客关系管理是一持续运作的过程，企业决定导入此系统，就必须上下一心、坚持到底，才能展现具体成效。

（一）找出你的顾客群

既然顾客关系管理是了解顾客需求的最佳手段，为何仍有许多企业在运用顾客关系管理系统后还会尝到败绩，问题的解决要从CRM的定义着手。什么是CRM？其实CRM不是新的东西，它只是将原本靠人力完成的区隔顾客技术，转换成以计算机逻辑来运作。换句话说，经过计算机系统归纳分析后的数据是静态数据，你需要从中区别出主要顾客及次要顾客，即区隔出需要深耕且建立关系的顾客、不需浪费太多成本且只是蜻蜓点水式购买商品的顾客。

例如：《纽约时报》花了几年时间调查核心顾客，目的在于找出纽约市以外的类似顾客群，然后研究吸引非纽约顾客注意的东西。后来《纽约时报》根据研究结果，增加地方消息与定制化内容的报道，例如气象与电视节目表等，促使《纽约时报》持续成长，留住94%的顾客（据统计，报业顾客的平均存续率只有60%）。

（二）流程改善优先于设备添置

《纽约时报》的例子指出第二个解决方案：确保目前的作业流程与策略一致。在一场由高阶主管的CRM座谈会上，87%的与会人士认为，顾客关系管理成败与领导及变革管理有关。只有4%受访者觉得问题出在软件上。以《纽约时报》为例，他们的管理顺序是正确的，先提升印刷、派送与订户电话处理程序的质量，再添购网络软件，加速作业流程及降低成本。显示顾客关系管理成败的关键因素在组织，而不在科技。

（三）您的顾客策略

要怎样才能达成 CRM 承诺的利润？第一步是从清楚的顾客策略开始，当你将顾客策略摆在第一，同时确保顾客活动符合策略需求，且能符合营运流程。在这样的情况下，才能进入第二步骤：科技选择，决定什么地方需要软件科技的协助，什么地方用低科技方案，这样才能逐步提升流程。

接着，我们所能做的就是等待系统与营运流程磨合，这不是容易的事，我们知道科技要能发挥功能，需要真正运作才能找出问题所在（编修自世界经理人文摘杂志）。

二、顾客关系管理目的

CRM 有什么神奇功能？能够让企业主如此重视。其实，企业主知道引进 CRM 不能让企业脱胎换骨，但能让企业达到顾客关系管理目的（The Purpose of Customer Relationship Management），包括提升顾客满意水平、协助营销业务推展、确保顾客服务质量、增强获利能力及建立崭新的企业形象等五个目的（图 2－5），对企业竞争力的提升具有实质帮助（编修自刘明德）。

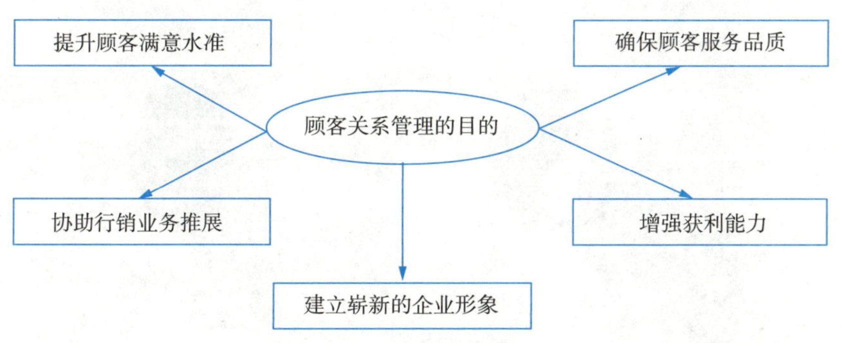

图 2－5 顾客关系管理目的

资料来源：编修自刘明德。

注：顾客关系管理系统不是灵丹妙药，却有助于提升企业营运绩效。

（一）提升顾客满意水平

CRM 强调企业的作业流程应以顾客为导向，企业在采用 CRM 系统后，可整合企业的营运目标，减少各项营运成本，尤其是营销费用，通过明确的顾客服务提升顾客满意水平。

（二）协助营销业务推展

企业导入 CRM 后能提供个人化或区隔化的产品或服务给顾客。例如：供货商可依客户过去采购的喜好来寄发不同的产品型录；连锁书商可依会员数据中顾客购买的书籍种类和年龄分类，来进行差异营销。

（三）确保顾客服务质量

顾客服务人员可以根据 CRM 数据库所提供的客户背景与过去所使用过的服务，直接在线快速响应客户的需求。不仅可以减少顾客的抱怨，还能提高顾客的忠诚度，确保顾客服务质量。

（四）增强获利能力

企业引进顾客关系管理信息系统不仅能够稳定既有的客源，还能积极有效地开发业务，可通过对客户需求的充分了解，来提升服务客户的质量，降低经营成本，从而增强获利能力。

（五）建立崭新的企业形象

零售企业为了解顾客需求，可定位于信息业；制造企业为掌握通路，可定位于经销商；金融企业为服务顾客，可借此提升服务业层次。不同产业随 CRM 系统的引进，可以塑造新的企业形象，提升顾客认同（图 2－6）。

图 2－6　透过各种促销活动与顾客互动

资料来源：http：//www. ttl. com. tw/02news/news _ view. aspx？ sn＝46&news _ id＝298.

三、顾客关系管理程序

顾客关系管理程序（The Steps of Customer Relationship Management）包括知识

发掘、市场营销计划、顾客互动及分析与修正等四部分，分述如下：

（一）知识发掘（Knowledge Discovery）

拥有一个庞大、随时更新的顾客数据库，最大的功能在于反映客户的全貌，进而帮助决策者和市场营销人员做出顾客确认、顾客区隔及顾客预测等决定。

（二）市场营销计划（Marketing Planning）

拥有详细深入的顾客资料，可设计新的市场营销计划，即先据此拟定一个与客户有效的沟通模式，再依顾客的反映，设计出促销活动，并找出较有效的营销渠道与吸引顾客的诱因。

（三）顾客互动（Customer Interactions）

运用相关实时的信息和产品，通过各种互动渠道和办公室前端应用软件（Front Office Applications），包括顾客服务应用软件、业务应用软件、互动应用软件执行等，进行与顾客或潜在顾客的沟通。

（四）分析与修正（Analysis and Refinement）

分析与顾客互动所得到的信息，以了解顾客的需求，然后根据结论修正先前所拟的营销策略，以寻求新的商机。

四、顾客关系管理架构

顾客关系管理架构（The Structure of Customer Relationship Management）包括数据、信息的搜集、储存与累积、吸收与整理及展现与应用等四部分。

（一）数据、信息的搜集

知识是经由数据（Data）与信息（Unformation）搜集整理而来，重点在如何搜集顾客相关的数据，因为片面性的信息无法涵括所有的服务需求，延迟的信息可能延误商机。

（二）数据、信息的储存与累积

数据的储存，关系到后续数据使用的便利性，如何适当地、安全地储存是重要步骤。适当的数据储存方式，才能让后续的数据处理速度加快；安全的数据控管方式，才能保障商业机密。

（三）数据、信息的吸收与整理

整理各种数据与信息、吸收其中精华，并将其制度化，以及找出背后不易理解的隐藏知识，都是提升企业竞争力与提供关系营销的重要课题。

(四)数据、信息的展现与应用

数据搜集的最终目的是应用,借由友善的使用(User Friendly)接口,实时地、安全地、方便地将信息与知识呈现给最终用户是非常重要的环节,同时此程序也影响整个系统的成败。

五、忠诚顾客的观念

顾客关系管理除了开拓客源外,最重要的是掌握忠实顾客,为公司创造利润。忠实顾客(Loyalty Customer)对商品的认同有三种类别(图 2-7),分别是使用后非常满意者、会持续购买者、推荐他人使用者,其中第三种类别是 CRM 的目标族群,因为这些人比其他两类人能带来更多的利润。

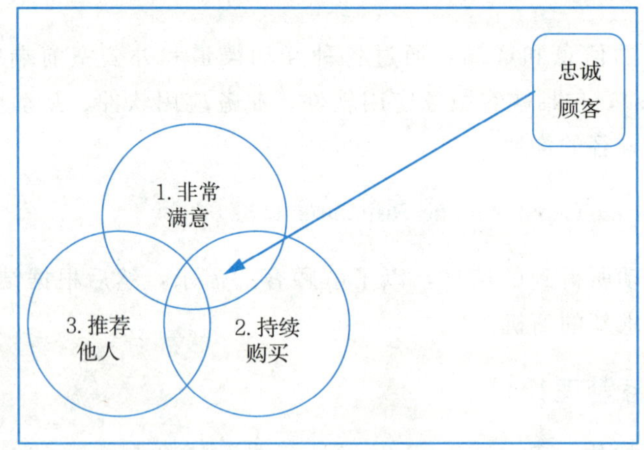

图 2-7 忠贞顾客类别

注:公司持续针对不同顾客推出贴心服务,满足其需求,成为公司的忠实顾客。

公司应运用这些特点开拓新顾客,忠诚顾客经营(Loyalty Customer Operation)包括获取新的顾客、保存现有关系及原顾客创造新顾客等三种(图 2-8)。

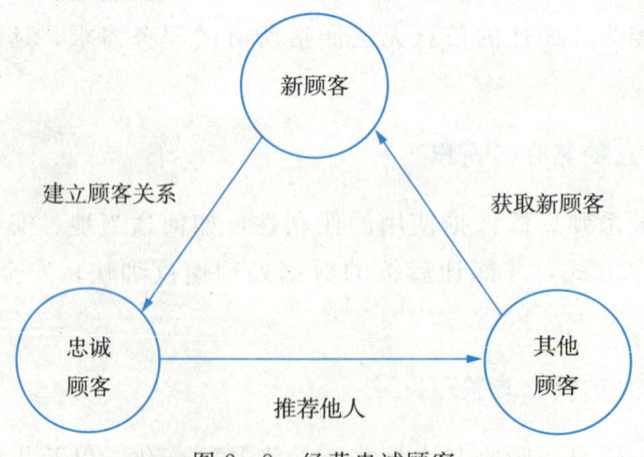

图 2-8 经营忠诚顾客

注:公司应公开奖励忠实顾客推荐新顾客,激励更多忠实顾客做推荐。

（一）获取新的顾客

获取新的顾客即销售观念的改变，就是企业以各种方式创造顾客，只有先创造出顾客，才能继续以下层级，有了顾客才能有 CRM。

（二）保存现有关系

保存现有关系即维持顾客关系，此部分是 CRM 的核心部分，企业从获取到的新顾客开始，提升与这些顾客的关系，不只是以产品来链接，还要有更深一层互动的关系。

（三）由原顾客创造新顾客

此部分为顾客自身所发挥的效果，CRM 的效益从这部分“发酵”。在理想状态下，顾客在使用过后不但继续使用，而且会推荐他人使用，只要一个人平均让另一个人来使用，我们的收益便会整整增长一倍，这就是忠诚顾客为何会提高绩效的关键。

六、叛逃管理

在买方市场时代，企业主无不绞尽脑汁地设计黏着性较高的价值活动来吸引顾客，但这类营销活动所花费的成本较高，当企业无法持续维持高成本支出时，顾客就有流失的可能。

基于此，企业为了避免与防范顾客流失所从事的各种价值活动，称为叛逃管理（Defection Management）。为减少顾客持续流失，首先要掌握哪些顾客有可能流失？顾客流失有哪些因果关系？我们只有对于顾客流失的主要原因能有效掌握，才能拟定妥善的对策加以因应。我们归纳顾客流失因素（The Factor of Customer Loss）包括生活形态转变、经济景气影响、无法满足顾客、顾客发现更好选择、顾客不满意、粗鲁无礼的第一线服务人员、与顾客预期有差距、购物流程不方便、不好的购物经验、杀价竞争等十部分。

（一）生活形态转变导致需求改变

面对生活形态转变，消费者需求体系需要进行相应的调整。例如：从农业时代演变为工商业时代，生产器具、生活习性的转变，直接影响饮食习惯、购物行为。

对企业主而言，面对生活形态改变所引起的需求转变，所采取的应对策略是企业形态的转变，来满足消费者生活形态转变所形成的新需求及新市场。

（二）经济景气影响消费能力

经济不佳景气，直接影响购买力及消费能力，企业主应推出折扣、优惠、赠品、抽奖等薄利多销赠予奖品的促销活动，以吸引消费者光临。

（三）企业无法满足顾客的需求转变

企业无法满足客户的新需求或需求的转变，应致力于引导顾客的使用行为及需求，以符合企业现有的资源分配与应用。

（四）顾客发现更好的选择与解决方案

市场上替代品林立，所谓“货比三家不吃亏”，正是如此。企业主应了解自家品牌与竞争对手的优势、劣势，并调查被取代的原因是出自价格还是价值。

（五）顾客对企业提供的服务不满意

了解顾客针对服务不满意的具体原因：若是少数顾客的个人因素，则针对个别顾客提出补偿；若为大多数人意见，则应改善服务机制。

（六）粗鲁无礼的第一线服务人员

第一线服务人员是公司的门面，直接吸纳客户的各种反应，容易产生情绪疲乏与倦怠。企业应重视第一线人员的教育训练、辅导及轮调制度等，以保持第一线人员的最佳状况。

（七）企业提供的产品或服务与顾客的预期有差距

企业体主动与顾客沟通，了解产品或服务不符其预期的具体事项，若顾客所言属实，应提出赔偿，并提出改善方案。

（八）购物流程不方便

企业应简化购物流程，以减少顾客及员工的困惑为主，并且不影响行政程序。

（九）企业带给顾客不好的购物经验

影响顾客购物经验的因素很多，企业应了解具体原因并加以解决，让顾客拥有美好的购物环境与经验。

（十）遭遇竞争者毫无理性的杀价竞争

面对竞争者价格的优势，企业不必跟着销价竞争，应致力于构建产品价值，创造物超所值的产品，唤起消费者以价值取代价格的意识。

第二节 定制化策略

网站经营者该如何维持旧顾客重复消费或让老客户成为忠实客源，节省或降低企业开发新客户的营销作为成本，做好高效率与高质量的客户服务，量身定做具有个人化特色的定制化策略（Customization Strategy），是网站经营者运筹留住顾客、节省经营成本的最佳策略。因此，我们提供网站留住顾客的六个定制化策略包括满足顾客“一次购足”的心态，引导顾客行为或需求，与顾客建立伙伴关系，专业化的内容，个人化贴心服务以及与其他合作伙伴深度整合等。

一、满足顾客“一次购足”的心态

网络所建构的虚拟小区与空间（Virtual Community），让传播者与受播者跨越时空限制进行公、私领域公共论坛（Public Forum），颠覆受播者受制于传播者密集扣引信息扳机所发出信息子弹的靶子（子弹理论，Bullet Theory），使两者间的界限更加模糊。

换句话说，所有网络用户（User）都产生传播者和受播者的传播行为，实现奥思古（C. E. Osgood）所说的“人际传播中，每个人同时在扮演传播者与受播者角色”，意味随着信息网络密集后，每个人接收、传递信息所需的信息位负荷量更大。

对网站经营者而言，除了必须处理使用者庞大的信息需求外，还必须为信息加值，提供更有价值的服务，让顾客从网站购到所有想要的信息或商品，而不是令网友兴起到其他网站购物的念头。这就是“一次购足（One-stop Shopping）”的观念。

“一次购足”是指经营者所提供的多频道内容、多元化产品，让进站的网友可以获取需求信息、购足需求商品，甚至超出消费者需求满足，其用意在于让顾客需求可以从网站所提供的服务中得到充分、完全的满足，并借黏着性较高的服务方式吸引顾客重复消费。

二、引导顾客行为或需求

随着产业环境及世界潮流趋势的不断改变，企业必须随时调整经营策略，才能因应市场变化，达成组织目标，维持竞争优势。在忠实顾客（Loyalty Customer）管理方面，网站主事者应引导老客户群调整对新产品的认知、兴趣、使用行为及需求，以符合新产品的诉求。目的在于将客户对旧产品的支持转移至新产品，通过对公司产品长期爱好的移情作用留住既有客户，这种做法称为引导顾客行为（Guide Customers Behaviors）。这种通过调整产品线长度，重新设定主要目标顾客群组，并将基本客源消费行为重新调整的方式，是节省开发新客源支出的有效方式，称为引导顾客行为或需求。

对企业而言，维持客户持续性的重复消费是支持企业存续的保证，如何有效管理顾客关系就更加重要。企业主应当颠覆以往的推、拉式营销作为单纯促销顾客购买产品的思维，转变为分析客户数据，创造价值化（Value Creation）及加值化（Value Added）服务，提供满足消费者需求的商品，甚至建议正确使用方式，来改变其使用习惯。这类引导顾客需求的方法，不仅形同重新包装、重新定位公司产品，更象征着重塑客户对公司形象的认知，间接促成产业形态调整，更重要的是引导客户持续使用公司产品。

近年来，各层级企业积极思考导入企业电子化，先不论企业电子化后替公司节省多少资源，单从客户的接受使用程度而言，企业必须引导顾客的使用行为，方足以使他们接纳新的服务方式或内容。

李斯德林漱口药水之前的广告内容：“使用李斯德林，帮助好口气，杀死坏细菌。”让人产生使用此产品拥有好口气的感觉，后来推出“一天使用李斯德林漱口药水两次，漱口三十秒钟”的广告诉求，明确指出顾客应该采取的行动，也让顾客知道怎么做，有助于引导顾客改变其行为。

三、与顾客建立伙伴关系

企业主是产品与服务的规划者、提供者、生产者，顾客是产品与服务的需求者、使用者、消费者，两者相互依存、缺一不可。尤其在网络产业买方市场居主导的现状下，网站的营运极需忠诚顾客的长期支持，经营者应当致力于与顾客建立良好伙伴关系（Set Up Partnerships with Customers），时时与顾客进行良好的互动，成为吸引更多志同道合、同好聚集的社群网站（Community Internet）。

首先，网络公司必须取得顾客对网站本身及其所提供商品或服务的信任，才能吸引客户在具有购买需求时，愿意进入特定网站搜集信息或寻求解决方法，以作为购买决策的参考，来激起求知欲、兴趣、购买欲望，转而产生购买行为（购买决策阶层，AIDA）。而取得用户对网站及其外围商品暨服务的信任，必须构建网站在消费者心目中的品牌形象、信誉等，需要经营者长期的投入，才能在网络产业立于不可替代的地位与优势。

其次，企业主在吸引众多网友进驻后，必须构建一个安全的网络交易平台，使顾客数据不会流失或被盗用，创造一个网络商品交易安全无虑的机制与环境。目前有关信息安全机制，基于资料的完整性、隐秘性、身份鉴别及授权，为达此目标，经营者当构建公钥基础建设（PKI，Public-key Infrastructure），这是一个由软件、加密技术及多种服务组成的架构，保护消费者个人资料不被泄露。

当消费者个体与网站本身建立起数字信任关系后，继而得到网站交易安全的保障，并从中得到可供决策参考的信息，消费者对网站的依赖性将随之提高。两者距离将从利益交换关系转化为相互依存的伙伴关系，网络用户将追随网站经营者的引导，网站经营者也将提供网络用户更多的决策参考。而这一切要先从管理顾客经验做起，找到公司与顾客之间的桥梁，进而建立伙伴关系。

四、专业化的内容

随着知识经济（Knowledge Economy）时代来临，顾客对信息的需求量增加，企业对信息的需求也相对提高，尤其对竞争情报（Competitive Intelligence，CI）的搜集更不可忽视。基于此，网站经营者当致力于专业化内容（Professional Content）的构建、更新与维护，提供更准确、实时、专业的信息，并建立信息有价及用户付费的观念。

（一）信息有价

谈到网站内容，经营者当构建具备多元化、多频道、有意义、有价值、优质的内容，在信息“量”充足、信息“质”优异的前提下，使用者才会深度接近、使用网站，把网络当成重要工具。也就是说，网站经营者当构建具备专业度、准确兼具宽度、广度、深度、区隔等特性的专业化内容，更重要的是每天不定时地更新数据，提供最实时的信息，让专业人士、普通大众及具有特殊需求的使用者都能各取所需，满足个人的需求。

谈到专业化内容的构建，这些经过整理、分析的信息的确花费经营者较高的成本，若与其他一般性信息一样免费分享，对企业主将造成损失。我们认为，网友应逐渐建立“信息有价”“分级付费”及“使用者付费”的观念，让企业主有更多的筹码与资源，制作较高水平的影片、信息与新闻。

（二）使用者付费

有关使用者付费的做法，类似于有线电视的基本频道与付费频道。即需要收视更多频道、内容、专业程度较高的观众，就需额外付费，才能享受质量更好的服务。相较于不愿意额外付费的观众而言，收看普遍性的信息不需额外付费，但不能要求享有与付费频道一样等级的内容与服务。用意在针对不同需求使用者，提供不同的服务内容与收费标准。

五、个人化贴心服务

使顾客成为公司的忠实顾客，关键在于是否针对顾客个人需求与特质提供个人化的贴心服务，让客户毫无防备地掉入公司为消费者量身定做的甜蜜陷阱。为将抽象的“个人化贴心服务”概念，转换为读者容易理解的具体事实，我们举两个实际案例说明如下：

（一）与顾客维系关系

顾客到邦诺书店寻找关于洋娃娃的图书。尽管他不是要买这本书，而是想要从书中找买洋娃娃的商店。邦诺书店了解顾客的需求后，还是努力帮对方找到所需信息。即使你不是营销专家也会知道，当这个顾客再次回到邦诺书店时，这个经验会发挥什么样的影响力。

我们倾向于向认识的人购买东西。许多书店、房屋中介与零售业很早就体认到，与顾客维系关系、提供他们所需的信息，让他们认识你、信任你，最后顾客就会找上你。如果你是营销主管，这样的信息带给你什么启示？任何人在对你掏出钱包之前，都必须认识你、信任你。

如果你希望顾客信任你，就必须努力让他们认识你。营销顾问李凡（Eran Livneh）建议，让顾客认识你，并不是要与顾客共进午餐，也不需要侵犯顾客隐私搜集顾客信息，你只要遵循几个简单的步骤即可。

1. 建立目标顾客数据库

清楚知道你的目标顾客轮廓，根据所设定的目标，搜集或购买目标顾客名单，然后从认识顾客的名字开始。

2. 与顾客对话

有顾客名单后，与顾客沟通的最有效方法就是通过电子邮件，但你得事先取得顾客的同意（许可式营销）。你可以打电话给目标顾客，同时进行名单的筛选。切记，提供教育性的信息，才能引发顾客与你对话的兴趣。

3. 不要丢弃新开发的好客户

你也许会说“当然不会丢弃新开发的好客户”。多数企业营销活动完毕，会引发感兴趣的顾客。虽然这些顾客一时并没有购买商品的兴趣，但是企业仍旧必须不断与这些顾客接触。也许一段时间后，他们会回来找你，因为已经认识你，那时候购买的机会就增加了。

4. 不要忘记坏客户

记住坏客户最终会为你省下可观的成本。由于你不想在不可能成为顾客的人身上再花一分钟，因此，必须记住这些顾客，以免不小心又在他们身上投资营销成本。

企业的营销活动可以通过商展或电子营销等，但是所有活动还是回归顾客，先让顾客认识你、信赖你，与他们维系良好关系，然后他们才有可能采取实际行动。

（二）不同顾客不同的关心

不同的顾客有不同的需求，企业主应根据顾客的差异给予差别的待遇。例如：有装潢需求的客户，可以提供系统家具之类的信息（图 2-9）；特别节日，可以帮客户挑一张电子贺卡，祝福他们佳节愉快；网友生日时，可以寄送折价券或寿星免费的促销活动，拉近与顾客的关系。

图 2-9　个人化贴心服务

资料来源：宜家家居在线购物电子报。

注：针对不同需求的顾客给予专属量身定做的个人化贴心服务。

六、与其他合作伙伴深度整合

网站导入市场初期通常选择核心优势作为产品项目，但随着企业生命周期逐渐迈向衰退期，必须开发更多客源，经营者为节省成本开销，选择与其他企业伙伴进行深度资源整合，用意在于延伸产品线长度，扩展目标客源，扩充市场（参阅营销现场：华硕、Garmin 联盟）。

网友在某特定网站搜寻不到信息时，消费者习惯是到其他网站搜寻，长此以往将逐渐流失客源。经营者可与其他知名度较高、产品形态互补的企业进行资源整合，达成互通有无、相互支持、拉抬彼此声势的目的，让自家网站（House Website）会员可以使用多个网站资源。这种以自家网站当桥梁或通路来引导客户转进结盟网站的方式，无疑是避免流失客户且资源共享的策略。

这表示通过网站或企业之间深度整合，除了可以在产品上互相支持，也可交换彼此资源，像广告、新闻、文章等，使企业节省资源；相互宣传、造势，更可提高网友使用的便利性，加深对该企业的依赖。这股资源整合的方式无疑是因应景气低迷，让企业资源充分物尽其用、货畅其流的权变措施。

小结：顾客主宰一切

随着时代潮流趋势的变更与发展，企业主逐步调整经营策略，从生产、销售导向，转向重视顾客导向，这与 Patricia B. Seybold 的主张不谋而合。她在《顾客革命》（*The Customer Revolution*）中主张“顾客经济”（Customer Economy）时代来临，顾客经验、行为导向乃至初级数据的取得与掌握，直接关系企业是否继续生存。这股未来趋势无法阻挡，顾客终将主宰一切，企业主当以顾客为依归。

对网站经营者而言，唯有充分了解顾客产品使用购买行为的经验，掌握顾客完备的基本资料，才能随时因应市场变化调整定制化策略。换句话说，不管经营者采用何种策略吸引顾客注意，都必须站在顾客的角度去思考，因为顾客的动向直接主宰企业的未来。网站经营者在运筹帷幄、实施定制化策略时，应随时考虑顾客的需求。

让顾客带顾客上门

找不到新客源？从既有顾客下手，是解决问题的好方法。由使用过公司商品或信任公司的既有顾客，向公司推荐潜在顾客，是开辟新客源的方法。

一、寻求顾客的回馈

公司在对已有顾客进行调查时，可以询问他们以下问题：“公司产品具有什么优点？”“如何提供更好的服务？”“还需要哪些产品？”“可以把您的名字放在推荐名单上？”从中收集改善产品的数据，并且获得顾客的允许，把他们的名字放在推荐名单上。

二、与顾客保持联络

不要预期顾客了解公司所有的产品，应适时地向他们提供相关信息。电子报是向顾客展示公司所有产品的好方法。每个月定期寄送电子报给顾客，并可询问："您是否了解有无其他人需要我们的服务？"每个月投资几小时制作精美的电子报，为公司带进新顾客。

三、让顾客方便介绍

善用电子邮件软件，寄给顾客电子名片，顾客若想将公司介绍给其他人，很容易就可以把电子名片通过电子邮件发出。若能不花时间或金钱，顾客会比较乐意介绍。

四、量身定做的介绍工具

给顾客一份文件夹，说明公司的目标顾客群，鼓励推荐顾客。

五、征求顾客的推荐信

当公司替顾客成功地完成一项工作时，要询问顾客的回馈情况。如果顾客称赞公司，询问是否可以把他的回馈拟为推荐信，并告知草稿拟定后，会让他过目，更改不恰当的内容。如此，公司可不动用任何用在营销及广告上的资源而获得顾客的推荐信。

六、向顾客表达谢意

当顾客介绍新顾客给公司时，公司应给予顾客谢礼，以加深顾客对公司的好印象。

七、免费参加研讨会或晚餐

公司可以寻找一个热门议题，举办研讨会，邀请既有顾客带着潜在顾客一起出席，让潜在顾客有机会接触公司（编修自世界经理人文摘杂志）。

本章重点练习

（1）什么是顾客关系管理？请举实例说明。
（2）请说明顾客关系管理程序，如何应用？
（3）请说明顾客关系管理的架构。
（4）什么是忠实顾客？这个观念如何应用？请举实例说明。
（5）什么是定制化策略？并举实例说明。

信息来源网站及参考书目

（1）刘明德等．电子商务导论．高雄：华泰文化出版社，2001.
（2）绿丘．http：//www. greenhills. com/.
（3）邦诺书店．http：//www. barnesandnoble. com/.
（4）EMC 公司．http：//www. emc. com/？fromGlobalSiteSelect.
（5）法新社旧金山电．http：//www. afp. com//afpcom/fr，2006.

任务3 “互联网＋”竞争

竞争企业太强，若无法与其竞争，就想办法买过来。

——知识分享者 林蓬荣教授

◆ 专家点评

产业市场竞争激烈，企业为取得市场竞争优势，采取各种各样的手段，置竞争对手于死地方休。如果还无法与人竞争，就想办法将其购并或收编，成为公司旗下的一部分。

培养竞争力

企业或个人要在市场立足，应具备企划力、开发力、管理力、人脉经营力、公关力、团队驱动力、整合力、财务管理力、策略执行力、组织权谋力、团队建构力、经营决策力等12种竞争力。

图3-1 如何培养竞争力，在茫茫人海中脱颖而出？

(1) 企划力：企划如何卖一项商品，思考如何规划与执行，才能卖出去。

(2) 开发力：累积客户需求与消费心态的掌握能力，有效辨识市场机会，开发商品及市场。

(3) 管理力：将数字工具运用在工作管理、个人营销与人脉联络。

(4) 人脉经营力：借助积极参与社团，广结善缘，才能在人脉的广度与深度间取得平衡。

(5) 公关力：建立个人专业形象，强化对外的表达能力，注意职场上的穿着与礼仪，找出适合个人风格的打扮，学习社交场所的应对礼仪；培养演讲能力与写作能力，对个人与组织形象都极有帮助。

(6) 团队驱动力：能够让事情被团队共同完成，并主动担任企业内项目工作的负责人，学习如何协调整合团队成员，在预算与时间范围内，达成目标。

(7) 整合力：项目管理过程可以让你学习如何有效地分配资源，让大家快速达到共同目标；跨组织的轮调，可以学习如何整合组织间的冲突，如何建立沟通的桥梁。这些经历的取得，帮助您拓宽组织的视野。

(8) 财务管理力：用数字来管理工作，能掌握组织财务结构分配、设定、控制、完成财务预算目标。

(9) 策略执行力：如何让事情完成在规划时期，并掌控完成策略目标的绩效。策略计划不难做，关键在执行过程中对利害关系人的管控，有助于确保策略目标完成。

(10) 组织权谋力：高阶主管换人时，组织的权力运作变化，你会观察到谁是真正的意见领袖，组织的预算分配权、指挥权、信息权都会随之变动。在变动的过程中，要思考如何让自己进入决策核心，让组织权力为自己所用。

(11) 团队构建力：模拟要去接掌 CEO，需要筹组一个团队，你的团队成员在哪？谁适合什么职务？需要多久才能筹组完成呢？

(12) 经营决策力：在不同的资源条件下，快速评估效益与风险，以做出有效决策（编修自陈其华 CEO 专栏）。

第一节　竞争优势

各家公司所掌握的资源与能力不同，所彰显的竞争优势及策略考虑就会不一样。我们引述 Michael E. Porter（1985）的三种基本竞争策略与祝凤冈的竞争性营销策略，分析企业如何维持竞争优势。

一、基本竞争策略

企业基本竞争策略（Generic Competitive Strategy）包括成本领导策略、差异化策略及集中化策略等三部分，分析如下（表 3－1）。

表 3－1　Porter 的基本竞争策略

竞争范围 / 竞争优势	广　泛	狭　窄
较低成本	成本领导	低成本集中化
差异性	差异化	差异化集中

资料来源：编修自 Michael E. Porter（1985）。

注：企业体根据核心优势采取一项或两种以上策略，运用于利基市场。

（一）成本领导策略

拥有成本领导地位的企业，通常会以低价策略来争取客户。如果该企业规模颇大，其竞争范围与顾客范围也较广泛。

（1）控制成本驱动因素：加强管理成本变动因素，使资源完全运用。

（2）重新构建价值链：从生产的价值链角度思考新生产方式、广告手法或配销通路等。

（3）建立成本优势的持久性：目的在于维持长期成本优势，保持竞争地位。

（二）差异化策略

产品差异化的企业，通常采取高价策略，并以更具特色的产品来吸引顾客。如果企业的独特性能迎合顾客的需求，企业更能获取竞争优势。

此外，差异化的竞争策略不能忽视成本地位，如果成本比竞争厂商高，那么差异化的效果将被抵消。

（1）增强差异化的持久性：取得专利权、认证，建立顾客的转换成本。

（2）重组价值链创造独特性：重组价值链改变思考流程、创新利基。

（3）增加独特性来源：创新性及独特性愈强，竞争优势愈大。

（4）强化产品价值认知：使消费者清楚认识产品，引起购买意愿。

（三）集中化策略

采取市场集中化策略的企业，是指那些放弃整个市场的经营，而专注于一个或少数几个市场的企业。在这特定的市场区隔内，企业拥有比其他竞争者较高的成本优势或产品差异化的优势。一般而言，中小企业会针对大企业无法经营的空隙去集中资源，以获取利基。

二、7S 架构

企业构建持续的竞争优势，必须在策略、组织结构、系统、共享价值、任用、技能及领导风格等 7 个方面建立特色，称为麦肯锡顾问公司的 7S 架构。

（1）策略（Strategy）：开发竞争优势及投资组合等策略思考与决策。

（2）组织结构（Structure）：组织内部的职权关系及沟通协调控制等结构性问题。

（3）系统（System）：指组织整体的系统规划。

（4）共享价值（Shared Value）：指组织成员共同奉行的企业文化。

（5）任用（Staff）：组织中招募、任用、教育训练及人力资源管理等。

（6）技能（Skill）：指组织成员的工作技能。

（7）领导风格（Style）：指领导者的管理风格、作风。

三、竞争性营销策略

企业体的竞争性营销策略（Marketing Strategy of Competition）包括攻击策略、

防御策略、结构性营销策略、动态性营销策略等四部分，分析如下（表3－2）。

表3－2 竞争性营销策略

策　略	用　途
攻击策略	又称成长策略，主要以开发新市场、创造新产品
防御策略	开发新顾客之余，兼顾老顾客之维持
结构性营销策略	产品策略及通路策略
动态性营销策略	促销、造势

资料来源：编修自祝凤冈。

注：企业主根据公司资源分配与组织策略规划，决定采取合适策略。

（1）攻击策略：又称成长策略，指主动出击，开发新市场、创造新产品。

（2）防御策略：就是开发新顾客之余，兼顾旧顾客的维持。

（3）结构性及动态性营销策略：产品策略及通路策略属于结构性营销策略；促销、造势属于动态性营销策略，两者需交互运用。

营销策略最重要的是3C：竞争策略、合作策略、沟通促销策略，分析如下：

（一）竞争策略

竞争策略注重的是焦点策略及差异化策略。焦点策略是指集中整个企业的力量，争取某一部分的顾客，这类似Porter（1985）提出的集中化策略；差异化策略是指制作出最具公司特色的商品，也就是制造差异化产品。

此外，应该任用专业人员，产生人员差异化，提供不同的服务，建立不同的形象。

（二）合作策略

合作策略是重视产业或公司间的合纵、连横，借此延伸产品线及资源共享，达到产品交流及硬设备互用，以此降低经营成本。

另外，也可与一些学术团体合作，为公司执行产学合作交流。这就是企业与其他竞争对手保持既竞争又合作的互动关系。

（三）沟通促销策略

利用顾客关系管理信息系统与顾客互动，倡导公司最新的产品与利民措施，使其产生忠诚度，持续支持公司或重复消费。

第二节 竞争策略

多数专家认为，网络公司将持续减少，直到因特网的每个领域都被大公司所主导为止。例如：三或四家的大型入口网站、大型电子零售商、大型因特网拨接服务业者(ISP)。换句话说，网络公司汰弱留强后，将剩下不到几家大型网站。

基于此，网站经营者该如何来面对，或采取何种竞争策略，以维持网站的竞争优势，再造属于网络公司的春天呢？我们分析网络竞争策略（The Competition Strategy of the Internet）包括建构类型网站、结合实体公司、合并与并购、顾客导向服务、差异化策略及与国际接轨扩大购买力等六部分。

一、类型网站

网络兴盛颠覆消费者或称受播者（Receiver）缺乏主动性的传统观念，显示消费者已不再是子弹理论（Bullet Theory）笔下对信息来者不拒的目标靶。也就是说，消费者会主动暴露（Exposure）、注意（Attention）、接近（Access）、搜集（Collect）他们有兴趣的议题（Agenda）或信息类型，作为决策的参考。

对网站经营者而言，若能充分掌握内容（Content），对准网友喜好的信息类型或口味，辅以增值服务（Value-add Service），必能因势利导掌握消费者的行为与习惯。因此，网站业者应善加利用自家网站（House Website）的资源与技术，构建类型网站(Format Internet)，塑造自家网站的独特性、专业形象与特色，提供网友不同类型的信息。

根据创市际 ARO（Access Rating Online）网络测量研究显示，女性较男性网友更倾向于造访类型网站，特别是 20 岁以下的学生网友最爱在网上聊天、使用 BBS、留言板功能。

二、结合实体公司

Gomez 顾问公司金融服务部默思托（Chris Musto）指出，网络银行发展至今一直不是很成功。他认为，没有实体银行做后盾的网络银行，原本就比较吃亏，若只是空喊高利率、低收费的口号是行不通的。

专家预测，网络经济将会是根基稳固的大企业天下，影响力遍及全球，而这些多半是许多投资人目前所忽略的旧公司，诸如：宝洁（Procter & Gamble）、雪佛龙(Chevron)、可口可乐和 Boise Cascade 等产业巨擘。

Telemac 无线科技公司的执行长 Kenin Spivak 表示，因特网明显缩短了我们的距离，成功的企业模式和其他产业并没有两样。

换句话说，在线公司是虚拟企业，所贩卖的商品必须靠实体公司协助交货。这类大型公司有完整的配销网络、仓储中心及运输工具，在线公司结合实体企业，才能互蒙其利，节省管销成本，使在线公司得以继续维持（图 3-2)。

图 3－2　结合实体活动，虚拟企业更具竞争力

资料来源：http：//www.980x.com/index.php/action-viewnews-itemid-18901.

三、合并与并购

网络经济以前所未有的快速步调进入整合阶段，速度比先前其他的产业快得多。美国的证券数据（Securities Data）显示，与因特网相关的并购案将在未来几年内继续跃增。

旧金山投资银行研究部 Todd Bakar 说，网络公司仍是全球经济增长的动力，但其终将面对网络公司优胜劣汰的现实，因为许多公司加入网络市场的战局，预计并购活动仍会持续进行。

思科总裁钱伯斯（John Chambers）说："如果买一项技术比自行研发还要快，那就买下它！"这句话一语道破合并与并购的意涵，但两者有何差异呢？分析如下：

1998 年生产奔驰轿车的 Daimler-Benz 与克莱斯勒合并，成为 Daimler Chrysler；1999 年，福特汽车买下富豪汽车公司。这两个结合有何不同？前者结合两家公司成为一家公司称为合并（Merger）；后者是一家公司购买另一家公司称为并购（Acquisition）（编修自 Stephen P. Robbins，2002）。

（一）合并类型

因产业类别、上下游关系及不同阶段等关系不同，产生不同的合并类型（Merger Format），包括水平式合并、垂直式合并及聚合式合并等三部分。

1. 水平式合并

USA Waster Service 与 Waste Management 均属于废弃物处理产业，合并后创造美国最大的垃圾运送公司，这类合并属于结合同一产业的两家公司，结合的目的在于提高市场占有率，称为水平式合并（Horizontal Merger）。

2. 垂直式合并

美国联太能源集团公司（Union Pacific Resources Group）是石油探勘厂商，为控制加拿大石油储存，付出35亿美元买下Norcen公司，这种上下游之间垂直整合，结合两家相关事业领域的不同阶段公司，称为垂直式合并（Vertical Merger）。

3. 聚合式合并

购物俱乐部CUC购买Avis与Howard Johnson所属的加盟总部HFS成立一家叫作Cendant的新公司，这类结合两家完全不同产业的公司，以因应多角化经营者，称为聚合式合并（Conglomerate Merger）。

（二）合并与并购动机

企业主在决定合并与并购前，需要全盘考虑，绝不可能毫无理由，合并与并购的动机（The motivation of Merger and Acquisition）包括降低成本、进入新市场、接近国际市场、进行整合及产品线多角化等五部分。

1. 降低成本

National City吸收美国第一银行（First of America Bank）成为第十三大美国银行，并显著降低人事成本。

2. 进入新市场

First Union是美国南方的大银行，为了接近美国东北区市场，买下CoreStates Financial；康柏考虑到个人计算机市场趋于饱和，与迪吉多（DEC）合并进入服务器市场。

3. 接近国际市场

Merrill Lynch购买英国最大的独立基金管理者Mercury Asset Management Group，加速进入欧洲市场。

4. 进行整合

惠普（HP）和康柏（Compaq）的合并。

5. 产品线多角化

美国在线（AOL）和时代华纳（Time Warner）的合并。

四、顾客导向的服务

网络为我们提供了一个实时性交易的平台，通过网络完成的订单，能立刻被卖方接收，各种买卖上的问题或服务方面的需求，也都能经由网络获得最有效率的解决，这使得买方的需求受到重视。

安达信顾问公司William E. Storts指出，商业世界起了很大的变化，传统的交易形态随着网络的蓬勃发展，已由卖方市场转变为买方市场，并开始趋于重视顾客导向的个人化服务。而这种服务方式已成一种新兴的顾客导向营运模式。

例如：dollarDEX.com结合亚洲金融机构，推出“反向拍卖”贷款服务，提供消费者在线选购及拍卖贷款与保险产品。“反向拍卖”贷款服务指消费者在网站上列出个人需求，各银行即会透过网站竞标这笔房屋贷款，消费者可省去挑选银行的过程。同时，各家银行可参考其他银行的报价再度竞标，消费者可得到更多的优惠选择，目前国内有荷兰、世华、汇通、泛亚、大安等五家银行加入此项服务。

五、差异化策略

网站市场的竞争愈来愈激烈，想要从中脱颖而出，必须进行区隔与定位，才能建立自家网站的独特性与产品品牌。企业必须根据组织策略选定不同于其他竞争对手的区隔市场，提供满足消费群需求的服务，称为差异化策略（Different Strategy)。这种集中于不同市场区隔的经营方式，也是一种另辟蹊径的选择。

网络银行近年来如雨后春笋般纷纷成立，竞争愈来愈激烈，如何吸引不同市场区隔的目标顾客群，为自己的网站争取更多的收入与更好的机会，就变得特别重要。例如：虚拟银行（VirtualBank. com）与第一科技信贷联邦银行（First Tech Credit Union）以高科技产业员工为服务对象，点选路径银行（Pointpathbank. com）以已婚夫妇为主要客户群。

六、与国际接轨增强购买力

电子交易市场（E-marketplace）已成为电子商务发展的重心，全球各大企业集团与信息服务大机构纷纷进入市场，希望能尽早在市场上卡位，将对手逐出市场外。而想要成功发展电子交易市集，必须考虑购买力（Buying Power)、软件与硬件三个部分，其中又以购买力最为重要。因此，厂商若想成功发展电子交易市场，一定要汇聚强大的购买力，如何汇集呢？谁又拥有这种强大的购买力？答案在于跨国大企业与集团公司的合作。

由于购买力在电子交易市场占有关键地位，国内外企业在发展电子商务时，莫不纷纷采取合资公司或策略联盟的方式与国际市场搭上关系，增强国际购买力，壮大声势。

小结：实体与虚拟结合

网络发展应注重实体（Physical Space）与虚拟（Cyber Space）结合，即实体与虚拟两者要平衡，才能提升顾客服务水平。目前市场上有许多在线公司，因缺乏实体通路与店面，从事电子商务服务常面临物流问题。尽管现今网络热潮似乎淹没传统实体企业，但只单独经营网络企业将很难与拥有实体资源的网络业者竞争。

实体企业与虚拟公司各有优缺点，实体企业由于拥有实体店面与通路，在顾客服务、销售配送上较占有优势，但欠缺网络的经验与技术。反之，虚拟公司在电子商务上发展，必须取得实体企业在物流、配送、客户服务等方面的经验。

正因为如此，现今的入口网站业者都尽可能与实体通路、物流业者建立长期良好的策略联盟关系，弥补自身不足。长期而言，若入口网站欠缺物流与配送服务，容易遭受实体走向虚拟的传统企业威胁。毕竟有虚无实的经营是无法长久的，若想从头开始积累资源由虚转实，将比由实转虚的业者更艰辛。因此，虚拟企业若要在电子商务上成功，必须在实体方面多加强或采用虚拟与实体企业相互结合的方式。

特色经营

西南航空是一家美国航空公司，其无视景气与否年年成长获利，成为业界及管理界研究的对象。其成功做法是有特定顾客、国内航线、班次紧密、无须订位、准点、统一机型、不运行李、不供餐饮、陆运对手、自由着装、自主管理及获利分享等12种特色：

(1) 特定顾客：西南航空锁定商务旅客，因其出差次数多，需求简化，易培养忠诚度及口碑。

(2) 国内航线：西南航空将自己定位为城市对城市的短程交通，经营国内航线运输，油箱无须过大、过重，耗油量相对较低。

(3) 班次紧密：如同搭公交车，不必配合时刻，不经思考，便成为第一选择，当成为习惯后，便无惧竞争抢客。

(4) 无须订位：大幅减轻作业负担，也替顾客省掉许多麻烦，不订位、不划位、不开票、不报到、不等待，随到随刷IC卡登机，自行入座，准时起飞。商务客分秒必争，若能大幅简化流程，比降价更有吸引力。

(5) 准点：误点是航空业最大的诟病，西南航空从自身做起，消除机件故障、清舱延误、作业失误、调度不当、心态苟且等因素，以准点为诉求。

(6) 统一机型：全部采用波音737机队，维修保养简化，库存备件大幅降低，机组人员快速养成。

(7) 不运行李：商务客行李不多，加上时间宝贵，反而贴近需求，加上重量减轻、卸货免除，省钱、省时效果显著。

(8) 不供餐饮：因飞行时间不长，生理需求不大，加上商务客不喜欢被机组人员干扰，反而方便。多出空间皆改成座位，降低成本，回馈顾客。

(9) 陆运对手：西南航空自认竞争对手不是航空业，而是公路运输业，其票价参考陆运保有竞争力。

(10) 自由着装：组员不穿制服，且无硬性规定套装，可自行搭配，轻便舒适，独树一帜。

(11) 自主管理：第一线人员根据情况直接响应顾客问题，人人都是小老板，从无怠工、罢工、客诉等问题，让顾客死心塌地。

(12) 获利分享：西南航空获利一枝独秀，明白获利来自顾客、同人、股东，故获利分为三份，一份回馈顾客、一份分享同人、一份酬报股东，皆大欢喜（编修自杨望远，2009）。

本章重点练习

（1）什么是基本竞争策略？如何应用？

（2）什么是7S架构？企业如何应用？

（3）什么是竞争性营销策略？请举实例说明。

（4）什么是网络竞争策略？请举实例说明。

（5）构建类型网站有哪些必备因素？

（6）什么是合并与并购？请举实例说明。

（7）合并类型有哪些？请举实例说明。

（8）合并与并购的动机是什么？请举实例说明。

（9）请针对西南航空的案例，提出个人意见。

信息来源网站及参考书目

（1）Michael E. Porter. Competitive Advantage，New York：The Free Press. 1985.

（2）Stephen P. Robbins. Mary Coulter 2002 Management New Jersey：Pearson Education.

（3）dollarDEX. com. http：//www. dollardex. com/SG/.

（4）VirtualBank. com. http：//www. virtualbank. com/.

（5）First Tech Credit Union. http：//www. firsttechcu. com/default. aspx.

（6）Mckinsey. http：//www. mckinsey. com/.

任务4 “互联网+”营销

因特网不只是科技，它是营销！

——史迪夫·凯斯（Steve Case）

◆ 专家点评

网络的快速发展带来许多商机，更重要的是颠覆信息的传递方式，使个人也能扮演以往媒体传播信息的角色。具体地说，是消费者已从被营销的对象转变为营销者。这种现象实现的推动者是因特网，是科技产物，更是普世的营销工具。因此，结合两者的“网络营销”，正是最强的营销科技。

人需要营销

企业的每个部门都和营销密不可分，对主管来说，职位愈高涉入市场的程度愈深，无论是市场分析调查、竞争策略拟定，甚至企业经营模式，都与营销紧密相联。

人人需要营销

很多人以为营销只是营销、企划部门的工作，这种想法并不正确。正如《科特勒新世纪营销宣言》一书所说的那样，营销是个整合创造和传递顾客价值的工作，对组织各部门的影响力与日俱增。

从整个营销发展过程来看，早期企业经营以“生产”为导向，随着市场竞争者增多，进入以“营销”和“顾客”为导向的经营模式；过去由生产部门先做出产品再贩卖的程序，演变成先了解客户需求并提供更合适的产品或服务。因此，人人必须以顾客为中心、以营销为策略，企业的每一分子都是营销成功与否的重要因素（图4-1）。

图 4-1 企业内每一分子都是营销成功的重要因子

各部门参与营销

研发、生产部门也得运用营销来了解市场，让商品符合消费者的需求，甚至人力资源部门也要懂营销，这样才能配合企业竞争策略，找到合适的人才。如果非营销部门还停留在“那是营销部门的事情”，组织就无法创造综合效果，因此，营销需要全员的支持与配合。

此外，营销注重市场调查，只要是主管都要重视情报搜集和培养对市场的灵敏度，并根据搜集的情报，提出改善、创新的想法。换句话说，不管哪种职务功能（Job Function），职位愈高就要懂得愈多，充分掌握市场的竞争策略。

内部营销

依照营销对象的不同，将营销分为三种层次：企业对外部顾客的营销、全体员工对顾客的互动营销及企业对内部顾客的营销。以往，企业总把重心放在对外的市场竞争策略，其实对内营销也很重要。所谓内部营销，所追求的功效在于将企业愿景、文化精神传达给员工，使员工认同企业，进而全员一心协助企业。内部营销做得好，不仅可以吸引人才、激励员工达到留才的目的，还能建立学习型组织。

企业逐渐走向以营销为中心，主管要了解市场、掌握竞争策略，做好对外营销之余，如何对内营销也是一大考验。更重要的是保持“非营销部门也要营销工作”的态度。

第一节 营 销

现代人每天都在传递或接收大量信息，这些信息直接、间接地与自己有关，不管是说服别人，或被人说服，都是营销的一部分，我们宛如生活在一个营销世界里，在进行一些营销活动或作为（Kotler，1994）。由此可见，我们与营销活动密不可分，不光别人影响我们，我们也在从事一些营销活动，以期影响他人。

一、营销概念

营销学大师 Kotler（1999）认为：营销是一种社会和管理的过程，个人和团体通过创造、提供和交换产品的价值来获取他们的需求；营销是规划和执行商品、服务及观念的定价、促销及配销的过程，创造与目标团体的交换，以满足消费者及组织目标。

江玫君（1997）认为：营销是将产品或服务由生产者手中送至消费者、以满足其需要的过程。

方世荣（1996）认为：营销是一种社会性与管理性的过程，而个人与群体可经由此过程，彼此创造及交换产品与价值，以满足其需要与欲望。

综合上述学者的看法，我们认为，营销（Marketing）是一种交换的过程，通过这个过程促使消费者需求得以满足并达成企业的营销目标。因此，信息传递的方向，不再仅限于由生产者手中送至消费者单一、线性的商品或服务，也包括消费者对生产者商品或服务及其他相关需求的回馈。

二、营销活动组合

Cheen & Fratrik（1990）指出，企业主常使用的营销活动包括广告、公共报道、销售推广及人员销售、音乐会、大型事件、小区活动参与、广播电台人员曝光、空中竞赛等，借以吸引消费者注意，称为营销活动组合（Marketing Program Mix）分析如下（表 4－1）。

表 4－1 企业使用的营销活动组合

目标听众 活动类型	开发新听众（%）	维系旧听众（%）	两者皆具（%）
音乐会/大型事件	9	17	65
广播电台形象广告	33	4	61
焦点新闻	11	6	28
小区活动参与	11	13	65
广播电台人员曝光	15	13	65
空中竞赛	17	24	54

（续表）

活动类型＼目标听众	开发新听众（%）	维系旧听众（%）	两者皆具（%）
外部推广	37	4	37
DJ 或 VJ 推广	17	11	59

资料来源：编修自 Cheen & Fratrik，1990。

注：采取集客能力强的营销活动，吸引消费者持续使用或推荐别人使用公司的商品或服务。

（一）广告

广告是指由特定赞助者付款，通过大众传播媒介介绍商品、服务或观念，所使用的媒体包括：报纸、杂志、直接信函（平面媒体），电视、广播、电影、网络（电子媒体），广告牌、户外广告、空中广告、灯箱、旗帜、海报及杯垫（户外媒体）等。

（二）公共报道

大众传播媒体主动报道，阐述企业的目标、宗旨、政策、人事、商品或其他经营活动，或借助企业公关或营销部门安排。公共报道可能是正面的，也可能是负面的，营销人员应与大众媒体建立长期良好的关系，取得媒体对企业的正面报道。

（三）销售推广

在一特定期间内举办活动，并由企业内部销售人员或相关成员，对消费者进行推广。销售推广活动包括优待券、赠奖、竞赛、回函赠送及折价优待等。

（四）人员销售

企业用专业的推销人员或业务人员，以面对面的方式向消费者介绍公司的商品或服务（编修自陈正男）。

第二节　八箭营销

网络具有全天服务、全年无休的特性，可用“7－Eleven（从不打烊）”形容，满足消费者随时随地上网的需求，颠覆消费者处于被动地位的传统观念，加上网络空间无限延伸、超链接（Hyper-link），提供顾客多元决策参考等优势与便利性，愈来愈多企业或个人投入网络产业的行列，演绎出许多网络创业的传奇故事，风气之盛可用一“网”情深形容。

基于此，网站经营者须推出差异化推（Push）拉（Pull）式八箭营销活动（图4－2），响应愈益激烈的网络市场竞争，吸引顾客注意，引起他们兴趣，产生购买欲望，加深对商品的记忆。待顾客个人需求需冀，先前接收的营销作为图像（Image）在脑海中引爆（Priming），触动之前的商品记忆、印象，进而转变他们的态度，改变他们的行为，产生行动意念，持续购买某种商品或服务，构建企业一个持续的竞争优势（Sustaining Competitive Advantage），于网络产业市场争得一席之地。

“八箭营销（Eight-Arrow Marketing）”是指八种黏着性较高的营销活动，用以吸引消费者，打动消费者的心坎，使其持续重复消费或推荐新客户。称之为八箭，是根据钻石雕琢之丘比特切工命名，此切工的钻石清晰，可看出八个心形图样与八支箭。我们将名取名八箭，在于黏着性较高的八种营销活动能够发挥八箭的作用，打动消费者。

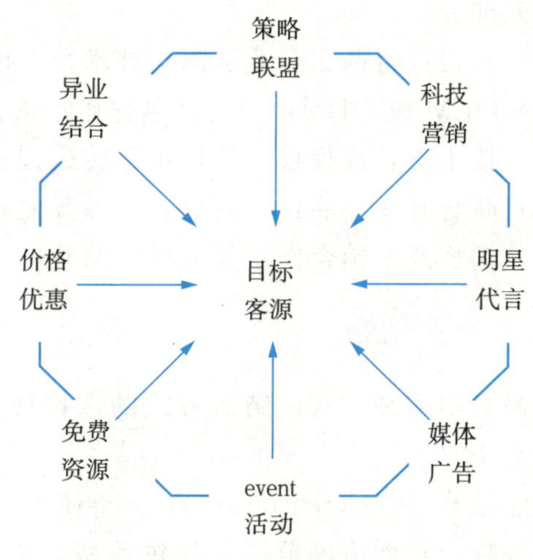

图 4-2 八箭营销

注：企业主推出黏着性较高的营销活动，打动目标客源。

所谓八箭是指策略联盟、科技营销、明星代言、媒体广告、event 活动、免费资源、价格优惠及异业结合等八种营销活动。

一、策略联盟

全球化、国际化浪潮席卷世界各地，加上信息爆炸、知识经济时代来临，使得产业竞争加剧，企业无不通过合纵连横来强化竞争力。经营者除了确保原有市场、掌握固有客户、巩固自我地位，还需要积极思考如何让自己的产业升级及成长。于是联合其他公司，谋取共同利益，创造合作共赢，已成企业发展趋势，“策略联盟”的观念与做法随之产生。

（一）策略联盟的概念

广义的策略联盟，是指企业与企业间的合作关系，立足点在双方互益、整合、交换，致使双方、多方能借彼此的帮助，拓展新市场及提升经营绩效。这种关系的建立，需先了解自身企业的体制、体质、经营策略、未来发展方向，还需对策略联盟的概念有进一步的了解与认识，才能超越原有运作模式，让企业向前迈进。

具体地说，两个或两个以上的独立企业，为顺应市场竞争及考虑策略利益，可暂时结盟，交换互补性资源，以期达成策略目标，获取长期的市场竞争优势，称为策略联盟（Strategic Alliance）。

（二）策略联盟形态

策略联盟合作关系的差异，产生不同的策略联盟形态（The Patterns of Strategic

Alliance），包括合资、OEM 或 ODM、技术移转或授权、联合开发产品、销售及配销合作等五部分。

（1）合资：将两家企业资源与技术合并成一个新组织。

（2）OEM 或 ODM：以委托制作生产或设计方式做策略联盟。

（3）技术移转或授权：将技术移转或授权给其他企业使用。

（4）联合开发产品：共同享有资源开发新产品。

（5）销售及配销合作：为取得通路及销售渠道合作。

二、异业结合

结盟有很多种方式，结盟方式的选择应参考企业的目的，从而选择适合自家公司的结盟类型。

异业结合（Differentiation Association）是指通过不同产业结合、延伸产品线、扩大产品范畴、扩增市场范围、提供消费者更多服务的方法。例如：亚马逊（图 4－3）和药妆网站携手成立健康与美容产品的网络专卖店后，又与家居生活网站宣布联手推出家居布置的网络家具商店。这是亚马逊与其他产业伙伴合作、扩大销售产品的范畴。

图 4－3 亚马逊书店

资料来源：http：//www.amazon.com/.

注：借着与其他不同类型产业结合，提供不同商品范畴服务，扩展目标客源族群、市场范围及延伸产品线。

这两家异业结合的公司，分属药房与家居之类的网络商店，与亚马逊贩卖的书籍、音乐、玩具等商品不同，足以延伸亚马逊的产品线。此外，产品的库存与运货成本不用亚马逊费心，还可收取家居生活网站与药妆网站支付给亚马逊的广告费。

Seednet 与各大银行、金融业者异业结合，整合本身的拨接业务与对方的网络金流系统，提供中小企业发展电子商务交易平台，并与大荣货运合作，积极发展物流宅配通路。这种借助不同产业的核心优势（Core Strength）的整合与分享，提供消费者最佳品质服务，创造业者、厂商、合作伙伴与顾客间双赢、多赢的局面。

三、价格优惠

为刺激购买力，企业主推出产品折扣、来店礼（消费者加入会员即获取赠品）或参与竞标等优惠方式吸引顾客，目的在于采用成本领导优势（或称低价策略）吸引客户上网购物，让他们花较少的钱，得到价廉物美的商品。

例如：宝洁公司推出“用心承诺聪明购”活动，只要加入会员，就有机会获得精美赠品（图 4-4）；圣光在线游戏网站推出“一元竞标！限量虚宝大拍卖!”，让消费者以一元开始喊价（图 4-5）。

图 4-4　宝洁推出“用心承诺聪明购”活动

资料来源：http://www.pg.com.cn/.

注：在线登录会员，就有机会获得厂商的精美礼物，是获取客户基本资料的营销手法。

图 4-5　圣光在线游戏网站推出“一元竞标！限量虚宝大甩卖!”

资料来源：http://fiesta.runup.com.tw/11-event/20071121_game/.

注：透过在线小额竞标，借以凝聚人气、制造话题，为公司新商品造势。

前述促销手法是企业主促销商品的营销策略，目的在于借助商品价格优惠吸引消费者上网购物或登录资料取得来店礼品，获取顾客基本数据，再利用核爆式营销（利用电子邮件推荐名单使客户数据如滚雪球式的倍增）邮寄大量宣传广告或电子邮件。以这些方式营销，企业用于消费者的花费、付出或损失的金额较少，不需要较缜密、复杂及长时间的决策过程，就可决定购买与否，在消费者毫无心理设防的情况下，达成企业主刺激消费的目的。

四、多样化免费资源与服务

这是一个讲究顾客至上和顾客导向的时代，网站经营者的任何企业政策必须以顾客利益为出发点。考虑个人网络使用行为与习惯的差异，企业主只有充分了解顾客的需求，才能根据个别差异量身定做个性化服务，以吸引人潮聚集网站。

由于网友性别、年龄、教育程度、生活背景、收入、地理区位、心理因素等人口统计变相的差异，因而个人网络使用行为、习惯，甚至对商品需求存在很多差异，经营者当设定随选服务（Service on Demand）提供多样化需求（Diversity Demand），来满足顾客需要。这种量身定做的个人化、个性化、特色化服务，是客户维持（Customer Retention）、巩固客户忠诚度（Customer Loyalty）、提高客户满意度（Customer Satisfaction）及客户贡献度（Customer Contribution）的最佳方法。

此外，入口网站（Portal Internet）针对提供的各项服务进行收费，来换取营收。但大部分网络调查暨网站实际运作经验表明，网站收费服务对刺激相关业务成长的效果有限。举例来说，网络家庭（PChome Online）宣布网站上的10Mb信箱、网页空间、相簿空间、全民网页、新闻中心等服务，都将恢复免费服务，这种以“服务引进流量”的商业模式，除了吸引更多人潮上网外，也带动公司其他业务成长。

对消费者而言，网站提供多样化免费服务，量身定做个性化商品，让顾客充分应用这些信息或商品，满足个人求知、决策、社交、娱乐、守望环境等各种需求，能加深使用者对网站的依赖，有助于聚集网站人气，促进商业发展。但并不表示网站不能收费，只是划分不同层次、等级的信息收取不同的费用。换句话说，网站所提供的低阶服务（基本频道）是免费的，进阶服务（加值频道）才需要付费。

网站可推出免费资源共享来吸引顾客。例如：网络家庭网站（PChome Online）提供会员免费或超值的个性化服务，像免费电子报（提供网站最新的服务信息、在线购物优惠活动）、电子信箱、个人网络名片与个人网页等，使网络家庭成为会员人数最多的入口网站。由此可见，重视会员经营与服务，提供免费资源共享，有助于获取消费者青睐，即“免费服务，引进无价人气”。

不管哪一个实例都是借助网站所提供的免费资源共享，养成消费者对网站的依赖感，进而成为忠实客源（Loyal Custom）。长期而言，消费者对特定网站依赖程度愈深就愈无法自拔，待原本免费服务转变为付费服务，长期的使用习惯驱使顾客从试用者变为爱好者，持续接近使用某项商品，这种渐进制约（从免费资源共享服务转变成付费服务）方式，最终也使从业者获益。

五、科技营销

科技带来生活便利，使人们向往体验科技生活。基于此，企业主结合通信科技设备执行营销活动，借此引起消费者注意，也可使消费者随时随地通过媒介接近最新信息之余，又能作为社交工具。

精业与神乎其技科技公司合作，推出无线电子购物机制“E摩卡”，整合传统宣传单、直接邮件、广告截角、折价券与WAP手机无线传输特性，将网站促销方案以电子名片（E-card）方式，直接推广至消费者电子信箱、手机短信，目的在于免除所有营销工具的高制作成本、低取阅率及携带不便等缺点，让消费者通过手机随时随地接收最新、最快的优惠信息（图4－6）。

图4－6 与高科技产品结合进行营销，吸引消费者目光

资料来源：http：//fiesta. runup. com. tw/.

六、媒体广告

你是否已察觉，媒体广告无所不在；是否也觉得，广告预算不只在圣诞假期、美式足球超级杯比赛期间达到最高峰。换句话说，公司不需要选择特定时机，可以持续投入巨资，规划媒体广告，向四面八方的消费大众展开信息疲劳轰炸，并持续对消费者紧扣扳机，以达最佳的营销目标。

全球经济不景气，所有的厂商都在节省开支，但也正因为不景气，观众人数超过1亿的超级杯电视转播，成了兵家必争之地；尽管每一段30秒的广告价码超过200万美元，网站经营者还是大打媒体广告。因为过去经验显示，在超级杯时段播放广告，市场占有率大幅跃升。这也显示网络公司投入重金给媒体广告的情形将会持续增加。

因特网投资公司CMGI、在线证券经纪商TD Waterhouse，以及News. com发行商CNET等斥资1亿美元进行广告宣传活动。由此可见，网络公司动辄投资数百万美元开展广告活动也在所不惜。

Deutsche Banc Alex Brown分析师贝托（Jeetil Patel）说：“公司愈成熟，广告支出占销售额的比率愈可能降低。话虽如此，在网络这一行，品牌塑造是关键，巨额广告支出是游戏规则的一部分。”可见，公司花费大笔金钱投资媒体广告，主要考虑大众媒体普及率较高、渗透性较强、传播速度较快、距离无远弗届与在最短时间内触及最多消费者等优势。

媒体选购因素如下：广告主媒体选购最常考虑的因素是成本支出、媒体特性与目标受众结构。成本支出代表所花费的广告费用能够让多少人看到；媒体特性代表媒体本身的功能；受众结构象征媒体与公司诉求的目标顾客是否一致。

换句话说，广告主最在乎的是成本支出，也就是每千次成本，其计算方法是广告费用的总支出除以看过、听过此则广告的受众总数，再乘以1000，通过这个数据与其他媒体比价；其次，根据统计数据分析目标顾客结构是否与公司诉求一致；最后，根据媒体特性（表4－2）决定选购媒体与公司产品搭配。

表4－2　媒体类型特质

评分特性＼媒体类型	电视	广播	杂志	报纸	直接邮件	网络
阅听众参与性	被动（1）	被动（1）	主动（2）	主动（2）	主动（2）	互动（3）
媒体丰富度	多媒体（3）	声音（1）	文字与图形（2）	文字与图形（2）	文字与图形（2）	多媒体（3）
涵盖区域	全球性（2）	地区性（1）	全球性（2）	地区性（1）	全球性（3）	全球性（3）
每千人成本	低（3）	最低（4）	高（1）	中（2）	高（1）	中（2）
触及率	高（3）	中（2）	低（1）	中（2）	高（3）	中（2）
命中目标	优良（3）	优良（3）	极佳（4）	优良（3）	极佳（4）	极佳（4）
传播效果	尚可（2）	尚可（2）	尚可（2）	尚可（2）	极佳（4）	极佳（4）
信息弹性	不佳（1）	优良（3）	不佳（1）	优良（3）	极佳（4）	极佳（4）
笔者评分	18	17	15	17	23	25
媒体排名	3	4	5	4	2	1

资料来源：Bradley & Johnson（1997）。

注：选购最符合商品特性、客源结构与公司一致且传播效益较高的媒体广告，才是最具成效的媒体计划。

微软公司广告预算2.978亿元，分配14％网络广告、50％电视广告、36％印刷媒体广告。其分配的考虑因素是什么？

（1）受众：哪一类媒体的受众与公司所要的目标顾客一致。

（2）每千次成本：根据成本支出所达到的目标客群来分析哪一类媒体效果较佳，每千次成本正是广告主比价的依据。

（3）商品及信息本身：考虑媒体的特性，分析公司商品所要触及的顾客群，再选购合适的媒体。例如：推出的新商品迅速拓展至广大顾客群，可选择电视；传递科技信息可选择印刷及网络媒体。

（4）信息传递：不同媒体各有其优劣势，广告主应善用媒体的特质以突出商品特点。例如：以多媒体介绍商品，宜选择电视或网络；要扩及全世界，宜选择电视、网络和杂志；要追踪广告效果，可选择直接邮件及网络（编修自 Bradley &Johnson)。

七、明星代言

影视明星、社会名流具有高知名度、高曝光率、高渗透率及高集客能力，由他们代言商品可吸引顾客、媒体注意，提高商品曝光率，尤其是形象端正的明星、名流对商品有正面助销作用。

网站经营者应善用目标客源喜爱的明星、名流来代言商品，借助明星深受消费者青睐的特点，加上特有的个人魅力、偶像崇拜心理及英雄式权威的推动，促使购买者产生感同身受的同体感，或说是“乐队花车（The Band Wagon)”效应，也就是加入明星或社会名流行列，使用与他们相同的商品，称为明星代言（Star Endorsement)。这种与影视明星画上等号的认同感、崇尚风，让顾客趋之若鹜。

谈到找影视明星代言，国内外实例不少。例如：名模林志玲担任公益活动代言人，帮公益团体进行在线募款（图4－7)；旅美球星王建民代言光泉乳品活动，会场设置一座真实的牛棚，王建民初次体验实地喂乳牛；美国最大的在线旅游公司Priceline请到影集《星舰迷航记》第一代舰长威廉薛特纳·夏特纳（William Shatner）做代言人，正式营运后密集电视广告巩固品牌；名模辛迪·克劳馥本身是婴儿服饰网董事，也是网站代言人，偶尔上网与菜鸟母亲们分享“妈妈经”。

图4－7 明星担任公益活动代言人

资料来源：http：//www.idn.com.tw/news.

八、事件活动

网站经营者借助举办易聚集人潮的趣味竞赛、偶像明星新歌发表会、飙舞、辣妹秀等活动，吸引消费者眼球（Eyesball）流动，把活动与商品连接，引起消费者注意，称为事件活动（Event activity）。这类活动使消费者对产品产生兴趣，激发购买欲望，待个人需求迫切，就会激发留存脑海的商品印象或记忆，引发购买行动。这种低涉入感（Low Involve）式的无体营销，在消费者毫无心理设防的情况下，逐渐改变个人认知、态度，诱发行为的改变，使消费者产生行动意念，接受或购买某商品。

这类营销手法对消费能力极强的青少年、学生族群深具无可抗拒效果，尤其是他们炫耀性消费行为及冲动性购买习性常是业者心目中的主要消费族群，是极力开发的对象。

小结：交易安全不容忽视

网络时代来临，所有产业纷纷跟上 e 时代脚步，促使“网络下单”模式逐渐普遍，好处在于随时随地上网下单或订购自己喜爱的商品，不受时差限制，让投资者与全球同步掌握第一手信息。

统计数据显示，网络交易成本 0.01 美元，ATM0.27 美元，电话交易 0.52 美元，交易成本最高的是雇用行员，每人次 1.07 美元，显示网络交易除节省成本支出外，其便利性吸引更多人接近使用。

大部分投资者包括网络下单的金融机构，乃至消费者，对网络交易既期待又怕受伤害，期待的是便利性与节省交易成本，害怕的是网络交易是否安全。

对网站经营者而言，差异化的八箭营销固然是吸引消费者上网浏览、驻足、购物的有效方法，也是维系网站持续纵横网络市场的关键，但构建具有全电子交易机制的网络环境更不容忽视，如何消除消费者对网络下单、购物安全性甚至个人资料外流的疑虑，是业者未来必须深切体认的重要课题，只有如此才能保障消费者权益。让我们一起期待网站业者、软件业者及消费者三方共同致力研发网络安全电子交易机制，让消费者上网下单、购物更安心、更安全、更有保障，期待将来能有更多的网站以“交易安全”作为标榜，或以此作为网站特色吸引客源。

本章重点练习

(1) 为什么非营销部门也要营销？请举实例说明。
(2) 什么是营销？
(3) 企业常使用的营销活动组合有哪些？请举实例说明。
(4) 为什么要向圣诞老人学营销？
(5) 试说明八箭营销的含义，请举实例说明。
(6) 什么是策略联盟？策略联盟类型有哪些？
(7) 什么是异业结合？请举实例说明。
(8) 网络业者为何提供多样化免费服务？请举实例说明。
(9) 选购媒体广告应考虑什么因素？
(10) 面对不景气有何营销法则？请提出个人意见。

信息来源网站及参考书目

(1) 江玫君．营销管理．台北：华立出版社，1997.

(2) 方世荣．营销学．台北：三民书局，1996.

(3) 菲利普·科特勒等．营销学原理．陈正男译．台北：东华书局，1993.

(4) Cheen B. B. Fratrik M. R. Fair market value of radio stations ：a buyer's guide. 2th ed. Washington D. C.：National Association of Broadcasters，1990.

(5) 亚马逊．http：//www. amazon. com/.

(6) 药妆网站．http：//international. drugstore. com/default. asp.

(7) 家居生活网站．http：//www. living. com/.

(8) 宝侨家品股份有限公司．http：//www. pgtaiwan. com. tw/pg/site/index. php.

(9) 美国最大的在线旅游公司 Priceline. http：//www. priceline. com/.

(10) 婴儿服饰网．http：//www. babystyle. com/.

任务5 “互联网＋”稽核

用今天的创新，挑战明天的成功。

——卫道科技董事长　张泰铭

◆ 专家点评

网络步入商业化后，以极快的速度进入整合阶段，但仍有许多网络乱象并未伴随网络带来的便利性而终结。为解决此问题，建构网络新文化，展现网络产业新秩序，以持有创新及学习的精神参考其他媒体采用的公平、公开及公正的稽核经验，尝试创造一个网络产业共通、共享的机制——网络稽核组织，作为网络产业共同遵循的规范，改善网络乱象，让网络平台成为一个真正具有完备经营方式的成熟产业市场。

公正侦测机构

网络广告与其他媒体广告的不同点在于互动方式，它可进行单向信息传播，也能实时与网友互动，且广告成本较其他媒体低，弥补了传统媒体具有单向信息传播、广告主无法与消费者做实时互动的缺陷。

网络广告曝光率无法与传统广告影响力相比，但受众自发性的点阅，比起传统被动式广告，更能掌握消费者接近使用的动机与意愿。

虽然网络广告具有传统广告没有的优点与特色，但广告主投入网络广告预算的意愿明显较传统广告低，除受制于旧思维外，广告主只凭部分数据，无法深入考虑网友的不同特质与网络行为等深层数据来决定，针对不同目标的网友做不同的营销活动，造成广告主不敢轻易尝试。换句话说，网络产业欠缺具有公信力、权威性的组织，为广告主提供正确的、翔实的网络产业相关数据。

广告主只有通过公正的第三方所提供的数据，才能使所有业者在同一基础上评估效益，通过第三方单位所提供的网络广告表现报告（图5－1），帮助广告主了解网站的整体表现、目标族群市场以及不同广告的表现。在这种透明化机制运作下，广告主在编列预算时就有所依据。

INTERNATIONAL FEDERATION OF AUDIT BUREAUX OF CIRCULATIONS

IFABC

The IFABC is a voluntary cooperative federation of industry-sponsored organizations established in nations throughout the world to verify and report facts about the circulations of publications and related data

WELCOME TO THE

IFABC UNDER

Welcome to IFABC

The IFABC is a voluntary federation of industry-sponsored organisations that have been established in nations throughout the world and which have a common commitment to the accurate and transparent reporting of comparable print and new media performance data.

Welcome to the IFABC

The International Federation of Audit Bureaux of Circulations (IFABC) is a voluntary federation of industry-sponsored organisations that have been established in nations throughout the world and which have a common commitment to the accurate and transparent reporting of comparable print and new media performance data.

图 5－1 国际发行量稽核组织

资料来源：http：//www.ifabc.org/.

注：此组织为一国际性组织，稽核正确、翔实的发行量。

基于此，我们尝试建构一个由网络产业成员共同参与具有公平、公正、公开的网络稽核组织，在此网络产业共同规范下，逐渐规范网络乱象，重新建立网络新秩序，构建一个完美的网络信息社会。

第一节 营销组织

竞争情报、信息对企业掌握市场脉动、消费者行为相当重要，掌握竞争者动向对公司经营策略的制定具有参考价值。很多公司为搜集竞争情报，外包给网络营销组织或委托公司内部的研究部门。不管外包或委内，均为了获取市场及竞争者的真实情况。但因评价标准与方法的差异，容易造成统计结果的误差，浪费公司资源。为避免类似情形一再发生，我们分析市场上的网络营销组织。

一、评量标准和方法差异

有人说，数字不会说谎，可是分析相关网络数据，如网站流量、上网人数、平均上网时数、会员数目、点阅率、网站排名、购买率、购买金额等。RFM（Recency 最近一次消费，Frequency 消费频率，Monetary 消费金额，Arthur Hughes，1994）信息，就会引起许多意见。

网络广告日渐受到重视，广告量也逐渐攀升，但广告主对网络广告效益的看重却没随着提升，原因在于衡量网络流量的机制可信度不高。

根据IPRO调查显示，66%的广告客户认为网络媒体所发布的许多数据是不正确的，89%的广告客户认为应让第三方公司来客观证实这些网络流量数据。这也难怪，微软公司宣布超越美国在线（America Online）和雅虎（Yahoo），成为全美人气最旺网站时，遭受市场许多抨击，指称微软是依据内部资料，而非公平、客观的第三方做出上述结果。

不过，即使是独立的第三方公司做出的排名统计，也不见得一定正确，因为一些流量调查公司会投客户所好，设计出客户所偏好的结果。这些网络乱象的出现，是因为评量网络产业的标准、方法和机制各不相同、不客观所致。

（一）抽样与样本

抽样方法及样本选定属于评量标准与方法。所谓"抽样（Sampling）"是指选择母体（Population）中一部分的样本进行研究，并推论到整个母体；"样本（Sample）"是指经由抽样方法抽出的元素（Element），是母体的一部分，且只有与母体共同的特质，研究的结果才有意义，这些元素才具有代表性。

抽样方法大致可分概率抽样与非概率抽样，概率抽样的各个元素被选取的机会均等，又分为随机抽样（Simple Random Sampling）、系统抽样（Systematic Sampling）、分层抽样（Stratified Sampling）、群聚抽样（Cluster Sampling）等；非概率抽样被选取的概率是不均等且未知的，又分为便利抽样（Convenience Sampling）、配额抽样（Quota Sampling）、判断抽样（Judgment Sampling）、雪球抽样（Snowball Sampling）等。

（二）研究误差

研究过程必须小心谨慎，避免研究误差（Research Errors）。Daivs & Consenza 认为企业研究结果可能发生的误差有规划误差（Planning Errors）、资料搜集误差（Collection Errors）、资料分析误差（Analytical Errors）、报告误差（Reporting Errors）及机构误差（Institution Errors）等五部分。

1. 规划误差

在研究规划过程中，研究者容易犯的错误是研究问题定义错误（Misspecification），依错误的研究问题定义所导出的研究结果不能解决真正的研究问题，称为规划误差（Planning Errors）。例如：研究问题较适合以调查法做研究，却用实验法来进行研究，就犯了研究方法上的误差。

2. 资料搜集误差

这类误差是由实际搜集资料产生的误差，称为资料搜集误差（Collection Errors）。例如：问卷调查对象要求是单亲家庭，在访员疏忽下，找一般家庭充数。

这项误差也是网络营销机构最容易发生的错误，因为抽样的样本长期沿用，并没有因应市场变革做调整，所调查的研究结果容易产生谬误。为减少搜集数据的误差，应注意数据搜集过程的执行质量，研究样本与母体的一致性，乃至于考虑研究问题的性质，再决定采用哪一种资料搜集方法。

3. 资料分析误差

因为分析工具不同，将导致相同的原始数据可能会产生不同的结果，研究者须事先了解何种分析工具对于所进行的研究是最适合的，称为资料分析误差（Analytical Errors）。

4. 报告误差

最后一个研究历程可能发生的错误是研究结果的呈现方式不正确，称为报告误差（Reporting Errors）。这种错误通常是研究变量推论关系的解释错误，或对数据分析结果的解释错误（编修自吴万益、林清河）。

5. 机构误差

在研究过程中，研究单位会受到所委托的企业或学术机构在时间、成本及立场上的限制与干预（研究外因素），乃至于被委托者机构内部所发生的差异，而导致同样的研究主题在不同的研究机构所呈现的结果上，会出现些微差异的现象，称为机构误差（Institution Errors）。

二、网络营销组织

落实网络营销前，为充分发挥所长，达到专业分工的目的，愈来愈多的公司通过外包或委外方式，将非属于自身优势的专业技术交由外部公司执行，由其搜集公司所需要的竞争情报或帮公司进行整体营销组合规划。

相较于委外方式，也有公司交由内部的研究调查部门执行信息搜集，不管采用哪种方式，均显示竞争情报或信息的掌握的重要，也间接证实市场上存在的网络营销组织存在的意义与价值。

网络营销组织，因执行任务的差异，将其划分为网络调查公司及网络营销公司两部分。

（一）网络调查公司

负责委托公司所交付的情报搜集及分析工作，譬如调查智能型手机使用者年龄层、职业、收入、教育水平等资料，并加以归因，供委托公司开发新产品或拓展市场参考。

（二）网络营销公司

除了帮委托公司搜集市场情报并加以分析外，还要针对目标客源进行营销组织，即执行营销任务，例如举办造势活动、电子邮件营销等。

目前各种网络调查计算标准不一，让广告主、企业主、消费者遭受利益损失，需要制定出一套网络产业共同遵循的稽核标准与规范，应成立网络稽核组织（The Audit Bureau of Circulations of Internet），性质类似调查媒体收视率、收听率、发行量、广告量的市调公司或稽核组织，采用统一的评量标准与统计方法计算各项网络相关信息，包括流量、点阅率、目标客群、平均上网停留时间、购买率、购买金额等 RFM 信息，使广告主在选择网站刊登广告时有所依循，企业主乐于接受共同规范管理，不再造成网络失序现象，消费者网络购物时，亦能得到质量保证与银货两讫保障，真正做到健全网络产业发展，让使用网络的企业、广告主及消费者的权益、利益与广告效益能获得保障与维护，的确是一举数得的好方法。

第二节 网络稽核组织

一、稽核组织渊源

稽核组织理念源自 1914 年美国广告主、广告代理商、报纸及杂志发行人，基于对可靠发行量数据的迫切需求，成立了一个非营利组织“发行量稽核局（The Audit Bureau Circulations，图 5－2)”，提供发行量认证。

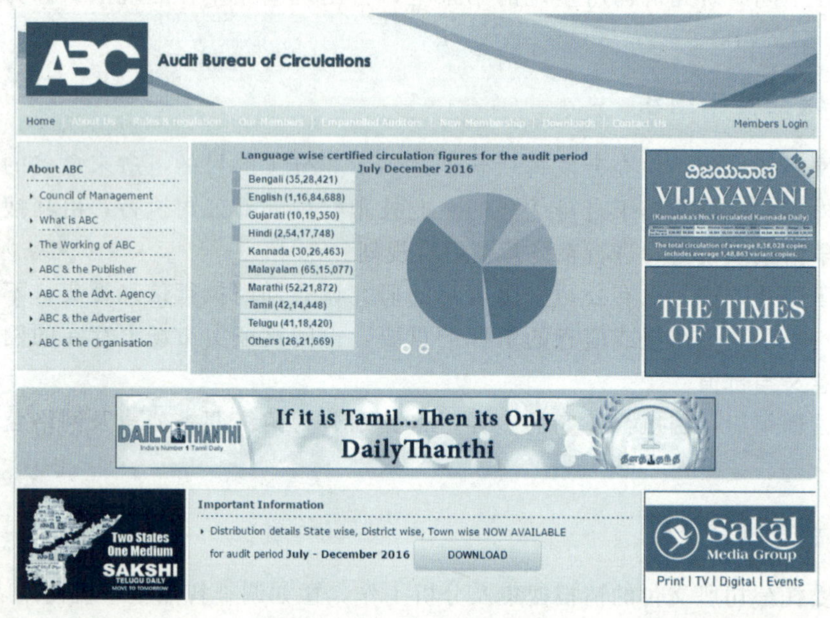

图 5－2 发行量稽核局

资料来源：http：//www. accessabc. com/.

注：ABC 致力于为广告主、广告代理商与媒体经营者争取更合理的交易价格。

发行量稽核组织日益受到重视，世界各地相继成立了类似组织。目前全世界有 35 个国家和地区成立了 39 个稽核组织，并共同成立了一个国际性的稽核组织（IFABC，The International Federation of Audit Bureau of Circulations)。

此组织每两年举行一次会员大会，致力于为广告主、广告代理商与媒体经营者争取更合理的交易价格，使平面、电子及信息网络媒体有一个公平、公开、公正、公道、客观的广告计费依据与指标。

借着网络稽核组织提供的各项服务与信息，作为网站经营者、广告主及广告代理商决策参考的依循，建立网络产业共同遵守与规范的机制，建构网络产业新秩序(New Order)，形成一股知识经济的新文化（New Culture）。

“网络稽核组织”概念参酌国际性稽核组织及长期观察网络产业的创见，目的在于建构一个具体可行的规范，供网络产业相关组织依循。有关网络稽核组织运作方式，我们从委员会、稽核报告、会员及消费者权益保障等三部分，说明如下：

（一）委员会

自由参与的网络产业主及其推荐的产、官、学、研界各一名委员组成的13人理事或监事代表参与委员会运作，采取任期制，竞选得以连任，以一次为限。其中产、官、学．研界代表为保障名额，由产业主推荐，视为当然理事、监事。

参与组织的成员须遵守组织规范，定期参与组织会议，并提供网络产业市场信息，或接受组织定期稽核申请，便于发布相关信息，供企业主、广告主及消费者查核。

委员会经费来源主要来自会员所属网络产业每年上缴净营业额的千分之一及各界自由捐赠。

（二）稽核报告

组织内部设立稽核部，出版稽核报告，每两个月发行一份双月刊，内容涵盖最新的网站流量、广告点阅率、上网停留时间、购物类型、浏览网页类型、网络趋势等数据，供会员、消费者、产业界及媒体从业人员查询及转载。

（三）保障会员及消费者权益

设立消费者保护专线，接受消费者的意见反映，对于不良商品应配合执法单位要求厂商改善，并弥补消费者损失。此外，对于遭受日益猖獗的仿冒品夹击的正牌商品，稽核组织应配合执法单位打击违法，保障所属会员权益。

二、网络稽核组织功能

设立稽核组织的用意在于健全网络产业发展，通过稽核组织运作功能，反映市场真正面貌和企业主的产销信息。我们归纳网络稽核组织功能（The Audit function of Circulations of Internet）包括提供正确稽核报告、建立广告议价规范、充分发挥广告效果、提供正确网络产业信息、提供网站主要客群结构信息、企业主服务质量稽核、消费者意见反映及社会责任等八部分。

（一）提供正确稽核报告

报纸的发行量决定广告价格，广播的收听率、电视的收视率则关系着广告主投注广告经费意愿的高低。同样，网站的点阅率、流量或其他各项网站相关信息自然成为广告主了解网站目标市场占有率、渗透率高低的依据。

目前，网络产业并没有类似平面与电子媒体的调查机构，定期发表各项网络信息，若成立网站稽核组织，一些没有能力委外或自行调查的网站，就不用担心各种研究机构的调查报告与真实状况差异太大或不实，造成对网站本身的杀伤力，或者一些靠广告或投资人维持生存的网站，就不会遭受流量误差的冲击，更重要的是更多的网络用户可以知道属于网络产业市场的真实图像。

例如：投资者选择标的物投资时，可依据网站稽核组织所提供较客观的稽核报告，真实反映网站流量、网络族群年龄、性别、教育程度、收入及购买能力等信息，避免不良业者为了引吸投资对象而虚报网站信息。

（二）建立广告议价规范

根据美国网络广告局（Internet Advertising Bureau，IAB，图 5－3）在线广告营收随行动上网成长呈攀升走势。

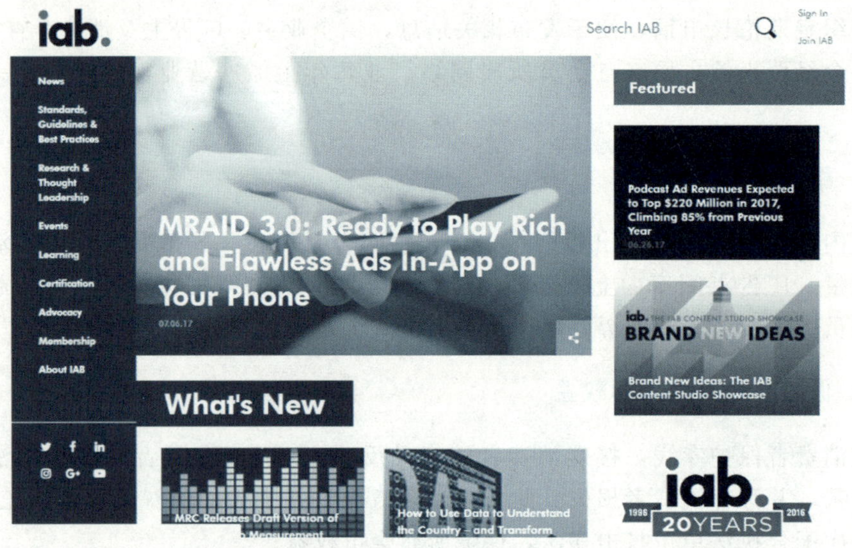

图 5－3　网络广告局

资料来源：http：//www.iab.net/.

注：致力于争取线上媒体利益，保障广告主、代理商即行销人员刊登广告的效益。

eMarketer 预测，美国在线广告营收将倍增，不论是搜寻式文字广告或动态媒体、宽带电视等形式广告，皆呈持续成长现象。

eMarketer 根据 IAB 及 PwC 研究报告，预测美国在线广告营收将倍增，显示美国在线广告营收的成长潜力惊人（eMarketer，IAB，PwC，2013）。

由此可知，在线广告呈现逐年攀升现象。在此情形下，网络产业须建立一套规范，使在线广告有一定的价格标准与依据，而不是让媒体经营者漫天喊价或让广告主讨价还价，因为这并不是任何产业发展的好现象。

因此，美国无线广告协会（Wireless Advertising Association）召集美国在线（America Online）、雅虎（Yahoo）、双击公司（DoubleClick）、摩托罗拉（Motorola）、Metrix 及史普林斯顿（Sprint）等赫赫有名的大公司，致力于建立广告的游戏规则。单单是要这些来自不同产业的业者达成共识，就不是件容易的工作。但这或许是一个建立网络产业广告价格规范的基石。

（三）充分发挥广告效果

广告是用来吸引消费者关注，进而接近、使用网站的最佳媒介，广告预算的研究有充分的必要性，可是如何选择影响较大的媒体刊登广告，就变得相当重要。也就是说，网站经营者透过网络稽核组织可以了解哪些网站的上网人数较多、停留时间较长、购买频率较高、购买能力较强以及目标顾客群与自家网站（Home Website）所诉求的客源结构较接近等信息，即可将广告费投注于这类网站。反之，网站经营者就不需要将庞大的广告费花费在目标客户群与自家网站大相径庭且流量不高的网站上，因为这些广告并无法触及或达到有效的目标顾客群。

换句话说，通过网络稽核组织所提供的信息，可以让广告主的广告预算真正花在适当的网站上，才能像子弹理论（Bullet Theory）所言，真正击中目标消费群，达到广告效果。否则，只是浪费广告费用，并无法真正命中目标。

（四）提供正确网络产业信息

孙子兵法有云：“知己知彼，百战不殆。”想要在网络产业屹立不倒，建立不可取代的地位，必须洞察先机，掌握市场脉动，搜集竞争对手的信息。因此，时时侦测环境变化与搜集市场信息就成为相当重要的课题。

在信息网绵密的今日，信息传递难保不遗落，尤其是网络产业竞争激烈情况下，各家网络公司总把内部信息视为商业机密，要取得准确、翔实的产业信息实属不易，更别说搜集到更周延的信息。

为了避免因信息不足或误知而造成决策错误，必须仰赖公司内部搜集信息。另外要借助网络稽核组织提供公正、客观信息，作为交叉确认参考。特别是有关各家网站会员数、教育程度、职业、年龄、性别、收入、地理区域、族群、宗教（人口统计变项）、购买能力、上网停留时数、上网时段、网站流量、电子报发行类型、份数等RFM信息的获取，并非其他网络公司唾手可得，尤其是雅虎、亚马逊等大型入口网站（Portal Website）信息，更是难以获得，却具有高度的参考价值。这些信息若能经由网络稽核组织定期发布，不仅可供网站经营者决策参考，更可充分掌握网络市场信息。

网络市场看好电子邮件（e-mail）营销的潜力，通过电子邮件可发送新闻信、广告、折价单、优待券等林林总总的信息，借以达成促销目的。将来可能涉及电子报发行量、广告刊登等相关议题，这些信息绝非由发行者片面宣称即算数，必须由一个真正具有公正、公平、客观且能代表网络产业的稽核组织来发布，方具有公信力。

例如：公布电子报发行量、订户数，必须说明计算方式、数据源等信息，否则单凭数据而没提出具体说明，很容易让人质疑，更容易引起争议。唯有透过网络稽核组织公正、公平、客观、定期地提供正确、翔实、实时的网络产业信息，供网站经营者、广告主、广告代理商，甚至广大的网友参考与依循，才是良策，而不是业者间各唱各的调、各吹各的号，让消费者没有标准可循，也使整个网络产业显得混乱。

（五）提供网站主要客群结构信息

传递信息的方式不同使媒体的特性不同，对消费者而言，每个人收发信息习性不同，选择接近、使用，并从中得到满足的情况也不一样。因此，不同类型的网站，具有不同形态的目标消费者（Target Customers）支持。广告主在选择网站刊登广告时，除须充分掌握网站流量、消费者上网时数、购买意愿与次数外，最重要的就是了解该网站目标客源或上网族群的结构，是否与公司产品所诉求的对象一致。

对广告主而言，在选择网站刊登广告时，可以根据网络稽核组织所提供的数据，知道网站目标客群结构，包括目标客群年龄、性别、收入、教育程度、职业、购买金额、购买频率、购买能力等，才能使网络广告真正触及有效的消费者，提高广告点阅率，达到广告的效益与效果。至于广告配置规划与执行，包括广告档次配置、时段安排、篇幅大小、版面规划、呈现方式、拍摄手法、广告费用等，需要广告主根据所要呈现的效果与形象自行配置。

（六）企业主服务质量稽核

企业服务质量包括产品质量、售后服务、客户服务及消费者意见反映等四部分。网络稽核组织应定期对企业会员进行稽核，并公布稽核报告，对于评比优良的企业主，公司应予以表扬；而对于服务较差的公司，则应要求他们改进工作，并提出回馈消费者措施，以弥补消费者权益损失。

（七）消费者意见反映

设定消费者保护及检举专线，接受消费者意见反映，达到双向沟通及防范不法的目的。通过这种与消费者建立伙伴关系的机会，密切与顾客的关系，企业主才能充分了解消费者所需，进而引导消费者需求，导入健康、环保、资源再利用及双向互动概念，构建基于消费者意见反映的双向沟通系统，如此将有助于顾客反映问题的解决，进而落实真正的顾客权益保障。

（八）社会责任

产业应抱着“取之于社会、用之于社会”的襟怀，对于长期支持的老顾客应予以回馈，例如：在稽核组织出版的双月刊上罗列折价券或累积消费金额的兑换券，让消费者可享受较低折扣或免费赠品优惠；也可举办健诊、义诊或公益活动来回馈顾客，除了能塑造企业良好的形象外，亦可拉近与顾客的关系。

小结：建立新秩序与新经营模式

从许多网络公司大量裁员、泡沫化、被并购可见，网站经营愈来愈困难且捉襟见肘。

美商康柏（Compaq）计算机前中国台湾分公司总经理何薇玲说，因特网产业未必是泡沫，但有九成左右的网络公司可能泡沫化，或很快就会被市场淘汰出局；旧金山投资银行研究部前负责人贝格（Todd Bakar）指出，网络公司仍是全球经济成长的动力，但终将面对网络公司汰弱留强的现实，接受可能被并购的事实。

美国证券数据（Securities Data）显示，因特网并购案将在未来几年内继续跃增。也就是说，网络产业的并购活动将会持续增加。由此可知，网络经济正以前所未有的快速步调进入整合阶段，速度比先前其他产业要快得多。

尽管网站经营的困境依旧，美国纳斯达克（Nasdaq）的跌幅卖压仍在，但无法阻止网络热潮的延续与延烧，仍然有许多“烧金客”相继投入网络市场，尤其是当前最热门的“宅”经济当道，会有更多追逐网络梦想者前仆后继。因此，我们十分清楚，网络产业的热浪依旧，期待这股科技热能激发更多的网络热爱者，为使网络产业带给人们的生活更便捷，并期盼网络产业建构出一套共同遵守的规范与新的经营模式，使网络生态环境更有秩序、更安全、更有生机。

本章重点练习

(1) 什么是研究误差？

(2) 请说明稽核组织的渊源。

(3) 请说明网络稽核组织的运作方式。

(4) 请说明网络稽核组织的功能，并举实例说明。

(5) 什么是宅经济？并举实例说明。

信息来源网站及参考书目

(1) Hughes A. M. Strategic Database Marketing，Chicago，Probus Publishing，1994.

(2) 国际发行量稽核组织 . http：//www. ifabc. org/.

(3) 普华永道 . http：//www. pwc. com/.

(4) eMarketer. http：//www. emarketer. com/.

(5) 网络广告局 . http：//www. iab. net/.

(6) Gartner Research. http：//www. gartner. com/.

(7) 知世网络 . http：//www. wwwins. com. tw/default. aspx.

项目三 “互联网+”企业四大策略

企业是追求幸福的手段。

——奇美集团董事长　许文龙

企业如何利用“互联网+”?

◆ 专家点评

奇美集团转型跨入高科技产业，是传统产业少数的成功案例，它也是中国台湾第一个实施周休二日的公司；老板许文龙一周只有两个下午上班，其他时间都在钓鱼、拉小提琴；员工准时五点下班，分红配股；经营阶层与员工皆自豪十年如一日的企业文化。这样的奇美员工很幸福吧！

案例导入

用故事包装品牌

只有孩子喜欢听故事吗？其实，故事对成人的吸引力不比孩子弱。愈来愈多的企业领导人发现，故事是用来说服员工与股东的有效工具。通过故事，领导人可以将企业使命、价值、员工归属感与被需要的内在需求结合，达到说服别人的目的。

一、克服员工抗拒变革心理

对于历史悠久的企业而言，提倡变革通常是不受欢迎的，运用讲故事的方式来说服员工接受变革，拉近与员工的距离，建立彼此的信赖与团队合作的企业文化。

二、打造企业使命

最初创立企业的背景故事，是用来打造源远流长的企业使命最好的基础。

三、广纳人才

医院向来为人才不足所苦，运用倾听别人的故事来广纳人才。康朵带着13岁的儿子去找教练，谈到孩子将来长大后的志向，意外获知该教练一心想当护士，却因未通过资格考试作罢。于是康朵为该教练报名补习课程，最后她通过考试，目前在其医院急诊室服务。

四、让员工全心投入工作

让员工全心投入工作的最好方法，就是让他们分享服务经验中最好与最坏的经验。

领导人如何培养说故事的能力？领导人可以观察员工每天的活动，找出其中的故事。例如，领导人可以观察员工中哪些人具有影响力、哪些人所做的事真正让企业变得与众不同，哪些人又是企业的英雄人物，这些都是动人的故事。

五、故事象征公司

管理绩效备受传诵的西南航空，有一则故事广为流传：水牛城发生暴风雪，一名员工在积雪数米深的情况下，用自己的雪车载着顾客走了七公里，最后终于搭上班机。比起统计数字，这个故事是不是让你对西南航空的好感又加深了一层？（编修自世界经理人文摘杂志）

企业主在进行网络营销时，要学会对顾客、员工及所有与营销工作有关的人说故事，谈论关于公司、商品、经营理念的故事，试着用故事来包装品牌，打动他们的内心。

项目三 导 览

网络产业发展迅速，在短短数年间，就进入整合阶段，使产业之间的界限更加模糊。因此，任何产业的发展首先应思考策略管理的内容，尤其应该思考企业策略的运用与发展。这些策略需要通过营销的包装与作为，方能发挥其功效。

本篇从网络企业的角度进行微观分析，探讨当前企业最重要的网络营销课题，包括广告、区隔、目标市场及品牌等四个部分，合称“互联网＋”企业四大策略。做好这四大面向，将为企业带来财源。

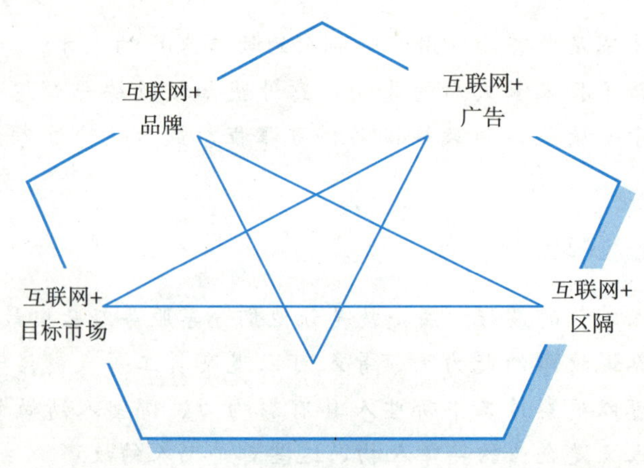

“互联网＋”企业四大策略

注：企业先评估自身资源、能力与策略应用，再考虑如何在市场区隔、目标顾客、品牌建构、媒体广告等层面上执行，才能为公司开辟财源。

任务6 “互联网＋”广告

据美国comScore的调查，网络广告的确对实体世界的购买行为与购买意愿有正面的影响。我们将分析最具传播效果、吸引力与市场渗透率的广告策略，提供给企业主参考。

任务7 “互联网+”区隔

采取何种区隔策略建构自家网站的独特性、不可替代价值与地位，并与其他网站区隔，已经成为持续维持竞争优势的有效手段。我们将分析当前网络营销市场区隔案例，让读者更进一步了解网络市场区隔的内涵。

任务8 “互联网+”目标市场

如果你认为，每一位顾客都为你带来利润，或者所有顾客带来的利润都相同，你的竞争优势恐将遭受威胁。未来，企业组织的经营不再以产品或服务来区分，而改以不同顾客或目标市场的组合来经营。我们将举市场实例来分析目标市场的选定及其策略思考。

任务9 “互联网+”品牌

MORI的最新调查显示，受访者认为网络购物品牌胜于一切。基于此，我们分析加深消费者对商品记忆及印象的网站品牌建构及品牌策略。

任务6 “互联网+”广告

公司越成熟，广告支出占销售额比率越可能降低。但在网络这一行，巨额广告支出是游戏规则的一部分。

——贝托（Jeetil Patel）

◆ 专家点评

为了提高网站的知名度、延续消费者对公司的印象以及宣传最新商品活动信息，广告档次安排不可避免。广告具有改变消费者旧有使用习惯的教育功能，也能引导、诱发新需求，刺激购买力与消费能力，创造消费者再度消费、多次消费。网络行业同样适用，广告支出无法避免。

最吸引人的在线广告

东方在线（E-ICP）消费者营销数据库显示，相较于杂志、报纸、电视、广播等四大媒体，网络是接触率仅次于电视的第二大媒体，从以下数据可见，网络媒体的重要性与日俱增（图6-1）。

伴随着消费者网络接触率的提高，网络广告规模逐渐兴起，因特网广告暨媒体经营协会（Internet Advertising and Media Association，IAMA）数据显示，网络广告规模逐年递增，网络媒体市场规模逐年攀升；根据调查发现，2013年，中国台湾关键广告主市场规模预估为新台币308.4亿元。关键广告主对于电视、报纸、广播、杂志、户外等传统媒体的广告投放金额较前一年衰退，而网络、行动与社群等数字广告，则逐渐受到关键广告主瞩目，有意愿增加投放金额（图6-2）。

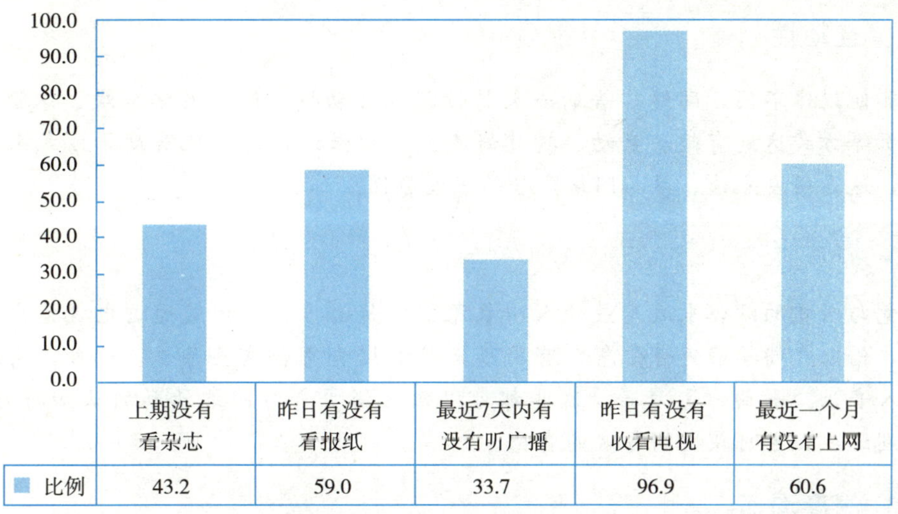

图 6-1 消费者对各媒体的接触状况

资料来源：E-ICP

注：网络已成消费者较常接触的渠道，仅次于电视。

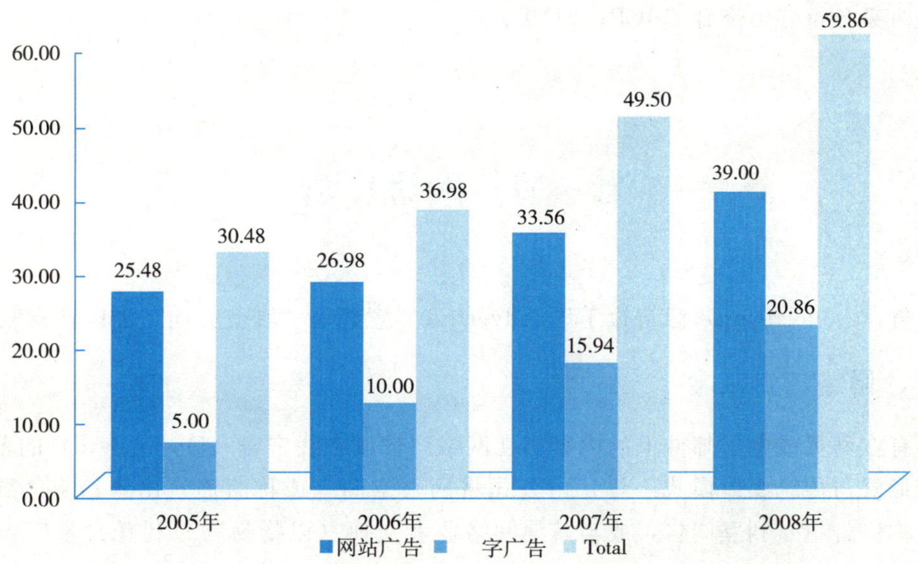

图 6-2 在线广告规模（单位：新台币亿元）

资料来源：因特网广告暨媒体经营协会

注：在线广告规模逐年攀升，网友接受度逐渐增加。

对广告主而言，采用什么样的网络广告来吸引消费者眼球，十分重要。根据网络广告网络使用行为调查，网友点选广告首要原因是有兴趣或想购买的产品广告(56.3%)，依次是广告文案吸引人、折扣或特价、创意广告、图案与动画吸引人、免费下载游戏软件或动画、赠品或抽奖、自己喜欢的明星、增加新知识的广告、与广告互动、具备影音多媒体效果等。可以发现消费者点选网络广告的几项原因如下：

一、互动性

跟其他媒体不同，网络广告的一大特性就是互动性，通过网络游戏、体验、链接其他网页等方式达到有趣、互动、提升好感度、增强记忆度与理解度等方式来增强传播效果，这是网友点选、参与网络广告的一大原因。

二、影音娱乐

视觉与听觉的结合永远是最让人印象深刻的传播方式。但是通过电视播出广告花费昂贵，借助广播接触声音信息又有局限，网络广告符合这些条件。此外，网络活动可以插入音乐、歌曲、影片等，这些都可以强化消费者对网络活动的认知与好感度。若能做到这些，也可获得消费者的青睐。

三、深度沟通

网络是可以深度沟通的媒体，这也是消费者希望从网络广告得到的利益。因此，只要能将目标族群引导到网站内，营销人员就有许多工具可以利用，可创造出比传统媒体更多的传播效果，不仅可以做到广告理解、好感度，甚至可以做到广告促购度与实际的购买行为（编修自 E-ICP；FIND)。

第一节　网络广告

广告（Advertising）源自拉丁语 Advertere，意思是“转变方向，加以注意”。

一、网络广告概念

所有在网页或电子邮件上的内容都在网络广告或在线广告（On-line Ad）的范围之内，其形式与传统媒体模式一样，由公司将网页空间（或称版面）出售给有需要的厂商（或称广告主）刊登广告，或与其他网络业者交换（以物易物）刊登自家广告（In-house Ads)。

二、网络广告市场

市调机构 Strategy Analytics 调查报告指出，全球在线（Online）广告市场接近591 亿美元规模，并将在五年内超过 1000 亿美元。

Strategy Analytics 认为，电信公司及网络业者加速提升带宽及速度，已为各种网络广告创造扩大规模的基础，未来会有更多宽带加值服务应用的加入，将使全球在线广告以成长率 16.3%的速度扩大。未来五年的在线广告市场商机每年都将增加超过100 亿美元（图 6－3）。

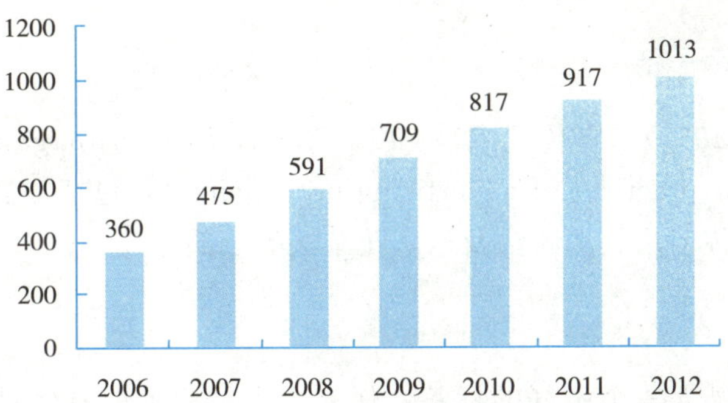

图 6-3 全球在线广告市场规模（单位：亿美元）

资料来源：Strategy Analytics，Digitimes

注：全球在线广告规模逐年攀升，将吸引在线广告业者投入更多资源瓜分商机。

光从在线广告市场分析，雅虎是最大赢家。今年雅虎吃掉全球两百亿美元在线图像广告市场的 20%，依序是 MSN、AOL 及 CNET 等，目前三家业者的市场占有率仅为 2%～7%（图 6-4）。

图 6-4 网络广告具备声光影音，吸睛效果佳

资料来源：http：//www.host01.com/.

中国台湾地区有 2300 万人口，有效宽带上网用户高达 1300 多万，全球排名第 14，比起澳大利亚、新西兰各 700 多万、新加坡 130 万，高出甚多。这也使得各大知名网络公司想在华人网络广告市场上占一席之地，把中国台湾列入最重要的“滩头堡”。

各界看待亚洲庞大广告市场的爆发力，正如看好手机、手持式装置等消费性电子产品在亚太市场快速成长一样。

2008 年，北京奥运会首度发放新媒体执照转播，也就是首次以网络、手机以及通过 ADSL 联机上网播出的随选视讯（MOD）、高画质（HD）转播，已提前让奥运网络广告爆出刊登量。

三、网络广告手法

Lee and Lee (1939)《宣传艺术》(*The Fine Art of Propaganda*)一书阐述常见广告宣传手法(The practices of advertising propaganda),包括斗臭法、粉饰法、移花接木法、假仙法、佐证法、洗牌法及乐队花车法等七部分。

(一)斗臭法

赋予某概念或某人一个不好的标签,使人们未经验证前就轻易排斥它。这类手法试图转移大众的关心焦点,借以打击对方的可信度,经常被运用于政治、选举或公共论述等领域,称为斗臭法(Name Calling)。

(二)粉饰法

将某事物与美善的字词联结在一起,使得一般人未经验证就轻易地接受或赞同某事物,称为粉饰法(Glittering Generality)。例如:把香烟品牌取名为“长寿”。

(三)移花接木法

用一个人们普遍认同的事物去联结另一个事物,使得后者容易被人接受。例如:让原本立场不同的两个人,借着照片、新闻报道等方式,塑造两人同时出现且在一起的印象,称为移花接木法(Transfer)。例如:网络上常出现照片被窜改、重制等情形,可能甲方的头,出现在乙方的身体上,特别是将女明星的玉照接上一幅曼妙身材的照片,这就是移花接木。

(四)佐证法

用人们尊敬或痛恨的一个人现身说法来证明某个东西是好的或坏的。只是这种佐证本身是否真实?例如:某名人在广告中现身说法赞扬某产品非常好,表现出亲身经历或体验的模样,但事实上在此之前可能从未听过某产品,更别说使用过。换句话说,这都只是广告宣传花招,称为佐证法(Testimonial)。

(五)假仙法

传播者试图取信于他的拥护者,刻意表现他亲民、关心民众形象的一种宣传手法,称为假仙法(Plain Talks)。选举时,候选人为了制造亲民作风,抱起选民的小孩或跟选民席地而坐博感情,而私底下,却从不抱小孩,这就是假仙。

(六)洗牌法

只呈现有利的证据去美化某个东西,或只呈现不利的证据去丑化某个东西,这些证据可能出自于真实,也可能出于虚构。例如:许多以街头访问方式制作的电视广告,通常只会播出受访者称赞产品的部分画面,不会播出批评此产品的访问镜头,称为洗牌法（Card Stacking）。

（七）乐队花车法

广告主试图使我们相信有许多人已经接受他的主张，希望通过这种手法，使我们盲从接受这种情势，让我们不由自主地跳上乐队花车（Jump On The Band Wagon），称为乐队花车法（Band Wagon）。例如：军校招生广告展现出一群雄赳赳的军校生，邀请您加入他们的行列；电信广告常出现一群人在客厅聊天，谈论哪一家电信公司最省钱，反问您：“这么便宜，还不赶快换。”

四、网络广告类型

不同的传播媒体具有不同的特性，这些特性会影响广告的类型与呈现方式。例如：平面媒体广告以静态方式呈现，且信息量受到版面限制；广播只能呈现声音形式的信息，无法呈现文字、图形或动画，受到播出时段的限制。

网络广告具备声音、影像、文字、动画等多媒体形式，呈现方式与传统媒体广告大不相同，网络广告类型有横幅广告、电子邮件广告、按钮广告、多媒体动画广告、插拨式子窗口广告、推播式广告、分类广告、文字式广告及网站本身广告等九部分（编修自刘明德）。

（一）横幅广告

是指出现在网页上端或下端的横长条形广告。其形式可能是制作精美的文字或图像，通过动态网页技术应用，使文字或图像能够展现出丰富的动态效果，达到吸引上网者注意力的目的，称为横幅广告（Banner Ads）（图 6-5）。

图 6-5 腾讯横幅广告

资料来源：http：//www.qq.com/.

注：出现于网页上端或下端的横长条形广告，呈现方式有固定版位式与动态轮替式两种。

这类网络广告类型是常见的广告方式，区分为固定版位式（Hardwired）与动态轮替式（Dynamic Rotation）两种：

1. 固定版位式

采用传统平面广告的逻辑，以固定版位及按月或按周计价方式，是普遍选择传统平面媒体刊登广告的广告主较易接受的方式。

2. 动态轮替式

网页范围受限于屏幕尺寸无法扩大，为了避免网页空间被过多的广告占据，影响网页下载速度与广告效果，出现动态轮替式横幅广告，借助于广告版位内容以轮转方式出现，在不同时间、同一版位呈现不同的广告，或是在一个网页转换至另一个网页时，产生广告轮替效果。

由于刊登网络广告者愈来愈多，版位相对不足，越来越多的网站改采用动态轮转式横幅广告，以便在同一广告版位上安排多个广告。

（二）电子邮件广告

以电子邮件的方式将广告直接投递到用户的电子邮件信箱，这类广告形式经常搭配免费电子邮件信箱、免费软件、免费网页空间或免费电子报等免费服务措施，吸引顾客提出申请，以搜集用户个人基本数据及电子信箱住址，再寄送电子邮件广告给用户，称为电子邮件广告（e-mail Ads）。

为了增强电子邮件广告的有效性，应事先将邮件名单分类，将不同类别的消费者定义成不同群组，并将正确的电子邮件广告传递给正确的客户，以降低被视为垃圾邮件的机会。

调查显示，有九成消费者对于有条件接收电子邮件广告（许可式电子邮件）并不排斥，但在进行电子邮件广告时，广告主应注意下列事项：

（1）注明邮件广告，标明发信者名称、住址、电话及电子邮件信箱；

（2）信件的主旨以及内容避免夸张不实；

（3）信件开头处应清楚告诉收件者，若不想再收到类似信件，要如何将电子邮件地址从递送名单移除。

（三）按钮广告

这是一种小型的标题广告，可以放在网页上的任何地方，并连接厂商的网站，称为按钮广告（图 6－6）。最早的按钮广告是由网景（Netscape）公司所推出的立即下载按钮广告，用户可以透过此钮立即下载软件。此类广告形式是除了横幅广告以外，第二种广为使用的网络广告形态。

由于按钮广告所占版位面积较小，可以采用固定版位方式呈现，广告主可以独占一个小小的按钮版位，无须与其他广告主轮替该广告版位。

（四）多媒体动画广告

在各种网络广告中，多媒体动画广告（Multimedia Ads）效果被公认是最好的，原因在于它是一种同时呈现文字、声音、影像、动画等多重声光效果的广告。因以往带宽不足、多媒体动画广告档案太大，故未被普遍用于网络上。

由于缩小多媒体动画档案的新技术出现，加上解决带宽问题的非对称性数字回路（ADSL）、有线电视宽带网络、卫星直播网络以及影音串流等趋势发展，多媒体动画广告（图 6－7）逐渐获得青睐。例如：通过 Flash 软件所制作出的多媒体动画广告，在一般 56Kbps 调制解调器及电话拨接的情况下，用户可以轻松取得良好的多媒体影音声光效果。

图 6-6 按钮广告

资料来源：http：//pic. sogou. com/ris? query = http% 3A% 2F% 2Fpic70. nipic. com% 2Ffile% 2F20150616%2F20291396_160333533928_2. jpg&flag=0&dm=0&did=2.

注：小型的按钮广告，可以放在网页上的任何地方，并连接至厂商的网站。

图 6-7 动画广告：卖火柴的小女孩

数据来源：http：//www. wretch. cc/video/n3wj4y7&func=single&vid=4824930&o=time_d&p=2.

注：动画影片广告效果被公认是最好的，在于它呈现出极佳的影音声光效果。

（五）插拨式子窗口广告

这是指当使用者连接到某一网站时，自动在窗口中跳出另一个子窗口，用以呈现广告信息，这类广告与电视广告有类似之处，即它会打扰或中断使用者正在观看的画面，称为插拨式子窗口广告（Insert Ads），又称跳出式窗口广告（Pop-up Ads）。

消费者面临各种干扰，若对插播式子窗口广告内容没兴趣，可以直接关闭该窗口。广告主在确保用户看广告之余，也应降低使用者产生反感，调整插拨式子窗口广告的呈现方式。例如：将此类广告做调整，出现在窗口的角落，且不要占据屏幕太大的空间，需要阅读的网友再将窗口放大。

（六）推播式广告

这是指广告商利用推播技术，在无须用户主动链接上网的情况下，主动传送广告，称为推播式广告（Push Ads）。有人称此行径疯狂，亦称 Crazy Ads。这类推播式广告的前提是用户必须先在个人计算机上安装接收推播式广告的软件。例如：使用网景公司的 Netscape Communicator 及微软（Microsoft）公司的 Internet Explorer 两大浏览器软件，都具有接收这类推播式广告内容的能力，特别是第一次使用收信软件时，会收到一封发自软件公司的感谢信，向使用者表达谢忱。

（七）分类广告

因特网上也提供分类广告（Classified Ads）服务，是一种按照各种广告类型加以分类的广告，可根据目录逐层搜寻，或按类别、条件限制、关键词等方式检索，然后再点选所搜寻到的广告连至目标网站，以阅读更详尽的广告信息（图 6－8）。

图 6－8　分类广告网站

资料来源：http：//gz. yes81. net/.

注：分类广告网站的检索功能提供消费者查询各类型网络广告。

一般报纸分类广告版面是由许多大小不同的个别分类广告集结拼凑而成，阅读者必须逐一查看，才能找到所需的信息。相对于网络分类广告可以透过数据库来整合，用户只要设定检索条件，就可迅速取得所需信息。

（八）文字式广告

虽然目前标题广告仍是网络广告的主要形式，但许多网络业者与营销人员仍在不断地寻找新的网络广告形式。近来一种最平凡的文字式广告（Text-based Ads），开始受到重视与欢迎。它是在网页最底端加上文字，以极快的速度移动，类似传统媒体的跑马灯信息。这些文字不多的广告，附带一个超链接，让需要更多信息的用户连至网页，它没有任何图片，不会妨碍网页下载速度。

另外，可在网页书评中的某几个字或是结尾处，附上链接到网络书店的文字式超链接，这种呈现方式也被称为“内文式广告”，特性是将广告与内文结合。

（九）自家网站广告

网站本身就是一个商品或企业的形象广告，这类网站并不提供任何在线购物、顾客服务、教育、广告版面出售、收费等信息服务内容，而是将网站本身纯粹视为一个广告来看待。这些专注于呈现商品或企业形象广告的网站，往往在乎与消费者的互动性，称为自家网站广告（In-house Ads）。因此，网站经常会借由活动的举办或讨论区的设立，来加强、加深与顾客的联系，以达到广告效果。

不管是何种类型网络广告，似乎总是会有消费者有意见，究竟哪种类型的广告容易招来消费者非议？看看数据（表6-1），就会知道消费者最痛恨的是跳出式窗口广告。

表6-1 美国消费者对广告形式信任与厌恶比例

项　目	信任比例（%）	厌恶比例（%）
亲友推荐	61	9
印刷的平面广告	47	5
电视广告	42	13
消费者同意接受的电子邮件	39	13
广播广告	35	11
寄送到家的邮件（如型录等）	21	31
户外派发的广告传单	20	11
搜索引擎提供的名单	14	20
电视节目营销广告（如名人推荐等）	9	39
网站横幅广告（banner）	8	53
面对面推销（登门推销等）	4	78
垃圾邮件	3	77
跳出式窗口（pop-up）广告	2	83

资料来源：编修自 PlanetFeedback

注：在毫无预警的状态下，跳出式窗口广告容易干扰消费者及令人反感。

第二节 广告策略

亚太网络广告联播分析中心（HiAD）《网站广告阅听行为调查报告》指出，接近70%的网友接受网络广告现象，其中接近50%的网友一定会、经常会点阅网络广告，广告主可通过网络广告，增加与网友互动机会。

基于此，网络经营者该采取何种广告策略，使广告最具传播效果，提高吸引力与市场渗透率，吸引网友注意，是经营者当务之急。我们观察，企业主较常运作的广告策略（Advertising strategy）有交互式广告、户外广告、自家广告、交换广告、入口网站广告、内容导向广告及无线广告等七种方式，分析如下：

一、交互式广告

在网络世代，广告形式已逐渐融合声音、文字、图文件、影像、动画等多媒体（Multimedia）形态，扮演与消费者互动、提供决策参考、满足求知欲、娱乐、环境侦测等多元化角色的交互式广告（Interactive Ads）。

美国数字机械公司（Digimarc）推出免费软件，提供消费者开启广告主网站，消费者只要将广告对准读取数据的网络读取机（Internet Gathering），或使用特制光笔扫描产品包装上的程序代码（Program Code），即可搭起平面与电子媒体之间的桥梁。即平面媒体广告通过读取机可直接连接到产品网站或其他相关信息网站，取得个人需要的信息。目前尝试这类广告的有福特、IBM及威士（Visa）等30家汽车公司（图6-9）。

图6-9 户外广告强化公司网站在网友心中的印象与知名度

资料来源：http：//www.nipic.com/index.html.

交互式广告的便利性使报纸、杂志上的众多商品广告可以直接连接到网络，对急欲购买某种产品的消费者而言，快速取得商品的相关信息，作为个人购买决策参考，似乎已成为当下最迫切的欲望与需要，有助于满足消费者立即性需求，激发消费者冲动性购买行为。

二、户外广告

网络广告大量充斥，广告主除选择报纸、电视、电台等渗透率较高的大众媒体托播外，也可选择另类广告，像巴士车厢、车体、路边广告牌、空中广告、灯箱广告、户外广告牌或户外全彩大电视等户外广告（Outdoor Ads），强化公司网站在网友心中的印象与知名度，吸引网友的注意与了解，进而上网购物。

推行户外广告需要考虑和顾及大众不同收发信息的习性，来吸引大众媒体以外的游离性或流动性受众注意，增加点阅率。例如，车厢广告本身的活动性较强、渗透率较高，在市场中穿梭，可吸引不同区域的受众注意。

三、自家网站广告

近来，美国纳斯达克（Nasdaq）网络股从云端重摔落地，国内网络产业也遭受牵连，“跌跌不休”的股价，令想到美国挂牌的网络业者望而却步，随之而来的筹资困难、员工流失与人才荒等营运困境也将如影随形。

除少数网站获利外，大多数网站营收年年成长，但亏损也是年年扩大，亏损增加的幅度远超过营收。在此前提下，网络经营者莫不时时刻刻在节省开支与大力宣传间权衡，大打自家广告（In-house Advertising）或交换广告（Exchange Ads）已成减少公司支出兼顾宣传的权宜措施。

根据 AdRelevance 的研究，大约 65％的网络公司在自家网站大打横标广告（Banner Ads）；所有网络广告中，大约有 20％是自家广告（指公司在自家网站上刊登广告）；63 家网站中，自家广告的比例超过 20％；15 家亲子、游戏、电影和电视节目的网站，自家广告比例甚至高达半数以上。显示网络公司必须应付大笔开销避免拖垮公司营运，又得投资大量广告活动，在鱼与熊掌无法兼得的情形下，节省资源浪费（自家网站广告）与互通有无（交换广告）似乎成为一项解决之道。例如：求职求才网站上的广告，大约 45％是自家广告。其他一些垂直网站，例如小区入口网站，自家广告比例占 12％。显示选择开销较小的自家广告或与其他网站交换广告，同样可以达到节省开支与公司宣传的目的。

Market Access 调查显示，通过企业本身网站对企业或一般消费者进行营销的日本企业占 41.6％，较在网站上进行商品销售的企业为多（27.8％）；13.3％的企业未来打算增加网站营销功能，通过自家网站进行营销的企业将可达 54.9％。

虽说通过自家网站营销的企业不在少数，但企业对本身网站的评价却普遍不高。从营销面来看网站，41.7％的企业认为本身的网站做得很差，远超过认为“做得很好”者（12.3％），尤其在是否可提供最新信息与吸引人的内容，以及是否有助于销售增加等方面的评价很低。在网站上进行营销活动两年后，36.4％（现阶段 8.9％）的企业认为会带动公司营业额增加，45％的企业（现阶段 14.2％）认为有助于商圈的扩大，显示日本企业对于自家网站营销之效益期待颇高（编修自日经公司）。

四、交换广告

为了扩展网络市场、提高自家网站的知名度及聚集更多人潮，两个不同类型、各自拥有不同目标市场（Target Market）与目标受众（Target Audience）结构的网站，可选择在彼此网站上刊登自家广告，这种交叉刊登广告的方式，在于资源共享、互蒙其利，称为交换广告（Exchange Ads）。

网络产业竞争激烈，管销费用较高，网络公司通过交换广告，不仅能节省广告费用，也能达到宣传的效果。

五、入口网站广告

入口网站（Portal Website）是指连上网络打开浏览器后所面对的起始网站或目的网站，用户必须经过该网站才能浏览网络上的信息，是一定范围之内的网络信息入口。入口网站可吸引网络用户重复到访，整合各方面的服务与资源，扮演网络服务提供者（Internet Service Provider，ISP），提供网络用户网络搜寻工具、新闻、电子邮件、即时消息、行事历、购物、下载、影音串流等连串的个人化服务，并担任分享信息内容的网络内容提供商（Internet Content Provider，ICP）、聚集志同道合商品的网络社群提供者（Internet Community Provider，ICP）及网络客户问题解决者角色（图6－10）。一些耳熟能详的入口网站包括雅虎奇摩、蕃薯藤、网络家庭等，在这些网站上所刊登的广告，称为入口网站广告（Portal Website Ads）。

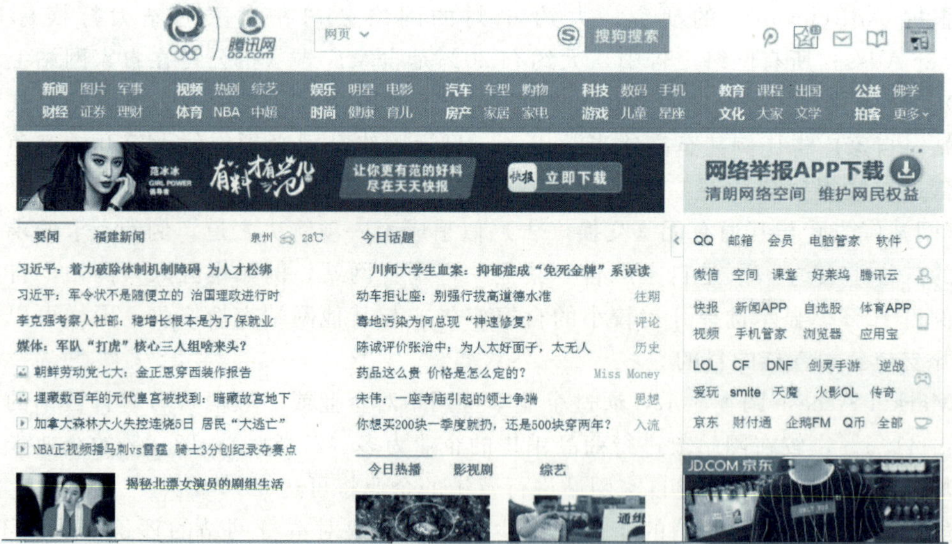

图 6－10　（腾讯网）入口网站人气高涨，是企业主刊登网络广告的最爱

资料来源：http：//www.qq.com/.

越来越多的网络广告商出现广告量下跌的警讯，投资人担心这会成为网络产业的趋势。富比士杂志报道，网络股走低，加上先前资金耗用过大，许多网络公司开始缩衣节食，降低广告费支出。但主要网站或入口网站，像腾讯网、美国在线、雅虎等，因聚集了大量人潮且浏览者众，依然是广告主必争之地，广告收入不受影响，显示广告主对执行入口网站的广告预算还是充满信心。

国际投资银行摩根史丹利（Morgan Stanley）报告指出，经过一段时间整合后，亚洲地区将仅存4到5家入口网站，维持这些入口网站的主要来源是广告收入；《数字时代》杂志的《网络100强分析报告》指出，中国、中国香港、新加坡、中国台湾等4个国家和地区前5名网站以聚集大量人潮的入口网站为主。也就是说，网络产业经过一连串竞争与汰弱留强后，能在市场上生存的，仍是这些知名度较高、大量聚集人潮的入口网站，广告主若欲借由广告提升网站知名度，这些入口网站无疑是最佳选择。

入口网站大量聚集人潮，展现的价值诚如麦卡菲定律（Metcalfes Law）所言，入口网站聚集的人数愈多，上网者数目的平方也愈多，展现的经济价值愈大。难怪入口网站广告会成为广告主不景气时代的首选。

六、内容导向广告

创市际调查显示，中国台湾地区网友使用搜索引擎服务的不重复访客有414万人（不包含入口网站提供的搜索引擎服务），主要服务供应者为Google及Openfind。由于使用习惯的关系，中国台湾地区网友透过入口网站搜索引擎服务的人数更多，使用Yahoo！奇摩搜寻服务网友686万人，MSN、PCHome Online及蕃薯藤的使用者也都在200万人以上。整体表现以Yahoo！奇摩搜寻服务比例最高，依序是Google、MSN搜索引擎、PChome Online搜索引擎、蕃薯藤搜寻、Openfind及新浪搜寻（表6-2）。显示网友习惯利用搜索引擎网站及入口网站搜寻服务进行信息搜寻，搜寻服务已成为网站主要的服务项目，待搜寻功能强化后，将可吸引网站搜寻服务使用人潮，而利用优先排序及关键词付费的广告，将为网站开辟新收入。

表6-2 搜索引擎暨搜寻服务网站排名

排 名	网站名称
1	Yahoo！奇摩搜寻
2	Google
3	MSN 搜寻
4	Pchome Online 搜索引擎
5	蕃薯藤搜寻
6	Openfind
7	新浪搜索

资料来源：编修自创市际市场研究顾问。

注：入口网站集客能力较强，使用入口网站搜寻服务人数较搜索引擎网站多。

这种付费搜索被视为网络产业最亮眼的明日之星，使网络搜寻市场竞争日益激烈，刺激网络广告大幅改变，也使领导厂商投入更多资源，其中最被看好的商机是内容导向广告。

内容导向广告（Contextual Ads）是关键词广告技术的演化，由付费搜寻供货商 Overture Services 推出，之后 Google 等厂商也跟着抢进。这种做法是将关键词卖给最高出价者，广告主仅需负担被读者点选到的连接即可。现行市场普遍的做法是，广告主付费刊登横幅广告或纯文本链接［未来较具弹性的计费方式，如“点击付费”（Cost Per Click，CPC）、“显示次数付费”（Cost Per Mille，CPM）等，可针对网友的搜寻、浏览、消费习性等进行精准营销］，这些广告会出现在搜寻结果的页面上，使用者必须点选后，才会连接到网页上；内容导向广告则会将广告放置在搜寻出来的网站中，并让公司广告与关键词链接在网页里，而非仅在搜寻页面上。

内容导向技术还处于开发阶段，基本原理是从所有网罗的网页中归纳出数组关键词，当作广告库存来售卖。例如，福特汽车可指明购买“explorer”这个词，因为这是福特汽车的车款之一。之后，只要搜索引擎找到包含 explorer 字眼的网页后，该技术将会判断是否要递送出福特广告。

此系统可允许多位广告主购买同一关键词，并通过内容分析来确保广告出现在最适当的位置。这种做法的最大好处是可将广告传送给目标消费者，但又无须采用一直备受争议的 cookies 或其他追踪技术。不过缺点是，这类广告手法经常会模糊内容与广告的界限。

七、无线广告

行动商务（M-Commerce）遭受电子商务（E-Commerce）市场的冲击，发展缓慢并且有下降的趋势。但与行动商务具有相同概念、自网络延伸而来的“无线广告”（Wireless Ads），却在无线手机市场一鸣惊人，充分展现了无限魅力！

Skygo 公司的调查显示，60%的用户认为无线广告有实用价值，愿意接受由移动电话上传送来的广告，27%的用户将考虑转到有提供无线广告服务的移动电话公司。

Windwire 及 Skygo 认为行动商务的致命伤在于厂商原封不动地将网上信息转移到硬件功能、阅读习性、使用需求完全不同的无线配备用户群，因而产生消化不良；反观无线广告则试图运用与电视、收音机、网上广告等截然不同的营销手法与创新思维，因此，他们选择积极进军无线广告。

无线广告将去除电视广告与网络广告中最引起消费者反感的弊病，诸如电视、广播节目经常受广告干扰，网络广告占去太多屏幕篇幅，有时强迫送到用户电子信箱或屏幕上，占用许多上网时间或储存空间。因此，无线广告业者将完全摒弃传统的将广告“推”向客户的做法，而是由使用者根据本身的需要，主动向广告商“索取广告”，将广告“拉”到手机上阅读或储存，使广告成为实用的信息。

Skygo 及 Windwire 提供制作无线广告的产品，更精确划分目标市场与客户，让广告主能够精细地瞄准客户与获得反映。无线广告将依客户指定的需求提供选择，并在浏览广告后，将有兴趣的数据以及折价券储存在移动电话中，用餐或消费完毕时，找出储存的数据，就可获得折扣优待。

小结：整合营销扩展客源

有人认为网络广告越来越不管用？即使多项调查显示，网络广告仍会有很大的发展，但有学者对网络广告效果提出怀疑。

网络流量仍然很重要，但单凭广告已无法吸引消费者，尤其目前平均点阅率(Click-through rates)已经掉到0.009%。广告主必须思考网络广告可以让多少网友记得广告内容？又可使多少人回应广告？更重要的是，有多少人因为广告买东西？

这表示广告具有传播效果，但无法产生"大效果"效应，经营者若想仅靠广告留住客源，还需要整合其他媒介，方能吸引主动性强、接收习惯歧异的消费者。

美国传播学者弗斯特（James Foster，1990）提出"整合营销传播（Integrated Marketing Communication，IMC)"概念，意思是结合多种传播工具所产生的综效(Synergy)，触及更个人化、分众化、小众化的消费者。这种整合效果大于广告、促销、营销、公关、包装等个别规划及执行的单一效果，更易于将公司知名度传递给不同接收习性的消费大众，对网络经营者不仅是倍增广告综效的另一选择，也是有效开发新客源、提高网站点阅率的方式。

网络广告关键在互动

网络广告除了影片和图档外，还有哪些吸睛的方式？

广告关键是互动性

你知道蔡依林会从网络上打电话给你吗？你曾经在网络上，从海尼根瓶身敲出旋律吗？这不是网络游戏，而是你平常不会主动观看的网络广告。如果你到日本，在热闹的涩谷地区，一个巨大的龙形影子，正在跟街头年轻人追逐对抗，你想象不到的是，龙形的操控者，是躲在世界某个角落的网友。这个透过网站与涩谷现场联机所构成的互动成果，是微软Xbox游戏《蓝骑士》的网络广告。

网络广告于1997年诞生，从阳春型展示广告开始，到以多媒体影音为主的形式，提供广告主更多与消费者互动的渠道。

网络广告强调的互动性与美学设计，需要程序技术支持。无论如何转变，网络广告目的都在于如何让消费者停留、参与及互动。

国际化的自觉

中国台湾地区的网络广告为何略显疲软？不够"国际化"就是其中一个问题，缺乏自己的国际品牌是源头。整体市场太小，导致外国品牌在中国台湾只做产品促销型广告，较少着眼于真正高预算的品牌形象广告，于是做出高创意网络广告的机会相对变少。

人才缺乏，加上学校教育与实务操作的落差，使创意不够成熟，因此国际化不足、市场太小、预算少、人才缺乏等因素造成了中国台湾网络广告的困局。

以质带动量

借助网络广告质量的提升，以质变带动广告预算的量变，让网络广告产业动起来。成功的广告要通过不同渠道，传递不同层次的概念，可从电视对大众介绍产品，网络广告做进一步互动，最后再从户外广告做提醒与暗示，进行完整的整合营销，从而提高网络广告效果（编修自数字时代电子报）。

本章重点练习

（1）什么是网络广告？

（2）网络广告手法有几种？请举实例说明。

（3）网络广告有哪些类型？

（4）若您是网站经营者，会采用什么样的广告策略？请提出个人看法。

（5）您觉得最受欢迎的网络广告特质是什么？请提出个人看法。

信息来源网站及参考书目

（1）陈顺吉．什么样的在线广告最吸引人，东方在线，2008.

（2）刘明德等．电子商务导论．高雄市：华泰文化出版社，2001.

（3）Lee A. M. and E. B. Lee. The fine art of propaganda：A study of Father Coughlin's speeches. Orlando，Fla. ：Harcourt Brace Jovanovich，1939.

（4）Foster，James. Working Together：how companies are integrating their corporate communications. Public Relations Journal，1990：18-19.

（5）Strategy Analytics. http：//www. strategyanalytics. com/.

（6）PlanetFeedback. http：//www. planetfeedback. com/，2001.

（7）美国数字机械公司．http：//www. digimarc. com/.

（8）新浪网．http：//www. sina. com. cn/.

（9）国际投资银行摩根史丹利．http：//www. morganstanley. com/.

（10）Yahoo！奇摩．http：//tw. search. yahoo. com/.

（11）微软．http：//www. microsoft. com/en/us/default. aspx.

（12）Nielson Online. http：//www. nielsen-online. com/.

任务7 “互联网+”区隔

选对行业、地点、人，做老板的就可以高枕无忧。

——年兴纺织董事长 陈荣秋

◆ 专家点评

决定投入某产业前，必须先进行完善的环境侦测，了解所要投入的行业，包括市场大小、竞争者强度、供货商、进入门槛、退场机制及目标客源等因素，这样才能够清楚定位，与其他竞争者区隔，维持竞争优势。

靠女性顾客获胜

想到居家修缮，多数人会直接联想到男性。零售业巨人家庭仓库（Home Depot）以男性顾客为主，称霸居家修缮市场多年；罗伊家具（Lowe，图7－1）颠覆这样的思维，成功转型以女性为主的居家修缮中心，因为八成居家修缮的决定，都是由女性提出，特别是大手笔的橱柜、地板与浴室的装修。

图7－1 罗伊家具网站

资料来源：http://www.lowes.com/.

注：有别于竞争对手的区隔策略，加上体贴、关怀顾客的贴心服务，使罗伊家具创造佳绩。

设定以女性为主要顾客的区隔策略虽不是新颖策略，却是挽救罗伊家具的一帖良药。20世纪80年代，罗伊家具已跻身产业龙头宝座，但因过度依赖有周期限制的营建业，外加家庭仓库打着低价、多样与高质量服务，使罗伊家具不敌家庭仓库。

罗伊家具力图振作，花了六个月的时间，针对十六家分店购物的八千名顾客，进行二十分钟访谈，发现顾客认为罗伊家具服务太慢、商品陈列呆板、价格太高。

于是，罗伊家具首先从陈列架的颜色着手，选择浅紫灰色为主要色调，使顾客一眼就能锁住商品。店内的灯光维持在九十烛光标准亮度。另外，以往在地板上摆放商品能为公司创造利润，却阻碍走道通畅，尤其是女性逛街时不喜欢与物品或人有所摩擦。

罗伊要营运的地区都是小市场，必须学会比家庭仓库更有效率的发货方式，它建立了三十多万平方米的发货中心，负责分派十六家分店的商品，每家分店有自己的月台，货物装满后就出发。

罗伊家具试图在服务上与家庭仓库竞争，它在每一个商品走道上设有服务铃，顾客遇到问题，无须追着服务人员跑，只要按铃，服务员就会出现在面前。店经理的部分红利就取决于一分钟内服务人员抵达的频率多高。此外，根据顾客的需求，将五金类商品摆在出口处，对只需要螺丝钉的顾客来说，可以一抓就走。

罗伊家具改变策略后，顾客感觉服务更友善、选择也更多。一对夫妇买了一台冰箱，罗伊家具将冰箱送到顾客家，不慎刮伤顾客家的门，罗伊家具在九十分钟内，将一扇新门送到他们家里。有时反败为胜需要大刀阔斧的改革，有时只需要一些另类思维（编修自世界经理人文摘杂志）。除此之外，做了明显区隔，有效定位目标客源族群。

第一节 市场区隔

市场区隔有很多方法，哪一个才是最佳方法，并无定论。但还是有一些脉络可供企业主做市场区隔参考，也就是找出企业体核心价值，发挥其独特性，锁定利基顾客及竞争者弱势，攻其不备（编修自 Rayport & Jamorski，2008）。

一、市场区隔概念

市场区隔（Market Segmentation）由史密斯（Wendell R. Smith，1956）提出，假设市场内的顾客不是同质的（Homogeneous），而是异质的（Heterogeneous）或具有不同需求。即将一个市场分隔成几个不同的顾客群，每一群顾客具有不同的习性或需求，再针对这些不同的特点发展出不同的营销组合策略，以满足消费者的需求。

这些在市场上代表一小群人或组织所拥有的共同特性，具有相似的产品需求，称为市场区隔。我们可以将世界上每一群人及组织定义为市场区隔，以符合独特性。

为了营销人员调整营销组合以满足特定区隔的需求，必须使市场分割具有意义，具有比较相似且可辨识的部分或群体，称为市场区隔化。

二、市场区隔化重要性

很少有公司利用市场区隔化观念，以可口可乐公司为例，20世纪60年代之前只生产单一产品碳酸饮料，以满足全部市场。市场区隔化的重要性包括满足不同需求者、有效率地分配资源以及辨识相似需求的顾客及购买行为等三部分。

（一）满足不同需求者

时至今日，可口可乐公司依照消费者多样化的口味，建构咖啡因、香味茶、碳酸饮料及水果饮料等多元产品，以满足不同需求者，目的在于将不同的人或组织的需求定义得更精确（图7－2）。

（二）有效率地分配资源

透过市场区隔化，可以针对市场规模、潜力的不同，更准确的定义出目标市场且更有效率地分配资源，以使目标更精确、更容易评估，达到更高的工作绩效。

图7－2 如何区隔公司商品，避免与别人撞"机"?

（三）辨识相似需求的顾客及购买行为

市场区隔化的重要性在于辨识相似需求的顾客以及分析此群体的购买行为及特质，设计出特别的营销组合信息，以满足特定群体的需求，达成组织目标。

三、区隔化标准

区隔必须具备区隔化标准（Segmentation Standards）才能产生作用，区隔化标准包括实体性、可衡量性、可接近性及回应性等四部分。

（1）实体性：市场区隔所开发与维持的顾客群应是实际可得的，不是虚拟的。

（2）可衡量性：市场区隔的规模必须是可以估计及测量的。

（3）可接近性：市场区隔的对象不是遥不可及的，是可以接近的。

（4）回应性：对于市场区隔的营销组合策略的差异反应，应予以处理。

四、市场区隔方法

为使读者学以致用，我们罗列六种市场区隔方法（Market Segmentation Methods），包括人口统计变项、地理变项、消费者行为变项、心理、产品变项、信念和态度等六部分（表7－1）。

（一）人口统计变项

人口分布作为区分消费者的类别，包含年龄、性别、职业、种族、收入、教育程度、宗教等称为人口统计变项（Demographics）；公司分布作为区分企业的类别，包括在线或非在线交易、员工人数、公司规模、工作职能与采购流程等。

（二）地理变项

地理变项包括国家、地区、城市、城市大小、人口密集度、气候、网域等。

（三）消费者行为变项

在线购买行为、线下购买行为、浏览的网页、网站、先前的购买经验、使用场合（例行性场合、特殊性场合）、使用量、使用时间、时效（一天的某个时间、一周的某天、假日）、事件（企划案撰写时、采购时）、驱动力（供给之外的其他要因）等。

（四）心理

心理包括生活形态（寻求刺激者、喜爱欢笑者、隐居者）、性格（懒散的、中庸的、爱冒险的）、亲密感（社群建造者、归属者与遗弃者）、社会地位等。

（五）产品变项

产品变项包括便利、经济考虑、质量、易用性、快速、信息量、选择性等。

（六）信念和态度

信念和态度是指对品牌、通路的信念及态度（新经济或旧时代的）。

表 7-1 市场区隔变量

区隔变数	内　容
人口变项	年龄、性别、职业、种族、收入、教育程度、宗教
地理变项	国家、地区、城市、城市大小、人口密集度、气候、网域
行为变项	在线购买行为、线下购买行为、浏览的网页、网站、先前的购买经验、使用场合、使用量、使用时机、时效、事件、驱动力
心理变项	生活形态、性格、亲密感、社会地位
产品变项	便利、经济考虑、质量、易用性、快速、信息量、选择性等
信念和态度	对品牌、通路的信念及态度

资料来源：修自 Rayport & Jamorski，2008.

注：根据区隔变量，找出公司具核心优势的市场区隔，才能为企业开辟财源。

第二节 区隔策略

网络产业经过优胜劣汰与泡沫化后，如何取得消费者青睐，再造网络产业的春天，显得相当重要与迫切。对网络公司经营者而言，该采取何种区隔策略构建自家网站（In-house Website）独特性、不可替代的价值与地位，且又能与其他网站明显区隔（Segment），已成为公司持续维持竞争优势（Sustaining Competitive Advantage）的不二法门。

我们探讨网络公司区隔策略（Segmentation Strategy）包括以女性为诉求、以专业为诉求、以特定族群为诉求、以高学历为诉求、以便利性为诉求、以社群网站为诉求等六部分。

一、以女性为诉求

Nielsen NetRatings 分析师指出，网络世界长期以来给人一种男性主导的刻板印象，如何增加女性上网人数、思考女性的不同需求已成重要议题。

eMarketer 的研究显示，美国上网人数女性比男性还多，颠覆过去上网人数以男性居多的观念。美国约 9720 万女性使用网络，男性有 9090 万人。eMarketer 资深分析师威廉森说：“女性上网绝对比男性多。女性是最重要的沟通者，网络让她们容易沟通与社交。”

eMarketer 的调查显示，美国上网人口仍持续攀升，在 2013 年美国女性上网人口占美国上网总人数的 51.8%，男性上网人数则占 48.2%。由于越来越多的妇女喜爱上网，并且女性通常在购物及家务方面有决定权，现在又可利用网络来处理日常生活，因此这项调查结果并不令人意外。

网络研究团体民意支持调查发现，女性上网人数持续快速成长，在在线购物方面，已取代男性成为第一大消费族群。这项调查表明，女性逐渐成为网络产业主要消费者，愈来愈多网络经营者锁定女性市场，成立以女性为诉求的网站，像时装网站、宠物网站、美容网站、女性网站、化妆品购物网、e 美人网等。

然而在众多女性电子商务网站纷纷成立之际，如何符合自身网站的特质为提供目标族群最佳服务，是网站经营者必须思考的课题（图 7－3）。

二、以专业为诉求

网络发展已逐渐迈入收费时代，信息有价的观念逐渐深入人心。也就是说，顾客仍可从网络上获得一般性、普遍性的信息，无须付任何有关阅读信息的费用（上网的拨接费用另计）。相反，因个人工作需要一些财务、金融、股票等专业性信息作为决策参考者，对专业信息需求愈益迫切，就要有使用付费的准备。

随着这股对专业性信息需求殷切与希冀的风潮盛行，有越来越多的网络公司经营

图 7－3　女性成为网络购物主要消费者，网络经营者锁定女性市场成立女性网站

资料来源：http：//www.style.com/.

者建立专业网站，提供专业性且经过统计、分析、整理的资料，目的在于供应不同于其他网站的内容，满足顾客对信息的需求。例如：巨亨网结合彭博社、道琼斯、路透社及新华社的美股中文实时情报，推出美股信息的中文财经网站，内容包括基本面、技术面、实时报价、实时新闻、名家名嘴专栏、精选股及盘势分析等，可供顾客作数据检索与决策参考（图 7－4）。

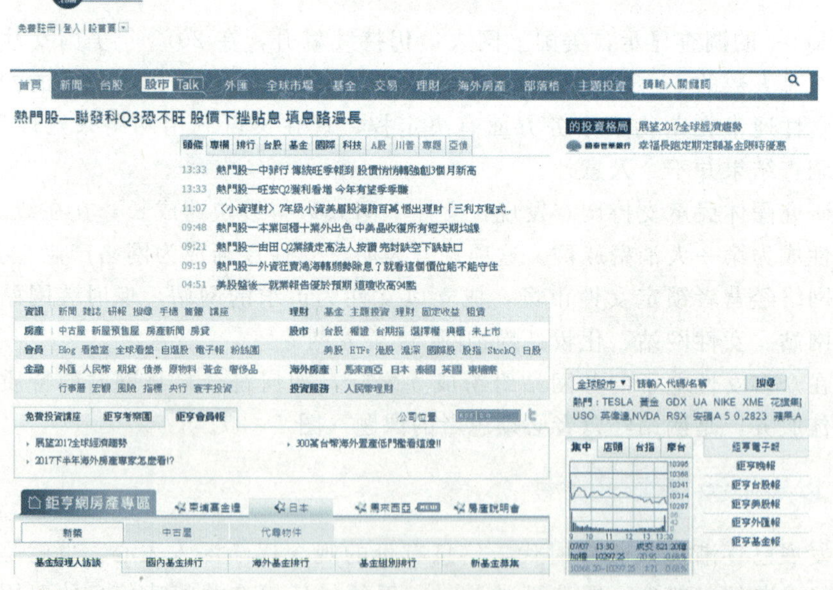

图 7－4　专业性网站：巨亨网

资料来源：http：//cnyes.com/.

注：结合彭博社、道琼斯、路透社及新华社的美股中文实时情报，提供顾客专业化数据检索与决策参考。

三、以特定族群为诉求

高茂（Gomez）顾问公司金融服务部默思托（Chris Musto）指出：“网络银行发展至今一直不是很成功，尤其没有实体银行作后盾的网络银行，若只是空喊诱人口号是行不通的，必须慎选客群。”

基于此，许多网络银行为了吸引网络族群青睐，针对特定目标顾客群提供最贴心服务。例如：虚拟银行与第一科技信贷联邦银行以高科技产业员工为主要服务目标；点选路径银行以已婚夫妇为主要客群；美国 MBNA 银行及美国第一银行（First USA）以大学校友会成员、美国在线客户及专业机构等团体为主要诉求。

这类诉求方式显示网络银行为了在激烈竞争中脱颖而出，无不瞄准特定目标客群提供最贴心服务，借以在网络市场打下一片江山，试图以这种极力争取分众市场的决心，从竞争日趋激烈的网络产业市场中获取利基（Niche）。

美国市场调研机构 eMarketer 调查指出，全球企业对消费者（Business to Consumer，B2C）电子商务市场维持93％年平均成长率，逐年攀升，显示 B2C 市场将持续快速成长。网络经营者可针对 B2C 市场提供定制化（Customization）服务，为个别客户量身定做服务，并可根据自家网站（In-house Website）定位，依人口统计变项选定特定族群（Specific Community）作为目标客群。

电子湾（eBay）网络拍卖公司分别针对成人与儿童客源，成立“成人区域”（Mature Audiences）与“迪士尼专卖区”（Disney Auctions），抢攻成人用品与主题游乐园的各项周边商品市场，代表网站经营者无不绞尽脑汁地抢攻特定分众市场，提高市场占有率（Market Share）。

四、以高学历族群为诉求

数据数博网的调查显示，中国台湾、中国香港等地网络商品与服务的主力消费群集中于高学历者。若以职业细分，学生族群在电子交易市场中最为活跃，从事竞标、拍卖等活动，主要商品为书籍、信息等。

基于此，许多网络公司常以竞标方式，吸引大量消费者，尤其是高学历的学生族群参与标价，而业主为了吸引更多人潮，常会约定在截止日期公布最接近底价得主。通过这类高效集客方式，在短时间内吸引大量人潮及钱潮，尤其是消费能力极强且消费额度无限的学生族群，这是个维持网站生存之道的方式。

五、以社群网站为诉求

有些网站人气沸腾，有些网站门可罗雀，最主要差异在于有些网站了解顾客喜好，投其所好，提供顾客互动、结交志同道合朋友的空间与渠道，使消费者在网站找到同好，并透过同好的推荐，将人潮滚雪球式地带进来，最后演变成一个聚集共同话题、兴趣、喜好的社群网站（Community Internet）。

对网站经营者而言，这些忠实客源的持续聚集，形成一股新兴的文化现象，带动流行潮流，也顺理成章地成为网站商品最佳的代言者、营销者与消费者，为网站节省许多营销费用，无疑是网站经营的最佳策略。

例如：游戏橘子网站会员人数三级跳，源自会员拉拢、推荐同好的缘故。之前推出“天堂奇岩城”游戏，通过广大游戏社群会员代言，省下庞大的广告、营销费用。由此可见，在线社群（Online Community）将成为未来新的营销渠道或新兴媒体，网站经营者可根据自家网站的资源与技术，参考顾客的不同兴趣与喜好，以成立社群网站做号召，吸引顾客上网驻足。例如：沙发客网站是由凯西·范顿（Casey Fenton）创立，是喜欢旅行交朋友的背包客的新天堂，任何愿意接待陌生人、没钱住旅馆的人，都可以在沙发客网站寻找到你的下一张床，从2004年成立，至今已聚集自助旅行同好超过50万人。

六、以便利性为诉求

随着新科技不断推陈出新，各家网站无不抢搭这股科技潮流风，与科技产品结合，提供顾客便捷服务，作为吸引客源长期支持网站的策略思考与应用。例如：雅虎奇摩网站、网上行网站合作推出电话与电子邮件结合的语音电子邮件（Voice Mail）加值服务。其便利性在于网友无须透过计算机上网，只要利用手机或传统电话即可读取、回复、转寄及删除信件。

经营者所考虑的，无非是建基于服务客户、方便顾客的策略思考，解决了视障者、旅游者或手边无计算机的族群的困扰。

钱来丫网站（图7-5）推出“反向拍卖”贷款服务，让消费者直接在网上列出个人需求，各银行即透过网站竞标这笔房屋贷款，使消费者省去搜寻银行的时间。各家银行亦可参考其他银行报价再竞标，让消费者得到更多的优惠选择；网络家庭网站推出网络家庭商店服务，结合76家杂志出版商与代理业者，提供涵盖各类中英文杂志300种。对读者而言，购买各类杂志无须奔波各家出版商或代理业者，只需上网订购杂志，然后选择在线刷卡或收到付款单再至各大便利商店付现即可。

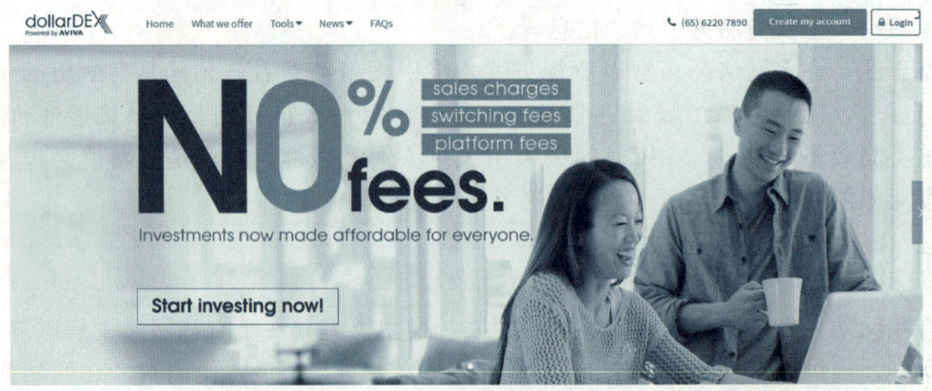

图7-5 以便利性为诉求：钱来丫网站

资料来源：http://www.dollardex.com/sgn/.

注：将贷款需求登录网页，银行会主动与客户联系，节省消费者搜寻成本。

小结：高黏着性活动留住顾客

不管经营者采取何种区隔策略，无非是试图在竞争激烈的网络产业市场争取一席之地，争取来自更多的目标顾客（Target Customer）青睐，但这种短期性的策略转换方式，只能吸引来来往往的游离客群，无法吸引对公司经营帮助较大的忠实顾客。

这是否意味着经营者应该试着采取长期性的经营策略思考，如实行顾客导向（Customer Orientation）、服务至上（First Service）及定制化（Customization）等黏着性较高的方式，来留住更多的消费者、代言者、营销者与忠实客源。

问题解决

区隔竖立独特性

从单一品牌到八个品牌、全国上百家分店，王品集团以平均一年推出两个新品牌的速度扩张版图。令人惊奇的是，这八个品牌不仅各具特色，而且能维持王品的服务水平，到底是如何做到的？

为什么陶板屋不卖寿司？为什么夏慕尼不举办农历新年活动？自 1993 年推出王品台塑牛排，王品集团在相隔十年后，才推出第一个新品牌，从此以平均一年推出两个新品牌的速度，扩大餐饮版图，维持品牌年轻化，吸引更多消费者成为王品的顾客。

针对八个品牌，有五个标榜日式风格、三个标榜西式风格，却没有一个中式餐饮品牌，这是因为主打“外国”氛围，对于消费者而言较有质感，有助于提升“品牌价值”；其次，王品集团从牛排起家，对于西式餐饮较为“熟悉”；最后则是西式、日式比中式餐饮较容易标准化，厨师操作套餐也较为容易（图 7－6）。

图 7－6 王品集团品牌多元，以区隔竖立独特性

资料来源：http://www.tasty.com.tw/.

如何让八个品牌做到八个独立个体，各具特色又无雷同之处，关键在于师法语气和风格（Tone and Manner），将品牌假定为一个活生生的人，思考如何赋予这个人独一无二的价值。

塑造各个品牌时，从产品属性、品牌利益、品牌个性、品牌体验、品牌承诺着手，设法让各自的语气和风格都能贯彻在每一个细节上，从菜肴摆盘、餐具选择、人员制服、内部装潢、户外招牌，甚至餐厅的识别标志，尽可能做到八个品牌“彼此独立、互无遗漏”（编修自 Manager Today 经理人）。

本章重点练习

（1）什么是市场区隔？

（2）市场区隔有何重要性？

（3）区隔要注意什么事情？请举实例说明。

（4）市场区隔变量有哪些？如何应用？请提出个人看法。

（5）若您是网站经营者会采用什么区隔策略？请提出个人看法。

信息来源网站及参考书目

（1）Rayport，Jeffrey F. Jaworski，Bernard J. 2006 E-Commerce Edition：illustrated McGraw-Hill/Irwin MarketspaceU，2001.

（2）Wendell R. Smith，Product Differentiation and Market Segmentationas Alternatives Marketing Strategies. Journal of Marketing，1956. 3-8.

（3）罗伊家具网站 . http：//www. lowes. com/.

（4）法国新闻社 . http：//www. afp. com//afpcom/fr.

（5）时装网站 . http：//www. style. com/.

（6）宠物网站 . http：//www. pethouse. com. tw/.

（7）化妆品购物网 . www. shopping99. com.

（8）G&L 银行 . www. glbank. com.

（9）虚拟银行 . http：//www. virtualbank. com/.

（10）美国在线 . http：//www. aol. com/main. adp？ adp＝1.

（11）电子湾 E-Bay. http：//www. ebay. com/.

（12）沙发客网站 . http：//www. couchsurfing. com/home. html.

任务8 “互联网＋”目标市场

让自己快乐的方法，就是设定一个目标，拼命去完成它。

——博宽创办人 亨利尼古拉三世

◆ 专家点评

人生需要有方向，企业也需要有目标。只有达成目标才会产生伴随成就而来的快乐。因这股动力，才会创造更多的理想与目标，社会才会繁荣，时代才会进步，科技才会发达，人生才有希望与快乐，才有更多的动力，创造更多的理想与目标，周而复始，人生才会感到满足与快乐。

找出获利目标顾客

你认为，顾客都会带来利润，但带来的利润都相同吗？答案是否定的，应以不同目标顾客的组合来经营。

不同顾客组合是指一般企业顾客可区分为获利型与不获利型顾客。企业大部分的营收来自获利最高的20％顾客。如果企业能够找出获利顾客，就不用浪费营销费用在没有利润的顾客身上，努力锁定获利顾客，设法让他们为企业创造更多财富。

富达投资对顾客组合的经营，是从顾客与公司接触的渠道中，判断出哪些顾客属于获利较低的顾客。如果这些顾客经常打电话寻求客服人员协助，这些成本很容易超过从他们身上获取的利润。

富达客服人员开始教导获利较低的顾客运用低成本的交易渠道，如语音或网站。同时，网站的设计也更人性化，更吸引顾客使用。这些顾客当然还是可以与客服人员接洽，只是他们的电话会被筛选出来，然后转到需要更长等待时间的在线，这样才能空出空间让高获利型顾客快速获得服务。

富达这么做并没有损失，因为不获利顾客转而采用低成本的交易渠道，这些顾客就会变成获利顾客。但是，如果他们不喜欢这样的经验而离开，富达反而会因为失去这些顾客而提高获利。富达发现，96%的顾客都留下来，一段时间后，当顾客开始觉得低成本渠道反而更省时、快速，顾客满意度提升了。一年内，富达的营业利益明显增加，显示了解获利顾客是谁，可以避免陷入双重困境。

如果你仔细分析零售业的顾客，会发现消费量最多的顾客，有时往往是利润最低的顾客，因为他们只购买折价品，退货也很多。这么一来，零售业的第一步就是，停止寄发优惠活动的传单给这些顾客。

找出获利高的顾客，企业可以运用各种营销方法让获利再提高。例如，一名妇女每年以不打折的价格，购买一万美元的服饰，却连一双鞋也没有买。这便是一个很好的机会，因为她可能在别的地方购买鞋子。因此，零售业就可以对她强力促销店内的鞋子。对于不获利的顾客，零售业可以将有利润的商品，与该顾客经常购买的无利润商品结合在一起促销，增加获利的机会。

面对未来，当你与对手都已采取成本紧缩策略时，如何让你与别人拉开距离？如何找出你的获利顾客，是需要考虑的问题（图 8－1）。

图 8－1　找出公司的获利顾客，才能为公司开辟财源

获利顾客是公司最主要的目标客源，占所有顾客 20%，比例虽少，却是公司主要获利来源 80%，企业主在进行网络营销时，必须使用黏着性较强的服务及营销留住他们，即要针对这群获利顾客进行目标营销（Target Marketing）。

第一节　目标市场

在所有市场区隔中，并非每一个区隔都是企业所能进入、诉求或服务的对象，这些被选为进入的市场称为目标市场（图 8－2）。企业主选择目标市场时，须考虑公司资源、产品或市场同构型、产品生命周期及竞争者策略等四个因素，以决定目标市场。

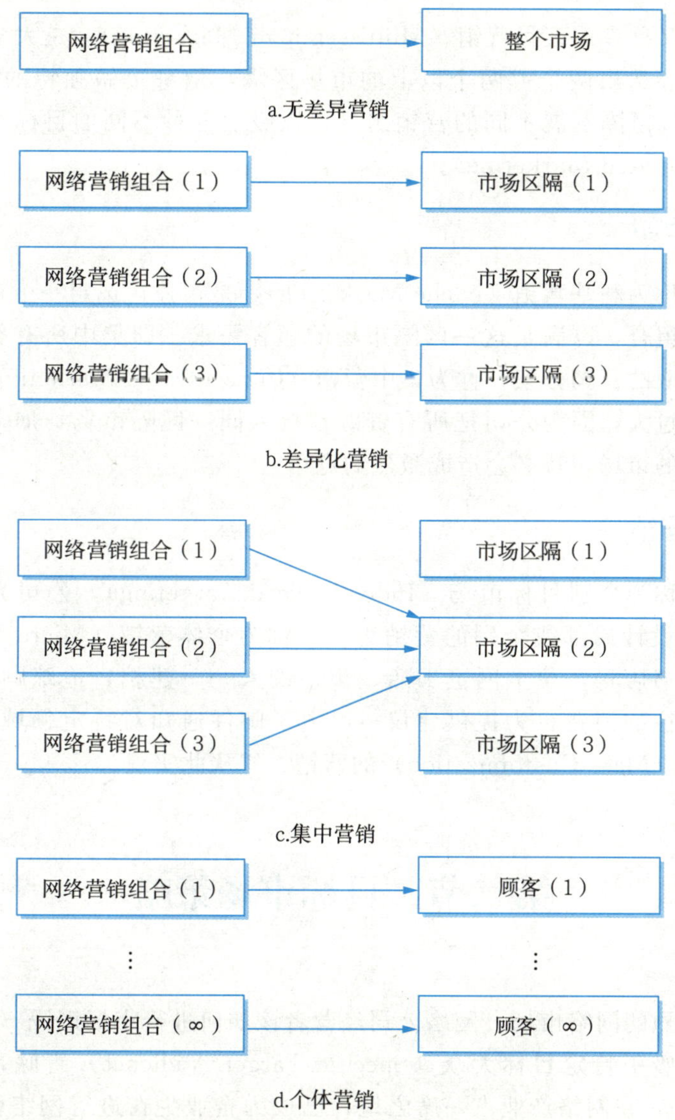

图 8-2 选择目标市场的三个可行策略

资料来源：方世荣（1996）

注：根据企业所拥有的资源与优势，选定一个可触及的市场来经营。

目标市场营销策略（The Marketing Strategy of Target Market）包括：无差异营销、差异化营销、集中营销及个体营销等四部分。

一、无差异营销

无差异营销又称大众市场策略（Mass Market Strategy），指公司以整个消费市场为考虑，并仅以一套营销组合满足所有消费者的需求，称为无差异营销（Undifferentiated Marketing）。例如：箭牌口香糖、雅虎网站都是以整个市场为营销策略。

二、差异化营销

差异化营销又称多重区隔营销（Multi-segment Marketing），是大多数公司所采用的方式，通常都会选出两个或两个以上的市场区隔，量身定做独特的营销组合策略，即针对不同的市场区隔发展不同的营销组合，以吸引各种不同的目标客源，称为差异化营销（Differentiated Marketing）。

三、集中营销

集中营销又称为利基营销（Niche Marketing），是指公司选定一个市场区隔来发展一个或多个营销组合，以满足这一区隔市场的顾客需求。即集中所有努力，专注于单一市场区隔所采取的营销方案，称为集中营销（Concentrated Marketing）。

缺点是风险过大，因为公司把所有资源都投入同一区隔市场，加上竞争者争相进入这个有利可图的市场，势必会造成激烈的竞争。

四、个体营销

个体营销又称为个别目标市场（Individualized Targeting），公司为非常少的一群人或个人，特别设计局部或个别的营销组合，称为个体营销（Micro Marketing）。例如：亚马逊网络书店将每位上网逛书店、买书的人一一建档，追踪顾客的看书习惯，并依循消费者以往的消费行为提供建议，以电子邮件通知对特定领域感兴趣的顾客，这种大量定制化（Mass Customization）的营销方式从此实现。

第二节　目标市场策略

面对竞争激烈的网络市场，网络公司经营者该如何进行市场区隔（Segment）与定位（Position），吸引特定目标大众（Specific Target Audience）青睐，掠取目标市场（Target Market），在网络产业占一席之地，已成为企业主在进行网络营销时最迫切思考的课题。经营者该如何运用目标市场策略（Target Market Strategy），争取市场的主导与领先地位呢？包括年龄底层、传统产业E、M化、在线娱乐市场、在线零售市场、在线学习市场、网络代管、特定区域、电子化政府及搜索引擎等九部分为目标。

一、以年龄底层为目标

《科技营销》书中描述："以前家庭金额较大的采购，如家电、汽车等，都是由家中成人做决定与购买，未成年者几乎没有参与的机会。但在科技时代，科技产品使用的精熟度即代表权力掌控，未来年轻消费者将掌握家中科技产品消费决策……"该书指出影响家庭消费倾向的主力已经由家庭主妇转向未成年者，尤其是科技信息产品。这股由年龄底层引爆的趋势，似乎已成为未来主流，网络公司经营者应当针对此目标族群运筹帷幄，制定目标客群策略。

E-ICP 数据显示，相对来说年龄层愈低使用各项科技产品的情形愈普遍（表8－1），比其他较高年龄层使用率高。这是否意味科技产品的目标客群，未来将先由年龄底层开始引爆，尤其是网络使用族群年龄层逐渐降低。

这股科技产品由年龄层底部引爆的趋势，似乎已逐渐成形，对经营者而言，除了提供更多流行商品吸引年轻族群外，也不该忽视年轻族群的消费能力。

表8－1 各年龄层使用各项科技商品之分布

	全体	13～19岁	20～29岁	30～39岁	40～49岁	50～59岁	60～64岁
样本数（N）	1344	226	304	325	289	149	51
联机对战游戏（%）	7	20	11	3	1	0	0
家庭计算机使用者（%）	43	63	46	30	19	8	2
最近一个月上网者（%）	34	67	55	28	15	5	0
个人数字助理（%）	1	1	2	2	0	1	0
使用手机（%）	78	58	92	89	78	66	49

注：编修自 E-ICP。

注：13～29岁使用科技商品比例明显高于其他年龄层，科技由年龄底层引爆现象逐渐形成。

二、以传统产业E化、M化为目标

网络泡沫后，一度造成互联网公司股价崩跌，企业却并未减少对企业电子化的投入，反而努力地实施企业电子化，企业电子化是由因特网所产生的下一波技术革命（Biggs，2000），而因特网被誉为第三次工业革命，对企业造成了深远的影响。Waters（2000）指出企业电子化已成为生活上不可或缺的部分。

全球领导服务公司 EDS 调查显示，大部分企业将企业E化视为企业的根本，也是企业发展的长期策略；20%受访者表示，该公司现阶段E化策略已朝企业转型目标前进，这个比例也在逐渐成长中（编修自 EDS）；企业M化是企业E化的延伸，目的在于提升企业的效率、加强客户服务、降低成本，包括企业对外及对内的活动：对外合作伙伴间的行动供应链管理及对外客户端的行动顾客关系管理，使对外联结更有效率；对内行动办公室及行动员工管理，使公司内对员工、资源结合更快速。

Malecki（1999）认为企业电子化（亦称电子化，或 E-business）是运用企业内网络（Intranets）、企业外网络（Extranets）及因特网（Internet），将重要的企业情报与知识系统与其供货商、经销商、客户、内部员工及相关合作伙伴紧密结合；借着网络技术的运用，改变原有企业流程，其中主要的技术应用包含：企业流程再造（Business Process Reengineering，BPR）、顾客关系管理（Customer Relationship Management，CRM）、供应链管理（Supply Chain Management，SCM）、知识管理（Knowledge Management，KM）、企业智慧（Business Intelligence、BI）等，以创造、传递及累积企业价值；王立志（1999）则认为电子化企业应包含电子商务、企业资源规划

(Enterprise Resource Planning，ERP)、供应链管理、制造执行/管制系统、知识管理与客户需求管理：e-Business＝e-Commerce＋ERP＋SCM＋MES/MCS＋KM＋CRM，并以企业资源规划系统（ERP）为基础核心。

友联信息、旭联科技、国众计算机以及新光保全等机构合办了企业对企业(Business to Business，B2B）电子商务座谈会，与会厂商在讨论传统产业电子化议题时指出：在现今环境下，传统产业电子化（E-business）是必然趋势。虽无法得知能带来多大效益，但可以确定的是，现在不电子化，只有被淘汰的命运；每家企业都该建立自己的虚拟环境，提供所有客户、供应厂商及员工最直接的服务。

市场上出现许多电子商务交易市场（E-marketplace)，可供传统产业厂商借鉴，企业导入企业网站，快速导入企业 E 化市场，是传统产业迈入 E 化较快且较方便的方式。在传统企业赶上电子商务时代脚步之余，需考虑企业内部 E 化流程是否扎实，才能奠定公司的竞争力。毕竟，随着科技的不断进步，E-business 已成潮流与趋势。企业若希望更具竞争力，就必须追随这股潮流与趋势，且不断创新。

对经营者而言，可将目标市场设定于协助传统产业 E 化，包括网站代管、缩短从订单到交货的时程、整合作业流程、开发电子信件、公文书的收发、协助企业认清自己的定位、专业优势、资源等。例如：美商宏道经营核心锁定传统产业 E 化，提供传统产业网站平台由内至外整合；明基电通公司投资的逐鹿网，是一个提供企业整体服务的网站（Business Service Provider，BSP)，以传统产业 E 化为主要服务对象与经营目标。

在评估企业电子化的阶段性时，20 世纪 60 年代末期 Churchill 等人（1969）首先提出计算机发展的阶段性概念（The Stages Concept)，然而阶段性概念无法明确指出发展的阶段，直到 Nolan（1973）提出四个阶段性假设（Stage Hypothesis）后，信息系统/信息技术（IS/IT）成长阶段（Gibson & Nolan，1974）概念架构才逐渐发展；Nolan（1979）将原有的起始投入、技术学习与接受、合理化与管理控制、大量采用与技术扩散等四个阶段，细分扩充为六个阶段，各阶段的描述如下：

（1）启蒙（Initiation)：信息技术导入组织进行简易的薪资或一般会计管理作业。

（2）扩散（Contagion)：在此阶段，学习曲线上升快速，信息技术应用被广泛地接受，高阶主管（Top Management）鼓励其他管理者使用计算机科技了解产业趋势。

（3）控制（Control)：技术扩大使用、项目延迟，或不当使用，而需加以管制。在此阶段，系统用户感受到挫折、坎坷。

（4）整合（Integration)：用户接受系统并开始感受到系统的好处与效益。在此阶段末期，用户对系统有更多的需求、提供更多的功能与服务。

（5）数据管理（Data Administration)：利用数据管理强化对系统的控制。

（6）成熟（Maturity)：组织开始对此技术感到信赖。

三、以在线娱乐为目标

Informa Media Group 调查指出，美国花在在线娱乐上的金额高达 1012 亿美元，包括在线游戏、音乐产品、VCD、DVD 等影音产品，屏幕音响影音设备，以及有线电视、卫星节目、随选视讯等电视传播服务，显示在线娱乐市场将伴随网络发展而迅速成长。

针对在线娱乐市场的发展，以下从在线游戏、在线旅游、在线电影、在线音乐及在线卡片、微电影等六部分做说明。

（一）在线游戏

IDC 报告指出，随着遍布各地区游戏玩家越来越多，以及宽带普及率持续增长，在线游戏市场逐渐兴起。预估 2014 年中国台湾线上游戏市场规模约达 183 亿元。游戏玩家超 500 万人，已处于成熟期（图 8－3）。

图 8－3 捕鱼大师

资料来源：http：//33178. mzrun. cn/.

注：为留住玩家，厂商采延后收费以维持玩家保持对游戏的黏度。

根据 NetValue 资料，“亚洲四小龙”中，韩国的在线游戏人口最多，居世界在线游戏市场的龙头地位；中国台湾的在线游戏人口则处于稳定增长状态；新加坡则是“亚洲四小龙”中最不热衷在线游戏的国家（参阅营销现场：在线游戏市场）。

中国台湾在线游戏玩家男女比例为 6∶4，24 岁以下网友占半数以上，学生是主力族群。以上网停留时间来看，男性网友在在线游戏网站平均每人花 1.5 小时，女性网友花 14.3 分钟；男性浏览网页数为女性网友的 10 倍以上。不重复造访人数最多的在线游戏网站及服务频道为游戏橘子、Yahoo！奇摩游戏频道、计算机玩家的游戏基地、智冠转投资的游戏新干线（编修自 NetValue）。

（二）在线旅游

据 Ipsos-Reid 调查发现，高达 35％的加拿大人会上网搜集相关旅游资料，依序是亲友建议占 14％、直接找旅行社占 14％、汽车旅游协会占 7％、搜集旅游资料传单占 6％、报纸占 5％等。显示网络俨然成为加拿大旅游者主要的数据源。

America Online 与 Roper ASW 针对英国、德国及法国的上网使用者调查发现，73％的受访者曾经上网订购机票与预约住宿，53％的受访者曾上网搜集机票住宿相关资料。

据家庭联网应用调查，20%的网友曾上网搜集旅游休闲相关信息，依序是书籍杂志占19%、3C产品占16%、计算机软件或网络服务占15%、行动通信占10%等，显见透过网络搜集在线旅游信息服务是国内、外网友共同的渠道（编修自Ipsos-Reid）（图8-4）。

图8-4　旅游网站提供各类行程供网友在线搜寻

资料来源：携程旅行网 http://www.ctrip.com/.

（三）在线电影

宽带电视网针对136万会员进行点阅率分析发现，电影影音节目为网友的首选，点阅率为38.1%，依序为锁码占34.2%、新闻节目占9.4%，显示随着宽带上网人口的持续增长，宽带影音节目跃升为网友最爱（图8-5、表8-2）。

图8-5　随选视讯服务增强在线电影的可看性，满足不同目标客源需求

资料来源：天在影院 http://www.ttwanda.com/.

表 8-2 在线影音节目收视率调查

TOP 10	类 别	点阅率（%）	点阅人次（千人次）
1	电影类	38.1	32537
2	锁码类	34.2	29207
3	新闻类	9.4	8028
4	音乐类	3.3	2818
5	游戏类	2.7	2306
6	戏剧类	2.4	2050
7	综合类	1.8	1537
8	流行类	0.8	683
9	科技类	0.4	341
10	美食类	0.1	85

资料来源：http：//www.webs-tv.net/.

注：在线电影节目独占鳌头，未来将电影院搬回客厅的构想将会实现。

由于音乐交换服务网站提供免费音乐下载，美国唱片销售大幅下滑，美国好莱坞五大制片厂合作推出网络电影服务，使所发行的电影在网络上合法下载。

上网者如何通过网络观赏电影呢？网友进入网站，搜寻想看的电影，试看一段内容，如果决定看这部影片，就必须付费下载（约需 US$4），然后储存在计算机硬盘中，想看电影时就可以打开文档观看。在线电影服务比有线电视电影频道有更多选择性，不需要到电影院排队买电影票，也无须到出租店租电影片。

宽带使用者是在线电影服务的潜在客户，尤其是人口密度高的大城市，更是宽带人口集中的地区（编修自 Gartner）。

（四）在线音乐

市场研究公司 Forrester Research 的报告显示，随着合法音乐下载服务越来越多，顾客的需求增强，以及宽带普及率越来越高，数字音乐市场将会快速成长。

EMI 音乐集团和苹果计算机推出的线上音乐付费下载服务，使得唱片公司和一些科技公司开始正视在线音乐下载市场的商机。

全球音乐贸易组织 IFPI 数据显示，在线音乐增长 24%，达 37.8 亿美元，美国增长 18.5%最多，达 17 亿 8000 万美元（编修自联合晚报）。

（五）在线卡片

随着因特网普及和电子邮件使用人口的增长，电子卡片市场得到了发展。虽然电子卡片缺少收到实体卡片的悸动，但顽皮搞笑的动画、多变的文字用语以及实时传达、无须支付太多成本等优点，电子卡片逐渐成为 e 时代维系人际关系的利器，除了圣诞与新年节日贺卡外，电子卡片还包含表达爱意、特殊节庆问候以及相关活动（如生日、结婚与婴儿满月）等多用途选择。

目前中国台湾电子卡片网站与子频道的经营形态，明显呈现付费与免费两大机制。付费的专门电子卡片网站伊卡岛，与MSN、PChome、Yam等入口网站贺卡频道合作，采用部分服务付费方式，利用0951付费电话的金流交易收取10元以下小额费用，并与多家卡片频道合作，建立电子卡片市场商机；各大入口网站子频道提供免费电子卡片服务，例如：颇具人气的台湾绘本作家几米，以其绘图为卡片素材的Jimmy Express。

观察两种机制，Yahoo！奇摩贺卡频道（图8-6）造访人数远远超过付费贺卡频道，约占电子卡片服务总造访人数八成以上；从使用频率观察，伊卡岛的子频道吸引比例较多的中、高所得网友，12月平均每人造访约10次，高出同类型其他服务提供商。观察电子卡片网友结构，女性网友居多，七年级网友占多数，学生占四成五以上。

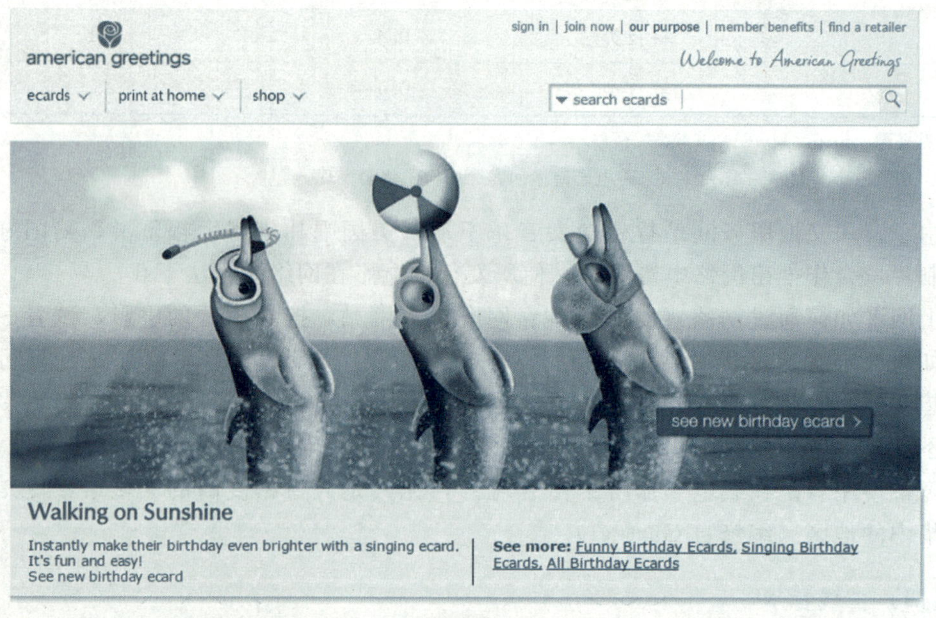

图8-6 电子卡片加值是迈向付费机制必经之路，让业者能提供更好的服务

资料来源：Yahoo！奇摩贺卡频道 http：//www1. yahoo. american greetings. com/index. pd.

电子卡片使用习惯已确定，尤其当网友已习惯免费服务时，付费机制能否吸引网友愿意掏出钱包付费，值得探讨。特别是目前仍有许多免费渠道供网友选择，要能成功吸引其付费使用，除提供多样、丰富的卡片素材外，适时与节庆题材、娱乐或时尚情报相结合，将是影响网友是否付费或使用的关键。

目前已有许多网络服务付费成功的案例，如何将服务增值，让网友心甘情愿付费，且愿意一再使用，不只是电子卡片网站，也是许多服务类型网站需共同面对的课题。

（六）微电影

有关机构对中国台湾消费者使用数字影音娱乐行为的调查发现，近75%的网友每周至少收看一次在线影音，50%以上利用通勤时间收看在线影音。调查显示，使用移动设备观赏影音已经成为多数消费者的使用方式，且多数消费者收看10分钟以内的短影音。显示移动设备普及化带动影音阅听行为的改变，且微电影渐受手机族欢迎。

微电影的商业模式以"广告模式"和"内容销售模式"为主。"广告模式"指吸引消费者目光的影视内容，以换取广告主投入广告预算；"内容销售模式"则对用户收取月费或单次使用费。

四、以在线零售为目标

美国国家零售业联盟（NRF）旗下线上零售分部Shop.org调查显示，在线零售市场逐年攀升（编修自巨亨网）。eBay大中华区执行长暨全球副总裁受邀至Computex 2013"行动产业论坛"表示全方位零售通路（Omni-Channel Retailing）概念，指在网络和电子商务发展的条件下，零售商能通过各种渠道与顾客互动，包括网站、实体店面、服务终端与社交媒体等等，把各种不同的通路整合成一体化无缝式体验，显示实体零售亦将迈向在线，将带动在线零售市场更壮大。

CoolSavings.com调查发现：60%的消费者表示，在网络上提供折价券或特价信息，将提升他们在在线或脱机的消费意愿；34%的消费者认为促销价格，可刺激他们的消费意愿；31%的消费者觉得电子邮件通知特价信息是相当好的诱因；13%的消费者指出，业者针对顾客偏好提供特定产品信息，可提升消费意愿。显见特价是刺激消费者购物最主要的诱因。

对于刺激消费者上网购物因素，34%的消费者认为免费送货是很大的诱因，33%的消费者表示方便是关键因素，23%的消费者认为协助消费者快速比较商品是相当大的诱因。

此外，82%的受访者仍会去实体商店购物，81%的受访者表示他们在购物前会先上网浏览及比较商品信息，可见网络购物虽无法超越或取代传统实体商店，但已成为消费者购物的重要信息渠道，其功能与重要性不容小觑（编修自CoolSavings.com）。

由上可知，消费者购物习惯"货比三家不吃亏"，了解更多商品信息及价格，便于购物决策参考。未来在线购物若能建构完善的比价、比物平台，配合完善的物流，将能吸引更多消费者在线消费。

五、以网络代管为目标

企业E化已是时势所趋，但伴随E化后，一般企业乃至网络服务提供业者（Internet Service Provider，ISP），都须投入大量人力、经费与时间在购置软件、建构基础建设、人员训练与管理上。由于目前景气欠佳，贸然投入大量资金并不符合经济效益的原则，且无法满足企业实时需求，导致有些企业将这些业务委外，交由管理服务提供商（Management Service Provider，MSP）公司负责。

网站代管是指由主机服务提供业者（Hosting Service Provider，HSP）代为管理网络应用或服务，包括硬盘空间供用户租用，以存放网页、管理网站，用户可以节省自行设置、管理机房设备的成本；电信代管、安全代管、储存委外管理和内容委外管理。

这类代管公司是一新兴经营模式，其经营方式是依照客户个别需求，以在线租赁方式，通过网络提供各项远程基础建设的管理服务（不是安装在用户的主机上），主要服务内容包括在线服务管理、网络管理、系统管理及应用软件管理等。

Frost & Sullivan研究指出，整个亚太地区网络代管委外服务，2004—2011年间年复合成长率为10.5%；威睿网络科技公司推出GMSS（Genie Management Service System）网站管理系统，提供客户网络系统效能监测报表。显示企业通过这种委外网络代管方式，节省网络经营管理成本，度过景气寒冬。相对来说，网络经营者也可成立网站代管公司创造更多加值服务与经营项目，不仅延伸产品线，也拓展市场范围，是提高市场占有率的有效方式。

六、以在线学习为目标

在线学习（E-learning）是指利用网络提供多样的学习主题，如专业知识、在学进修、语言学习等服务。企业或单位透过内部网络所提供的人员培训学习课程，或是教育界的远距教学等未透过网络的电子化学习课程不涵盖在内。

根据研究，在线学习类型网站与频道平均点阅率近四成，提供教育界资源交流学习场域（图8-7），维持8%的点阅率，平均不重复造访人数90万；网络用户使用小额付款使用Hinet学习网，平均不重复造访人数70万人；提供各式专业技能认证课程或进修讲座的联成计算机认证教育中心，平均不重复造访人数75万。因应远距教学趋势，企业主可将在线学习列为公司目标市场。

图8-7　使用友善的沟通界面，让学习更轻松

资料来源：http：//101baxi.com/2c-sg/lindex.html.

分析造访在线学习网站人口结构发现，亚卓市访客集中于高中职以下学生族群；Hinet学习网30岁以上族群高达45%，包括家管、自营商与创作人士等网络上少数族群；联成计算机在职访客约占五成，提供各式专业技能认证课程或进修讲座信息，年龄结构集中在20～30岁。

七、以特定区域为目标

网络让我们可以透过计算机观看大千世界，缩短国与国之间的距离，拉近彼此的关系，使生活息息相关无法自绝于外，落实全球化（Globalization）社会的梦想，让我们宛若置身于传播学大师麦克卢汉（Marshall McLuhan）口中的地球村（Global Village）。

随着全球化经济的发展，第三世界与未开发地区逐步开放，纷纷加入世界组织与国际市场接轨，使这片未开发市场成为众多外资或外商企业所觊觎的对象。对网站经营者而言，或许在一片网络公司纷纷裁员或热潮逐渐退却之际，可以选择特定区域（Specific Area）另辟市场，延伸市场范围，再造网络产业另一个春天。

随着中国市场的改革与开放、美国给予永久贸易最惠国待遇（PNTR）优惠，以及加入世界贸易组织（World Trade Organization，WTO）等众多利多因素加码，中国磁吸效应吸引众多外资与外商注目，同时也吸引网络业者对上网人数逐渐增长的网络市场投以高度寄望。

八、以电子化政府为目标

所谓"电子化政府"是指政府通过网络传递相关的信息与服务。

政府机构给人官僚气息浓厚、承办业务旷日废时、作业过程繁杂且服务态度不佳之印象。为建立政府亲民、爱民的新形象，落实便民、利民福祉，通过电子化政府（E-government）的建构，让民众随时、随地利用计算机上网，享受政府提供的在线服务（Online Service），提高政府工作效率，降低人力成本。

九、以搜索引擎为目标

WebSideStory 观测全球网络用户连到特定网站的情形发现，网络用户通过搜索引擎链接到特定网站的比例占 13.46%；另发现约 8%到 10%的网友透过搜索引擎链接到特定网站，由此可见搜索引擎对网友搜寻最新信息与网站数据具有相当大帮助（编修自 WebSideStory），但网友使用搜索引擎的比例还有很大进步空间。对网络经营者而言，这是市场商机。

搜索引擎可寻找数据，搜寻技术的重要性不减反增，看准搜寻服务商机的厂商正发展日益精进的搜寻服务。

对以流量为获利来源的网站来说，搜索引擎具有吸引网络用户造访、维系网站流量的主要功能。尤其对以网络广告为主要获利来源的入口网站或社群网站而言，良好的搜寻功能不可或缺。而搜寻数据是网络用户除了收发 e-mail 外，接触网络的重要应用，可从搜索引擎类型网站连续三年蝉联网络用户最常造访网站看出端倪，搜寻功能对于网络用户的重要性可见一斑。

由于网络信息泛滥，网络用户越来越依赖搜索引擎过滤信息，从成千上万笔数据中找到真正有用的信息，这意味着搜索引擎肩负为网络用户筛选信息的责任。在信息越来越庞杂的网络世界，良好的信息筛选与过滤工具显得日益重要，搜索引擎扮演企业主与网络用户信息供需的中介桥梁。不仅大部分信息必须通过搜索引擎传达至网络用户端，"搜寻结果"也将对网络用户行为造成深远影响。

不仅如此，在宽带网络逐渐普及的今天，网络上的信息搜寻不再局限于文字，未来包括图片、动画影片、视讯档案等均能以搜索引擎查询，显见未来网络将能突破文字限制。届时，以往文字搜寻业者与未来在图片或多媒体等新兴搜寻业者间将产生竞合关系，未来搜索引擎态势如何改变，值得我们持续观察。

小结：重视顾客知觉

网站发展至今，因过多竞争者瓜分网络市场，每一网络公司实际收益相形缩水。基于此，网络经营者在选定符合自家网站定位、利基的目标市场策略之际，应充分掌握顾客知觉（Consumer Awareness），了解顾客对产品、服务或公司的印象、感觉，并有效应用于整体经营策略，才是抓住消费者之钥，企业主应念兹在兹切勿轻忽此顾客价值与经验。

游戏抓住目标顾客

你还在投注大笔资金，做广告吸引顾客吗？近来，网络上流行一种新的营销方法，非常受到企业和消费者欢迎（图 8－8）。

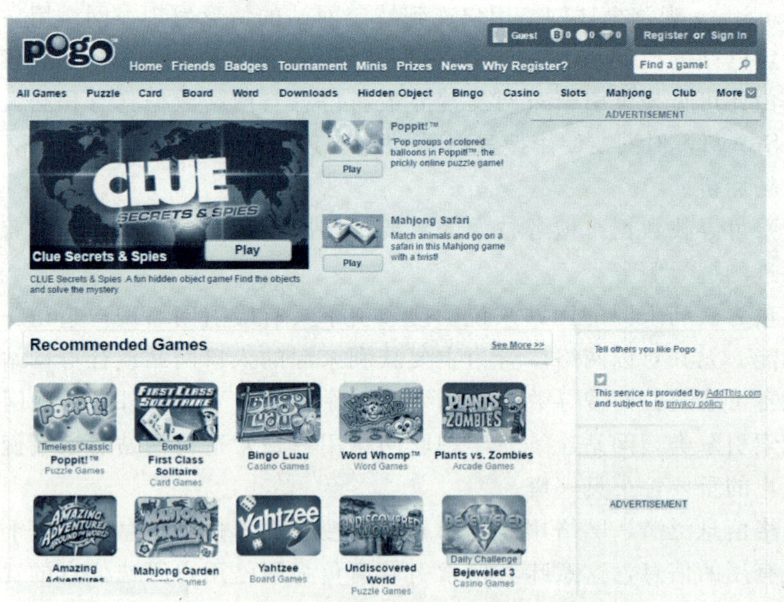

图 8－8 提供免费游戏搭配广告，吸引消费者

资料来源：普购游戏网大富翁 http：//www. popo. com/.

在网络上以免费游戏搭配广告，是最新的营销趋势。网络上的消费者与电视观众特性不同，他们不喜欢商业性的广告，但是会在网络上寻找娱乐，尤其是计算机游戏，只要顾客陷入计算机游戏就是好几个小时，有很多时间花在等待对手的下一步行动上。在这段空当，消费者很容易被网站旁边的广告吸引点选进去。

游戏网站普购公司CEO表示，在线游戏玩家愿意花很多时间在网络上。根据统计，每个上网站玩游戏的消费者，平均花费45分钟。在这段时间内，他们花时间看广告。于是，普购网站提供免费游戏，以及大量的广告，吸引消费者。

普购公司的游戏吸引很多消费者，也吸引丰田公司及百事公司刊登广告。此外，微软公司MSN网站也以在线游戏，吸引可口可乐、英特尔、丰田公司及AT&T刊登广告。微软的游戏区有六百万使用者，每个周末花超过两百万小时上网游戏。

以丰田汽车而言，他们利用微软MSN网站游戏区进行广告促销，MSN特地为丰田汽车量身定做，将广告安排在车子的游戏中，丰田的新车获得很大的曝光率。

游戏网站的广告更容易被消费者接受，很多企业计划将广告移到网站上，将网站入口分成两个窗口，左边使用活泼生动的动画，右边是录像带的选项。不同选项配合不同的内容及广告，消费者可以自行选择，网站再依照消费者的选项，提供量身定做的广告；一些网站采用横幅广告，每显现一次影像就向企业收费30～40美元。消费者不用点选横幅广告，只要在等待时间浏览，就知道广告内容是什么；另外一个网站集合两到三个广告，组合成综合录像带，让消费者可以进去观赏。

由于广告效果良好，游戏网站取得很多知名企业的广告，带来可观的收入。如果上网人数不断增长，或许未来的网站广告更像电视媒体（编修自世界经理人文摘杂志）。

本章重点练习

（1）进行目标市场选择要考虑那些因素？

（2）何谓目标市场营销策略？请举实例说明。

（3）为什么科技产品的使用会颠覆以往由掌经济大权者决定，转由年龄底层者决定，所谓科技从底层引爆？请举实例说明。

（4）请说明企业为什么要进行E化？

（5）您是网站经营者会采用什么目标市场策略？请提出个人看法。

信息来源网站及参考书目

（1）Biggs，M. Enabling a Successful E business Strategy Requires a Detailed Business Process Map. InfoWorld，2000，22（10）：64-65.

（2）Churchill N. C. and J. H. Kempster. Computer based information systems for management：A survey. New York：National Association of Accountants，1969.

（3）Gibson C. F. and Nolan，R. L. Managing the Four Stages of EDP Growth. Harvard Business Review，1974，52（1）：76-88.

（4）Nolan R. L. Management the Computer Resource：A Stage Hypothesis. Communications of the ACM，1973，16（7）：399-550.

（5）富达投资．https：//www. fidelity. com/.

(6) NetValue. http://www.netvalue.com/.
(7) Yahoo！奇摩游戏频道 . http://tw.games.yahoo.com/.
(8) 智冠转投资的游戏新干线 . http://www.gameflier.com/.
(9) Forrester Research. http://www.forrester.com/rb/research.
(10) Yahoo！奇摩贺卡频道 . http://www1.yahoo.americangreetings.com/index.pd.
(11) CoolSavings.com. http://www.coolsavings.com/.
(12) Taylor Nelson Sofres. http://www.tnsglobal.com/.
(13) 普购公司 . http://uk.pogo.com/home/home.do.

任务9 “互联网+”品牌

品牌是进入网络所需付的代价，而非制胜的策略。

——戴兰·吞尼（Dylan Tweney）

◆ 专家点评

进入一个新的市场须配合当地文化构建一个贴切的品牌名称，以符合市场延伸的概念。尤其是网络市场竞争激烈，如何缩短导入期以攻占市场，让竞争对手、消费者认知到某一企业的存在，是进入网络市场的首要问题。而进入网络市场是否制胜，无法单靠品牌建构而定，还须其他因素相互配合。

诉求“真”品牌

被各式各样广告包装的世界，只有品牌给人真实的感觉，消费者才会被吸引。例如，强调环保的有机食品热卖、苹果计算机打着独特个性价值，也受到消费者的青睐。

耐克（NIKE）的创办人奥立冈大学的传奇运动教练包尔曼（Bill Bowerman），为运动员的真正需求发声，这样的形象根植于耐克的品牌中，并且耐克的做法也符合这个形象，给予消费者“真”品牌的感觉。

例如，在滑板运动逐渐流行之后，耐克成立一个滑板工作小组，专门深入了解这个运动，从中找出消费者需要的产品。工作小组的做法是跟滑板玩家合作研发产品，并配合滑板的街头个性，请艺术家在产品上作画等。

感觉不真实的品牌，消费者不会信任，也没有兴趣。想要打造“真”品牌，应从让消费者感觉置身某处、传达清楚观点、具有意义、一切都是真的等四个方面着手：

1. 让消费者感觉置身某处

让品牌跟某个地点产生连接，这个地点对消费者是有意义的。例如，美国Abercrombie & Fitch连锁服饰零售店源起于提供户外活动产品，现在走进店面，还是会看到结账柜台后方的墙上挂着鹿头，店内四处以独木舟或旧式猎枪做装饰，以购物经验传达品牌概念。

2. 传达清楚观点

公司对自己在做的事情深具热情，消费者就容易受到感动。例如，现代人非常忙碌，晚餐往往是吃几分钟就从微波炉制作出来的食品。当标榜追求精致的生活家，在电视上慢慢地做出一道完美的菜肴，他的个人品牌就能很清晰地树立起来。

3. 具有意义

品牌打着比营利更高的终极目标，以说服消费者，公司想做的不是赚更多的钱，赚钱只是达到终极目标的副产品。

4. 一切都是真的

品牌说自己是什么，真的就是什么。说跟做一定要统一，才能让消费者觉得品牌的故事是真的，这个品牌精神才会让顾客相信（编修自世界经理人文摘杂志）。

第一节　品　　牌

品牌发展的历史尚未到百年，然而我们已生活在一个品牌充斥的世界：食品、服饰、建筑、汽车、旅游、娱乐等食衣住行育乐都由品牌构成，我们所购买或消费的许多产品皆有一个品牌名称（图 9－1）。品牌究竟是何物？到底有何魅力？为何厂商每年都投入大笔资金建立品牌？

图 9－1　什么品牌让您心动

资料来源：http://vzone.xunlei.com/brand/10/opus/content280.html.

一、品牌概念

根据美国营销协会的定义，品牌（Brand）是指名字、名词、记号、符号、设计，或是这些事物的综合体，用来辨认某个卖方或某一群卖方的产品或服务，以便从中做出区隔差异。产品（Product）是指货品的种类，但品牌指的是产品以及其他足以和其他同类产品做出区隔的包装。

品牌不只是一个指定商品的名称，也是质量的保证，其价值不只反映在公司的股价上，更象征厂商所拥有的重要资产。

良好的品牌声誉有助于产品的销售，让消费者愿意为知名品牌付出超额价钱。因此，品牌不只是一个指定商品的名称，而是厂商所拥有的一项重要资产，知名品牌更是公司间互相转让或收购的标的。

二、品牌起源

数百年前，消费者就以陶瓷工匠的个人“印记”当作选购产品时的质量指针。现代品牌始于20世纪初期，以食品业为例，农产品加工厂纷纷使用现代包装科技，试图延长产品的保存期限，以利于市场的扩展。虽然包装食品易于运输与储存，却也造成交易过程的不便，消费者不再像以往购买散装食品，可直接检查产品的质量。

在消费市场上，包装食品带来质量不确定性（Quality Uncertainty）。消费者必须承受质量不良的风险，或者花费额外的搜寻成本（Search Costs）确认产品的质量。其中通过声誉卓著的零售店购买包装食品，则是消费者降低质量风险最有效的方法之一。

在包装食品推出后，零售店具有决定买卖任一产品的权利，消费者只能从中选购需要的物品，而由零售店做商品的推荐，直接影响消费者选购产品的意愿与购物行为，对产品销售量也有一定程度的影响。

基于此，为激励零售商推荐产品，制造商往往花费巨资提高零售利润。为避免受制于零售商的威胁，食品加工厂开始推出品牌，通过大众传播媒体直接向消费者推广。若消费者被制造商的广告说服而购买特定品牌，且消费经验也令人满意，在重复购买时，他们可直接选购该品牌以降低质量风险，零售商的推荐与否不再左右产品的成败。此乃现代品牌的起源。

三、品牌投资要件

现代品牌营销需考虑品牌投资的要素（The Elements of The Brand Investment），包括制造商之间存在质量差异、买卖双方存在信息不对称及消费者必须付出实质搜寻成本等三部分。

（一）制造商之间存在质量差异

如果各制造商的产品没有质量差异，品牌的推出则无任何意义。因为不论消费者选购何种品牌，他们获得的是相同的质量。

此外，厂商之间的质量差异必须是非随机的。如果厂商之间的质量差异是随机的，则今天A品牌的质量优于B品牌，明天则是B品牌优于A品牌。在此情况下，品牌的选择并不保证质量风险的降低。

（二）买卖双方存在信息不对称

厂商必须比消费者拥有更充分的质量信息。若买卖双方均拥有充分的信息，则消费者早已知悉厂商通过广告所提供的各项质量信息，广告将无法降低消费者所面对的质量风险，品牌投资就成为资源的浪费。

反之，若厂商和消费者一样，对产品的质量一无所知，则他们将不愿意进行品牌投资。如果在大笔资金投入之后，厂商才发现他们的产品质量不佳，则品牌投资将无法回收，因为消费者会拒绝重复购买质量不佳的商品。

（三）消费者必须付出实质搜寻成本

广告厂商必须提高商品的售价，以回收品牌投资。若消费者不必付出任何搜寻成本（如时间、精力，或误购的损失），他们可无限制地搜寻质量最佳的商品，无须依赖品牌声誉来选购商品。

在此情况下，消费者将拒绝购买高价的广告商品。因此，除非消费者必须付出实质的搜购成本，且这些成本低于厂商广告所提高的差价，否则品牌营销将无经济效益可言。

第二节　品牌策略

根据MORI调查显示，65%英国消费者网络购物，倾向于购买他们熟悉的品牌，29%考虑购买没有听过的品牌；63%倾向于购买以前曾买过的商品，另有三分之一以上受访者认为网络购物品牌胜于一切。

因此，如何建构品牌策略（图9-2），提高知名度、增加点阅率与人潮，吸引消费者对公司所提供的产品或服务进行关注，产生兴趣，引起购买欲望，加深对商品的记忆及印象，影响其认知、态度，进而改变其行为，产生购买决策与行动，已成为经营者当前迫切思考的重点。

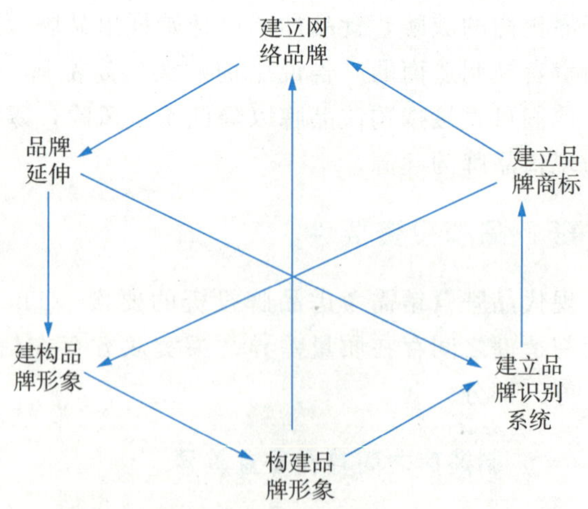

图9-2　品牌回旋活动

注：通过品牌塑型活动持续加深顾客印象，使其持续消费成为忠实客源。

所谓的品牌策略是通过一连串的品牌构建活动，包括建立网络品牌、建立品牌商标、建立品牌识别系统、加深品牌印象、构建品牌形象及品牌延伸等六个持续进行的品牌回旋（Spiral of Internet Brand）活动组成，分析如下：

一、建立网络品牌

面对众多网络企业竞争，企业需要一个象征公司，代表公司信誉，及其所提供的服务与所生产的一切商品的名号，也就是所谓“网络品牌（Internet Brand)”，已成为网络经营者导入网络市场首要注意与重视的课题。

对消费者而言，产品是否具有名号（或称品牌名称），是相当重要的，在选购商品时可直呼名讳，便于询问。对网络公司而言，“品牌”象征一家公司所提供的产品、服务及其组织文化、经营理念、精神象征与声誉，乃至于代表消费者心目中对产品的认可，对企业的感觉与印象，经营者应迫切为自家网站“正名”，建立一个象征公司及其延伸部分的名号。

以知名度较高的雅虎奇摩、网络家庭、蕃薯藤为例，其名号不仅是网络公司名称，更象征该公司所提供的产品品牌，这也就是愈来愈多公司名称与所生产的产品品牌相互沿用或相互化约的缘故。例如：宏碁集团所生产的产品品牌也叫宏碁（acer)。对网络公司而言，建立一个易于引起消费者青睐、象征公司经营信念且能彰显商品本身特性的品牌，是吸引顾客上门的主要方法之一。

二、建立品牌商标

除了象征公司名号的品牌外，为了吸引人潮关注，经营者须建立一个象征网络品牌的符号或标志，用以代表公司所提供的产品与服务，并利用这个标志来进行商业行为，这就是所谓的“网络商标（Internet Logo)”（图 9－3)。

图 9－3 肯德基商标

资料来源：http：//www. kfc. com. cn/kfccda/inder. aspx.

注：商标象征公司，经登记与认证后，具法律保护，不得模仿。

商标是公司信誉、产品质量保障的象征，消费者在购买产品时，可先认清或指明某产品、某公司的商标，便于寻找某家公司所推出的商品或服务；商标也是某家公司的化身或缩影，经过登记与认证后，其他公司将不得侵犯，或利用这个标志进行销售或服务，违者将受到法律行为的制裁。

这是一个商标充斥的社会，在这些符号的背后，往往代表经营者时间和金钱的投入、专业的付出与心血的累积，因为任何一家企业在建构商标时，无不绞尽脑汁、挖空心思，积极建立一个独特的标志或符号，生怕与其他网络公司的商标近似或雷同，引起消费者混淆或其他商业纠纷。更重要的是借由活泼、生动、可爱、切合产品形象的符号具（Signifier）及其所延伸的符号义（Signify）来吸引消费者。因此，网络商标的设计、建置与维护，就变得相当重要，企业主绝不能掉以轻心。

三、建立品牌识别系统

商标的构图确定后，其颜色可作为公司品牌识别系统（Internet Identify System，IIS），代表网络公司的企业色系，并由公司内部环境延伸至企业外部，借以凝聚成员向心力，彰显公司的特征与特色，并借以视觉效果吸引顾客对企业的注意。对经营者而言，建构整体的网络公司识别系统可从建筑物外观、产品包装，到网站色系铺陈以及公司的旗帜、制服、刊物、茶杯等，这种整体感，可作为与其他公司明显区隔，亦象征企业是一个纪律严明、有组织且系统化的机构。

例如：雅虎奇摩的商标以红色为主、黄色为辅的基调，首页以两色为基调；网络家庭的商标以白、蓝、黑三色组成，其网页颜色的铺陈以白、蓝为主；蕃薯藤的商标以蓝、白色为主，其首页以蓝、白色呈现。显示各家公司以商标底色色系作为品牌识别系统的倾向相当显著（图 9－4）。

图 9－4　看到绿色企业识别系统，您想到哪一家公司？

对消费者而言，同样等级的产品，顾客会优先选择具有良好的品牌名称、商标设计及识别系统的产品。对经营者而言，建立企业识别色系不仅能区隔竞争对手，凝聚成员向心力，又能有效吸引消费者的注意。

四、加深品牌印象

网络产业竞争激烈，经营者无不竭尽所能地留住消费者，于是各家公司不断推陈出新，推出新的产品与服务，促使商品生命周期愈来愈短。如何加深消费者对公司品牌印象，提高品牌忠诚度，并争取到更多的消费者认同，成为网络主应该严正面对的课题。

谈到加深品牌印象（To Deepen Internet Brand Impression），可从提升媒体曝光率及渗透率两方面着手，通过广告、电子报、直接邮件、主题活动等营销方式来介绍品牌特性、功能、定位及价值，加深消费者对品牌的印象，吸引其注意，产生兴趣，进而在脑海中留下记忆，待消费者对产品具有高度需求时，脑海中的品牌印象随即引爆（Priming），促使消费者调整原先的认知、态度与行为，采取行动购买该产品。例如：雅虎奇摩网站在各大无线和有线电视台曾推出媒体广告“你今天 KIMO 了吗”。

但随着消费者搜寻、接近、使用信息的主动性提高，他们不再是传播者眼中来者不拒的“目标靶”，而是极欲寻求个人需求满足的“活动靶”。他们对传播者，乃至生产者所发出的信息具有选择权，会进行选择性动作，即剔除无法达到个人满足或引起兴趣的信息。换句话说，有效的营销方式必须是消费者所认可、接受、喜欢的，只有得到消费者满意及酬赏的信息，才会引起他们的注意，并将相关信息保存在脑中记忆保留区。

对经营者而言，须扮演主动角色，构建顾客关系管理机制，了解顾客的意愿及需求所在，并因时、因地、因消费者特性制宜，时时构建议题（Setting Issues），告知、提醒消费者应该注意些什么（Accesses What）、应该想些什么（Thinks About What），或该使用些什么（Uses What）。长此以往，消费者对网络品牌的印象就会更深，不再是浮光掠影或者是片面的印象。

五、构建品牌形象

时代在变，消费者使用产品的观念也在调整。例如：消费者不再单纯地只是使用某类产品，而是在享受产品本身所带来的便利与舒适之余，彰显产品所延伸的价值与某种身份、地位的象征。换句话说，经营者在诉求产品品牌所提供的利益之余，应构建品牌形象（To Structure Internet Brand Image），在消费者心目中建立一个品牌地位，让消费者在使用某项产品时，感受到自己是某种形象的化身或将自己与某种形象联系在一块，有助于满足消费者对品牌的需求，更是创造消费者持续性消费的诱因。

谈到品牌形象的构建，可邀请形象端正、知名度高且深受消费者喜爱的影视明星、社会名流为公司活动代言，或通过塑造网络品牌形象等方式刺激购买力。

此外，通过公益活动的举办，网络产业承担对社会服务的责任，这也是一种建构品牌形象的方法。不管任何方式，无非是为了刺激购买力，创造消费者持续性且重复性的消费，从而建立消费者品牌忠诚度。

六、品牌延伸

由于全球景气持续低迷，各家公司无不缩减开支以度过景气寒冬，或减少推出新产品以降低投资风险。在此前提下，经营者可以通过品牌延伸（To Extend Internet Brand）的经营方式，让品牌跨越不同领域，接受其他市场的竞争与洗礼，好处在于节省市场开发的成本，并借此扩大市场范围，争取更多的目标市场。

当品牌移转到另一市场后，为了配合当地的民情、文化、消费者习性等因素，必须将品牌再本土化，拉近与消费者之间的距离。对经营者而言，通过这种品牌力量的延伸与移转方式，让品牌的生命周期延伸与延展，是一种资源再开发、再利用的方法。

（一）品牌延伸方法

一个全球知名品牌是跨国企业在国际市场扩充的最大资产。如何善用这项资产成为品牌延伸的重要课题。拥有知名品牌的跨国企业可通过品牌延伸方法（The Methods of Brand Extension），在国际市场收割品牌延伸的果实，包括直接投资、合资企业、品牌授权及加盟连锁等四部分。

1. 直接投资

跨国企业发挥品牌延伸的最直接途径，是到国外市场设立生产据点，比如福特汽车在全球数十个国家设有生产工厂。然而，直接投资往往牵涉到巨额的资金，且管理及经营一座国外工厂，需要相当的技术和能力。因此，并非每家跨国企业都有能力直接到国外投资设厂。

2. 合资企业

当跨国企业未具备足够的资金或能力到国外设立自己的工厂时，他们可寻找当地的合作伙伴，共同建立合资企业。例如，丰田与三菱两家日籍汽车公司首次到美国设厂时，均选择与当地汽车厂设立合资企业。通过合资企业，日本公司可从当地的伙伴中取得他们所欠缺的资产或管理技巧，来降低投资风险。

3. 品牌授权

受本身的能力或当地法令的限制，直接投资或合资企业往往不是跨国企业在国外进行品牌延伸的可行途径。在此情况下，品牌授权成为另一个替代方案。例如：当日本汽车公司因本地法令的限制，不能直接来中国台湾设厂时，日产公司和本田公司分别授权裕隆和三阳两家本土企业，在中国台湾代为装配汽车；可口可乐公司和百事可乐公司早期的国际扩充，也以品牌授权为进军国外市场的主要手段。

4. 加盟连锁

品牌授权通常发生在制造业。属于服务业的跨国公司几乎都以加盟连锁的方式，在国际市场进行品牌延伸。由于旅馆、快餐餐厅和便利商店等行业的经营，均需大量或大规模的营业据点。对多数跨国企业而言，在他国取得营业用不动产并不容易。因此，拥有知名品牌的服务业厂商，通常无法以直接投资进行国际扩充，加盟连锁则成为最佳的替代方案。

（二）品牌延伸顺境

通过不同的途径，知名品牌可顺利延伸至其他的国家，品牌延伸顺境因素（The Positive Factors of Brand Extension）包括人口流动、国际传播等。

1. 人口流动

随着国际人口的流动，知名品牌的声誉可渗透到国外市场。旅馆业的国际扩充是一个最佳的例子。一般而言，来自旅客输出国的旅馆，都较来自旅客输入国的旅馆拥有更大的国际品牌优势。例如美国是旅客输出量最大的国家，在国际市场上，美籍连锁旅馆也拥有较大的品牌优势，吸引国际旅客的住宿。

宝洁（P&G）公司在日本市场的成就，是另一个品牌延伸的例子。在第二次世界大战之后，宝洁公司的品牌声誉随着大批美军的进驻，得以渗透到日本市场。由于美军普遍使用宝洁公司的产品，加上美国在第二次世界大战后的经济实力，宝洁很快就成为日本消费者欢迎的品牌。时至今日，宝洁仍是日本市场最畅销的消费品牌之一。若当初无美军的示范消费，宝洁品牌能否在竞争激烈的日本市场占有一席之地，尚是未知数。事实上，新东阳牛肉干或味全食品在美国市场的销售，也可归因于人口流动所造成的声誉渗透（Reputation Spillover）。

2. 国际传播

品牌延伸的另一个原因是国际传播的发达。例如，来自美国的电视和电影受世界各地观众的欢迎，通过这类媒体的传播，其他国家的消费者对知名的美国品牌都耳熟能详。例如：李维斯牛仔裤能纵横世界市场和西部电影的流行与传播有着密切的关系；迪士尼集团依靠电视和电影的传播在全球各地享有盛誉。

（三）品牌延伸困境

虽然闻名全球的品牌可带来大量的国际商机，但能在国际市场享有盛誉的厂商毕竟属于少数。对多数厂商而言，他们在国际市场所面对的是品牌延伸困境：声誉障碍（Reputation Barriers），而非声誉渗透。即令某一品牌的声誉已渗透到国外，这并不代表拥有该品牌的厂商，就可利用该品牌的声誉，顺利进军国际市场，品牌延伸困境因素（The Negative Factors of Brand Extension）包括法律问题、语言障碍、文化及社会差异等。

1. 法律问题

跨国企业必须面对国外法律对其品牌保障不足的问题。由于国际的信息落差，一个品牌可能在不同的国家被多家公司同时注册。当其中一家公司开始进行国外扩充时，该公司将发现其品牌早已被当地公司使用并合法注册。纵使这个品牌的声誉卓著，该公司也只好另起炉灶，以全新的品牌进军国际市场。此时，该公司必须在不同的国家面对声誉障碍。宏碁计算机多年前放弃使用已久的品牌，另以 acer 品牌为名进军国际市场，就是一个极佳的例子。

即使一个品牌并未在不同的国家被多家公司同时注册，这也不代表拥有该品牌的跨国企业就可在国际市场享受声誉渗透。知名的国际品牌经常在国外市场为当地的投机分子抢先注册。在这种情况下，拥有知名品牌的跨国公司不是得在国外打商标官司，就是另起炉灶，以全新的品牌在国外市场克服严重的声誉障碍。

2. 语言障碍

语言是阻碍品牌延伸到国外市场的另一个原因。在进行国际营销时，跨国企业必须将原有的品牌翻译成当地文字。在翻译的过程中，原品牌所代表的社会意义难免会遭受扭曲甚至完全丧失。例如：美国通用电器的原品牌为General Electric，简称GE。该品牌在中国市场的直接音译，造成原意尽失的结果。而韩国现代汽车的英文品牌Hyundai，对多数美国消费者而言更属不知所云。由于国际语言的差异，跨国企业必须以翻译过的品牌，重新在国外市场建立其声誉。

3. 文化及社会差异

当品牌代表着特殊的社会意义时，文化及社会的差异成为阻碍国际品牌声誉渗透的另一项因素。例如：日产汽车首次对美输出汽车时，该公司唯恐其原品牌的强烈日本味，无法为美国消费者所接受，只好针对美国市场，再推出一个全新的品牌Datsun。多年前，当日本的柯尼卡胶卷开始在国际市场扩张时，该公司原有的品牌“樱花”所蕴含的强烈“日本味”，也无法为许多国家的消费者所接受。因此，樱花胶卷只好放弃使用多年的品牌，以全新的商标进入国际市场。当跨国企业试图进入文化及社会差异较大的外国市场时，他们所面对的声誉障碍最大。

对于来自新兴开发国家的跨国企业而言，品牌延伸障碍更是国际扩充的主要挑战。尽管多家韩国公司已在美国市场投入巨额的广告费，韩国品牌如三星、现代及大宇等，仍然无法在美国市场享有盛誉。而多数中国台湾的跨国企业仍停留在代工阶段，无力或不愿在国际市场进行品牌营销。虽然已有少数国内企业体会到国际品牌营销的重要性，但以自有品牌在国际市场销售的中国台湾制造产品仍然屈指可数。如何建立品牌延伸的知名度仍是国内企业所面对的最大挑战。

小结：重视产品与服务

在这讲究质量与认证的时代里，公司推出经认证与许可的品牌，的确对消费者的权益有较多且较好的保障，借助一连串品牌回旋（Spiral of Internet Brand）活动的推动，更能留住消费者目光，刺激顾客重复消费，进而成为忠实顾客。但如何将这些正确、翔实、实时的信息传给消费者，并得到其认可与接受，依赖于经营者善用新传播科技与经营智慧。

再者，经营者必须时常以顾客的角度思考，反问自己“消费者买回某项产品后，最在乎与最关心的是什么”。答案是产品的质量、使用效益与售后服务。因此，当企业主致力于改善产品质量后，绝不能轻忽客户服务的重要性，只有真正将产品与服务做好，才是公司的长治久安之道。

本章重点练习

(1) 什么是品牌?

(2) 请说明品牌的观念渊源。

(3) 为什么要投资品牌?

(4) 什么是网络品牌策略?

(5) 品牌延伸会遇到哪些顺境或逆境?

(6) 请针对个案“口碑与鼠碑”提出个人看法。

信息来源网站及参考书目

(1) 用故事包装品牌．世界经理人文摘杂志．2003(206).

(2) 方素惠．口碑与鼠碑．世界经理人文摘杂志，2002.

(3) Yahoo. http://tw.yahoo.com/.

(4) McDonald. http://www.mcdonalds.com/.

(5) 奇异电器．http://www.ge.com/.

(6) 现代汽车．https://www.hyundai.com.cn/index.

项目四 “互联网+”客户四大技能

学习可以开拓您的视野，对互联网这一行也不例外，投注时间越多，成就越大。将学习投资在自己身上，是投报率最高的投资。

——知识分享者　林蓬荣教授

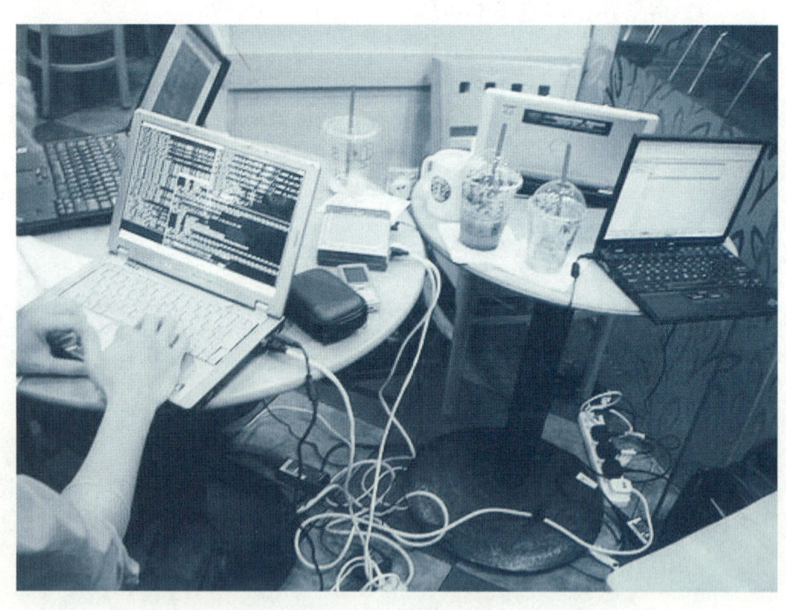

个人如何利用网络营销

◆ 专家点评

俗话说：活到老，学到老。学习让您永远保持年轻，有持续的人生体验，更重要的是拥有不断累积的个人技能与资产，是别人无法从您身上夺走的。时代在变，环境在变，唯有学习才能让您以不变应万变，掌握时代脉动。所以学习只要开始，就是一条无止境的道路。

案例导入

电子邮件管理

您常会遇到刚清空电子邮件信箱，一下子又收到许多垃圾邮件，该怎么办？可采用处理电子邮件视为一项工作、马上处理电子邮件、避免造成收件者负担、精确营销、使用时机等五种方法：

1. 处理电子邮件视为一项工作

处理电子邮件占用许多宝贵的工作时间，该怎么办？您可以每天安排一段时间专门处理电子邮件，当作是必须完成的一项工作。

2. 马上处理电子邮件

必须养成马上处理电子邮件的习惯，立刻进行分类，采取必要行动。分类行动包括删除邮件、转寄、储存文件夹，以及封锁垃圾邮件等。

3. 避免造成收件者负担

避免成为其他收件者的负担，在寄出电子邮件前，先自问五个问题：邮件内容有告知收件者的必要吗？需要沟通的内容使用电子邮件是最好的方式吗？谁真正需要知道邮件的内容？如何撰写内容最恰当？我如何协助收信者收信后，采取实际行动？

4. 精确营销

回复信件时，应该只回给真正需要的人，不要轻易回副本，或回复所有人，避免增加垃圾邮件，以达到精确营销的目的。

5. 使用时机

考虑什么时候应该使用电子邮件，什么时候应该打电话，或者面对面沟通。(越需要丰富传达意思时，越需要面对面沟通)。快速传递行动信息给相关人员，电子邮件是最佳方式之一（编修自世界经理人文摘杂志）。

项目四 导 览

随着定制化（Customization）时代的来临，所有产品销售都须先顾及消费者的想法，如何通过营销策略来包装产品，吸引消费者暴露、注意、接近，进而购买，乃至于改变其行为、习惯，成为当前网络产业经营管理上相当重要的课题。

本项目从客户端探讨“互联网＋”客户作为，即从消费者的角度来执行个人化的营销活动，建构“互联网＋”客户四大技能，包括“互联网＋”E、“互联网＋”社群、“互联网＋”邮件、“互联网＋”信息等让消费者亦能轻松做营销。

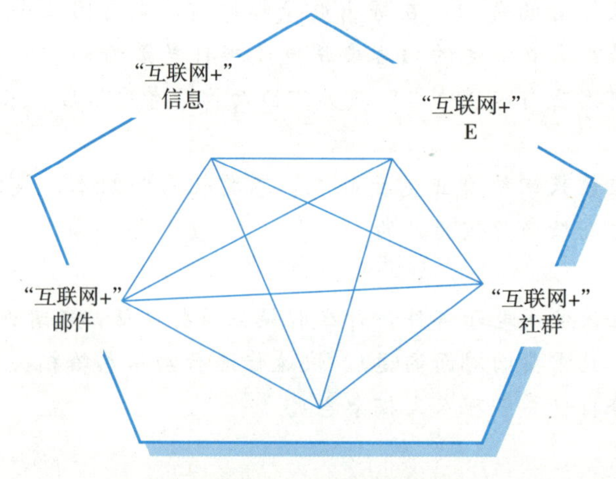

“互联网＋”客户四大技能

注：个人需具备信息管理组合、E 营销、社群营销、电子邮件营销、科技营销等技能，才能有效利用网络营销。

任务 10 “互联网＋”E

这是一个讲究数位营销的时代，每天所接触的人、事、物都与营销脱不了关系，都直接、间接地向我们传递信息，试图引起我们的注意、兴趣、欲望，加深我们的记忆，进而影响我们的认知、态度与行为。这种似有若无的无体营销，无时无刻不在通过各类数字工具传递、接收影像、文件、声音、图文件短信等多媒体信息传递给营销个体，利用这个便捷、成本低廉且具效率与效能的 E 化营销，让顾客在毫无心理防卫机制下，逐渐认同、采纳经营者乃至个人的理念，接受提供的商品，成为忠实客源。

我们归纳几个生活化E营销方法，提供企业主在节省营销成本度过景气低迷之际，也能兼顾充分掌握目标客源。内容包括建立特色化网站、M化营销、发送群组短信、传送折价券、忠实顾客担任代言者、上聊天室与顾客互动、电子布告栏张贴信息、发行电子报、计算机辅助电话语音系统、病毒营销及E-ink等方式。

任务11 "互联网+"社群

入口网站的主要功能在于集结大量上网人口，为使上网人口长期驻足在网站内，对网站产生高忠诚度，必须辅以高黏着性机制吸引其经常上网驻足，社群就是使网络用户具有高忠诚度的良好机制。

社群是指有相同感受的一群人，具有强烈的群体参与感，并与群体其他成员交换看法、分享共同兴趣，发展强而持久的群体关系。

群体的规范与动力有助于吸引个人的投入，鼓励使用者和顾客回到网站，进行使用者间的沟通与分享，达到聚集志同道合成员的目的，亦可为企业开辟另外的收入来源。

任务12 "互联网+"邮件

因特网兴起后，电子邮件成为广大消费者最常使用的工具之一。NetValue报告显示，电子邮件营销逐渐成为营销的主流，可与后端数据库整合应用于行动短信、直效营销，针对个别客户偏好与响应状况，实时提供个性化的内容及回馈，提高顾客服务满意度，为企业取得最佳的营销优势。因此，如何有效发挥电子邮件特性，建立个体营销策略，是企业规划相关营销策略时必须面对的课题。

任务13 "互联网+"信息

响应个性差异化、满足及主动性需求，个人信息管理组合显得尤其重要。

在人类历史上，谁掌握资源，谁就能创造财富、拥有财富。但在知识经济时代，知识就是资源，谁拥有知识，谁就能创造财富、拥有财富。

身处信息快速流通的时代，唯有充分掌握、运用信息，才能创造知识，累积财富，其做法是从自身做起，构建属于自己的信息管理组合机制。

个人化的信息管理组合机制包括构建电子通信册、群组管理、信息搜集规则、专属文件夹、识别身份切换、专业信笺、直接删除或检举等七个步骤。

任务10 “互联网十”E

以经验为师，在错误中学习。

——宏碁集团　施振荣

◆ 专家点评

学习是终身不悔的道路，可以让学习者从经验和错误中吸取教训、不重复犯错，并得到持续的发展和成长。个人与企业应时时以经验为师，让自己不断进步；在错误中学习，让自己不重蹈覆辙。

E-Vision

实践ICE333法则，进行E化，打造E-Vision。追求个人化、互动性与国际化，重视内容、社群与交易，并多方探索、表现与专家化。

(1) 网络是三种产业、三种通道和三种角色行为的大融合。

(2) 从产业性质来看，网络产业＝信息产业＋电信产业＋媒体产业。

数字科技模糊了三种产业的界限，三者合一，汇流出网络新产业，吸引全世界关注，各地人才和资金，蜂拥而上。

(3) 从信道功能来看，网络信道＝信息信道＋营销信道＋交易信道。

三种信道合而为一，充满电子商务的想象空间，吸引全世界投资客和投机客前仆后继，共同撰写网络淘金史。

(4) 从角色行为来看，网络角色＝所有者角色＋工作者角色＋消费者角色。

实体世界的产业，存在着三种分野清楚的角色：所有者、工作者和使用者，三种角色的行为规范不同。网络产业的三种角色是模糊的，合而为一。任何人都可以架设个人网站，成为网络业的所有者、工作者，静待网络漫游的用户上网。事实上，任何人都可以是网络世界的所有者、工作者和用户，网络角色是一种三合一的角色行为。

（5）上述网络产业、信道和角色的三大融合，模糊了实体世界的传统规范，瓦解了老旧的社会结构。一种新时代的游戏规则，在科技的推动和世人的期盼下，犹如解冻的大地，充满生命跃动的力量。ICE333法则，正是顺着此种E时代的趋势，努力追求网络愿景的一种尝试。

（6）ICE333指的是：3I＋3C＋3E

（7）3I＝Individual“个人”＋Interaction“互动”＋Internationalization“国际化”

网络3I法则是：网站的建构者和服务对象可以是属于“个人”（Individual），而且网站使用者与网站主人间可以平等“互动”（Interaction），并且突破国界藩篱来达到“国际化境界”（Internationalization）。

（8）3C＝Content“内容”＋Community“社群”＋Commerce“商务”

网络3C法则是：提供多元的“内容”（Content），以凝聚不同的“社群”（Community），促成有效的“商业交易务”（Commerce）。

（9）3E＝Exploration“探索”＋Expressiveness“表现”＋Expert“专家”

网络3E法则是：投身浩瀚的网海中拼命地“探索”（Exploration），穷尽各种网络科技来“表现”（Expressiveness），以便E化自己成为网络“专家”（Expert）。

（10）上述ICE333法则，打造E世代的网络愿景：个人的、社群的、国际的、自由的、平等的、独立的、科技的、信息的、人文的。

上述愿景，对任何网络族都是一种致命的吸引力，这也可能是一种虚拟的想象。不过，只要你不愿意错失任何一个尝试的机会，无妨依循网络的ICE333法则，现在就动手E化自己，打造E-Vision（编修自杨志弘）！

第一节 营销E点灵

营销战场已从实体市场扩展至虚拟市场，鼠标一点一放间完成E营销。究竟E营销是什么？企业主或个人该如何透过E平台与消费者互动，拉近彼此距离与关系？

一、E营销概念

个人或企业通过计算机、笔记本电脑、手机、PDA、录音笔、数字录音机、营销信息系统等数字工具的运用，传递数据、信息、知识及智能等素材，以E-DM、E-Coupon、e-mail、E-Card、Short Message、E-Newsletter等E化方式，大规模地向消费者倾销，试图影响他们的认知、态度，进而改变他们的购买行为与习惯，来进行营销活动，称为E营销（E-marketing）。

二、营销E点灵

随着计算机、笔记本电脑、手机、PDA、录音笔、数字录音机等数字工具的普及，营销组合活动的执行转变成以较直接、单纯、生活化及实时性的方式，通过数字接口直接将数字信息以 E-DM、E-Coupon、e-mail、E-Card、Short Message、E-Newsletter 等形式，传送到消费者的手机、个人信箱等手持贴身的数字器具。

对个人或企业而言，数字时代把营销活动转化成借助鼠标点击动作完成，称为营销 E 点灵（E Click Marketing)。也就是说，随着网络营销时代来临，企业通过网络来执行营销活动，在聊天室、讨论区与消费者互动，将最新活动传递至消费者手持数字工具，采用网络广告介绍公司及产品消息，大量传递电子邮件、折价券等。

对个人而言，成立个人化专属网站，在弹指间完成个人化网络营销活动，这类活动与企业主的营销活动相比，规模与层次较小。但重要的是，随着网络的普及，不光是企业主有能力利用网络来营销，个人也可利用网络 DIY 完成营销活动。

第二节 E 营销

这种似有若无的无体营销以低涉入感（Low Involve）方式逐渐侵蚀着我们的认知，待个人需求之际，先前接收到的图像（Image)，在脑海中引爆（Priming)，触动之前的记忆，进而转变我们的态度，改变我们的行为，使我们产生行动意念，从而接受某人、事、物。

我们应掌握无体营销的精髓，通过各类数字工具传递、接收影像、文件、声音、图文件、短信等多媒体信息给营销个体，利用这个便捷、成本低廉且具有较高效率与效能的方式，构建一个与顾客充分沟通的渠道，时时刻刻地为顾客提供量身定做的定制化（Customization）信息，让顾客在毫无心理防卫机制下，经由对信息的长期暴露、加深记忆、充分理解商品功能及内涵，逐渐认同、采纳经营者乃至个人的理念，接受提供的商品，成为忠实客源，称为 E 营销（E-marketing)（图 10－1)。

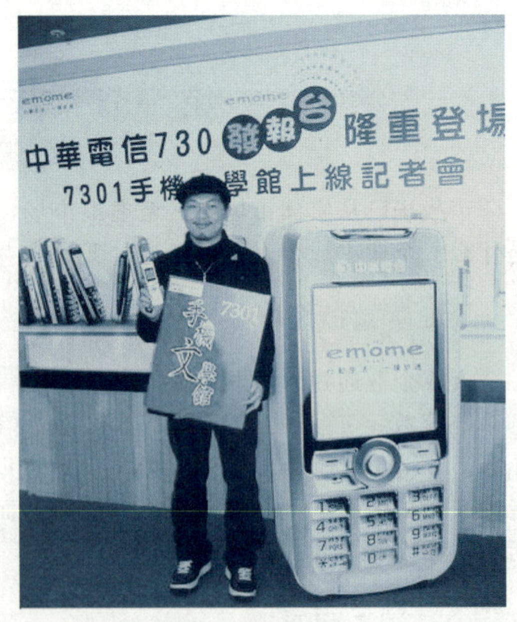

图 10－1　拇指族利用短信进行个人化营销

我们归纳生活化 E 营销，提供企业主或个人在节省营销成本以度过行业低迷之际，也能兼顾充分掌握目标客源。E 营销内容包括建立特色化网站、M 化营销、发送群组短信、传送折价券、忠实顾客担任代言者、上聊天室与顾客互动、电子布告栏张贴信息、发行电子报、计算机辅助电话语音系统、病毒营销及 E-ink 等十一种方式。

一、建立特色化网站

越来越多的企业体或个人从实体公司拓展到虚拟空间，扩增传统市场区域，也增加网络客源，使竞争层面延伸至虚拟领域，伴随逐渐年轻化且倍增的网络族群，加剧网络市场的竞争态势，构建具有个人化、公司化的特色化网站，迎战网络产业的激烈战局已属必然趋势（图 10－2）。

虚拟商店是实体公司时间、空间、通路、商品、促销等营销组合（Marketing Mix）的延伸，全天候不打烊服务，满足顾客主动性，可在任何时间、地点随时上网，解决公司无法在非上班时间服务顾客的困境，且降低资源闲置，让资源发挥充分效益。

图 10－2　这是什么网站？如何利用？

谈到特色化网站，可与实体公司的资源结合，延伸核心优势至虚拟世界。例如：实体公司的企业识别系统可作为网站基本色系；建立网站顾客关系服务数据库，让顾客随时上网查询信息，并依据个体特质、属性、需求，提供消费者购买决策参考。

另外，特色化网站构面（Unique Internet Concepts）包括基模、内容、社群、定制化、沟通、连接、商务等七个部分（7 concepts，7C）。

（一）基模

网站的基模（Context）要具备美观和机能，有些网站强调有趣的图形、颜色和设计的特征，也有些强调简单实用的目标，使之易于浏览。

（二）内容

内容（Content）是指网站所有的数字主题，其格式包括文字、影像、音效与图形；主题则包括产品、服务和信息供给。相较于文字背景强调如何设计网站，内容则强调所要呈现的事物。

（三）社群

社群（Community）是指网站使用者之间的互动，而非网站与使用者的互动。有关使用者之间的沟通，两个用户之间可以利用电子邮件或联机游戏，在一对多的沟通情况时，可以上聊天室。

（四）定制化

定制化（Customization）是指网站具有为自己或每位使用者量身定做的能力。当定制化是由企业所发起、管理，我们称为订做（Tailoring）；若是由使用者发起与管理则称为个人化（Personalization）。

（五）沟通

网站与使用者之间所展开的对话称为沟通（Communication），其形式有三种：网站对用户的沟通，如寄发电子邮件通知；使用者对网站的沟通，如提出顾客服务需求；使用者之间的双向沟通，如通过即时消息沟通。

（六）连接

连接（Connection）是指网站与其他网站之间的正式连接。

（七）商务

商务（Commerce）的定义是网站上的货物、产品或服务的销售。

二、M化营销

企业M化可视为E化服务的一部分，尤其是无线技术趋于成熟，无线上网和安全性逐渐被企业重视，企业E化服务业者陆续推出各种无线应用服务，从E化、M（行动化）化、I（互动性）化，乃至无所不在（Ubiquitous）化。因此，无线应用服务的风行与普及将协助企业主或个人进行网络营销工作。

M化营销（Mobile marketing）是指利用移动电话、手持式终端设施等无线设备进行营销，eTForecasts调查显示，未来无线网络及联网娱乐设备等数字产品的发展将大幅度影响各国上网人口的增长，改变全球上网人口的比例分布（编修自eTForecasts）。显示随着无线上网人口持续增长，通过行动设备进行网络营销达成行动办公室的梦想，让网络营销真正落实同步化、行动化、实时性。

三、发送群组短信

GSM Association 数据显示，在 14 个国家和地区的受访者中，35%的人每天至少发一封短信，其中欧洲为 41%，亚洲为 33%，美国为 5%；以年龄区分，25 岁以下者每天使用短信约 50%，25～34 岁者为 45%，35～44 岁者为 28%；美国平均每天有 7 亿 5 千万通手机短信，相当于美国以外的手机用户数；欧洲移动电话用户有 18%曾使用短信下载手机铃声与图形（图 10-3）。

图 10-3 发送短信成为时下社交及营销最有效的方式

数据来源：http://pic.baike.soso.com/p/20130625171243-158442739.jpg.

日本街头或地铁中，处处可见拇指族收发短信。远传电信表示，远传客户每天平均短信发送量增长率从去年 Q1 120%增长至现阶段的 Q4 277%，显示短信服务已成为移动电话用户较常使用的业务项目之一。

短信的流行也带动了行动商务发展，例如：可口可乐为了促销柠檬口味的新产品，举行有奖征答短信促销活动（参阅营销现场）；提供航空订位系统的 Sabre，推出利用短信通知旅客飞机延误、取消或更改登机门的服务。

四、传送折价券

与高科技产品结合，向消费者促销，其吸引力在于高科技产品提供的方便性与新鲜感，使消费者可以随时随地通过任何媒介阅读最新信息。

NPD 研究指出，电子折价券是促成在线交易的主要媒介，约有 1/3 的网络用户剪取折价券购物（参阅营销现场：下载电子折价券购物），显示电子折价券使用率的增长空间很大。

五、忠实顾客担任代言者

网站的主要差异在于该网站是否了解顾客喜好，提供顾客互动，使消费者在网站找到同好，并通过共同话题、兴趣和爱好。

对网站经营者而言，这些忠诚客源（Loyal Tycustomer）的持续聚集，形成一股新兴的文化现象，带动流行潮流，也顺理成章地成为网站商品最佳的代言者、营销者与消费者，为网站节省许多营销费用，无疑是网站经营的最佳策略应用（图 10-4、图 10-5）。

图 10-4　发送折价券至手机，凭券折扣

数据来源：http：//sucai. redocn. com/heka _ 7607749. html.

六、上聊天室与顾客直接互动

东方消费者营销数据库（Eastern Integrated Consumer Profile，E-ICP）调查显示，最近一个月上网民众从事的网络活动依序是 e-mail、聊天室与在线游戏，前者时间持续性很短，属于下载后就“脱机”的状态，后续的文书或阅读的部分反而占较多时间，后两者待在网络的时间很长，以聊天室为例，它是“电话”的变形，只不过用文字表达，如果聊得来，双方或一个小族群还可以下载专用软件一对一聊天，除文字形式外，还可透过语音及影像的传输。

随着越来越多的主题聊天室、讨论区、留言板诞生，公司可选定与其目标消费群结构雷同的聊天室与顾客直接互动（图 10-6），进行新产品发表会、营销活动或构建议题吸引网友热烈讨论，通过实时双向互动的方式，吸引更多的族群，借此庞大的营销网将营销信息传递出去。

图 10-5　找忠实顾客代言，节省营销成本，亦可拉高买气

资料来源：http：//tw. myblog. yahoo. com/jw! _ EjBBAeRFRuDuL0JIabhgpI jOTg-/photo? pid=171.

图 10-6 选定与目标消费群结构雷同的聊天室与顾客互动

资料来源：http：//x. tzcnc. cn/? action-viewnews-itemid-27590.

七、电子布告栏张贴信息

企业主或个人进行营销活动，须注意动态性信息和静态性数据的相互运用，来充分掌握不同接收、传递信息习性的消费者需求，经营者除主动、直接进入聊天室与消费者进行动态性实时双向互动外，也可间接通过电子布告栏（Bulletin Board System，BBS）进行静态性最新信息活动的张贴。不管前者或后者，用意在于借助网络无限累积、延展和无边界传播的特性，让密集的信息传递给更多的消费者。

在决定张贴信息前，须慎选布告栏属性、讨论主题基调及上网族群结构等相关事项，以避免影响公司形象，或因诉求对象差异太大，造成公司损失。

八、发行电子报

通过电子邮件发送电子报、新闻信、广告、折价单、优待券等形式的营销信息，而达成促销目的，已成当前流行趋势，将来也可能涉及电子报发行量、广告刊登议价等相关议题，是一种新兴的商业模式。

经营者可针对目标族群特性发行个人化电子报，除可拉拢消费者，也可宣传公司理念，营销公司商品，待电子报发行量具有相当规模或会员数逐步攀升之际，可将电子报视作商品，销售给广告主刊登广告，也可将原来免费提供的电子报转变为有价电子报，为公司开辟另一项财源。更重要的是，通过这一沟通平台，企业端能更了解消费者需求，客户端更能掌握商品信息，做充分的购买决策参考，从中获取需求满足（图 10-7）。

图 10-7 发送电子报宣传理念、商品与活动

资料来源：http://epaper.pchome.com.tw/.

九、计算机辅助电话访问系统

计算机辅助电话访问系统（Computer Assisted Telephone Interview）是集计算机、电话设备及通信科技于一体的电话访问系统，有助于提高访问的效率与质量，许多民意调查机构几乎都设置这套系统。

早期 CATI 系统以 DOS 版本为主，不仅耗费时日，且调查成本甚高，经济效益差。随着窗口系统的快速发展，结合通信与信息科技的计算机辅助电话调查访问系统相继问世，成为当前民意调查机构主要运用的电话调查设备。例如，学术研究机构、政党与政府、民间的民意调查公司设置 CATI 系统者（图 10-8）。

由此看来，数字时代来临，企业主为提供便民的数字服务，须突破传统上班时间、服务空间、人手不足等限制，落实 24 小时全天候服务概念，亦可通过计算机辅助电话访问系统进行在线服务，借此机制进行客户辅导与服务，达成双向无障碍沟通，让真实的“客”意（顾客意见）上达和“主”意（企业政策）下传。

十、病毒营销

很多网站会经常性地举办竞赛及摸彩（Contest and Sweepstakes）活动以增加流量，保持顾客回笼。不管是哪种方法，重要的是创意与技巧的运用。

网络上曾经很红的《我的心遗留在爱琴海》及《我的野生动物朋友》摄影作品（图 10-9）就是集创意与技巧的病毒营销。良好的病毒营销须具备病毒、环境、传播者等三大因素。

图 10-8 计算机辅助电话访问系统进行在线服务

图 10-9 可爱照片令人爱不释手，是分享、传递的原因

资料来源：http：//210.240.110.2/002/96-1/%E5%A5%BD%E6%9B%B8%E6%8E%A8%E8%96%A6.htm.

一个具备真诚核心价值的病毒信息，本身具有促成网友帮忙散布的特质，可以在消费者心中发酵，也须视病毒本身的创意能否引起话题，切中现代人的心理层面，引起群众共鸣而定。

谈到电子邮件营销，有一个营销手法很难不去提——病毒营销（Virus Marketing）。其成功的理由在信息内容感人肺腑急于与四方好友分享，同时激励有志者努力追随，就如同《仙履奇缘》的灰姑娘，虽然是梦幻童话，许多女性仍然被现实生活中偶发的类似故事鼓舞着。

病毒营销在于用低廉的营销成本创造出一炮而红的营销结果。联电工程师 Justin 到希腊自助旅行，拍摄了 1400 多张希腊风景照片，成立网站《我的心遗留在爱琴海》，照片不断被转寄，造成轰动。这只美丽病毒持续发威，吸引许多上网人次。《我的野生动物朋友》在出版前，也是透过一系列照片在网络上不断流传，感动了全球网友。

病毒本身要有促成网友散布的特质，通过感人的图片、文章或爱情故事、美丽或有趣的图片及动画、有用的信息或工具、好玩的游戏等形态传递信息。因此，信息内容特质以适当的形态呈现，是创造成功病毒营销的第一要件。

在网络上，总会有一群消息灵通人士、强烈自我主张人士、各领域行家、网络社群领袖，以及狂热的分享主义者流连。对于病毒营销活动而言，他们是一群大功臣。营销者应该依据营销的信息内容特质，找到对味的族群，打动他们的心，他们就会发挥社群力量，成为营销活动的最佳业务员。

《我的野生动物朋友》系列摄影图片感动全球各地的动物保育团体领导人，由这些意见领袖开始转寄，使得全球不分国界、语言，如火如荼地疯狂散布。

采取病毒营销的目的，大部分是希望利用最低成本，在短时间内达到最大的营销效果。因此选择传播环境、传播途径时，一定尽可能选择具备低门槛又高效率的媒介。

试想超过 160 万人次的上网纪录，对《我的心遗留在爱琴海》的出版商而言，还需要媒体广告来营销作品吗？全球收到过《我的野生动物朋友》电子邮件的人都知道这本书，而且都乐于转寄，已经远远超越花费大把银子所买的大众媒体广告。唯一的共同点是架设一个信息丰富的网站。网友可从中了解更深的信息内容，向其他人推荐网站，亦可以在容易连接、免费、自由的条件下，取得文本文件数据、图片、动画、游戏等，然后通过电子邮件、文件传输、聊天室、实时通信、BBS、手机短信等渠道，向外大量传播。

数字信息复制快速、方便且易于大量传输，正是病毒营销能在时间、效率、成本上取得优势之处，直接助长传播效应。

有了以上三个要素，就能如愿创造成功的病毒营销吗？那可不一定！须视病毒本身的传染力强不强？也就是信息内涵的核心价值是否获得大众认同，促使网友将他们推上高峰。

问题出在哪里？在于营销者是否一开始就认清病毒营销活动所传播的信息内容，具备消费者所认同的“核心价值”。如果答案为“否”，即使经过百般包装、添油加醋，消费者很快就会识破你的心机而将之封杀。

一个具备真诚核心价值的病毒信息，可以在消费者心中自然发酵，像空气、水一般自然流动。营销者只需从旁观察其传播发展，然后整合其他营销渠道予以适当配合。

有时候，大众力量难以掌控，可能会使营销活动与原先预期产生落差，包括可能吸引到一些非目标客户群信息被传播者变造，或被传播者加入不利的评论等。

十一、E-ink

绝佳的分辨率、高对比度，在各种视角下都能维持同样的效果，不需要外部电源、轻巧、便宜、柔韧（这一点现有计算机屏幕还做不到）等。

不过计算机屏幕有一种基本特质：随时可以删除再重写，反复几百万次也不会磨损，这是纸上油墨所不及的。拥有这种特质的电子墨（E-ink）将带领我们进入新纪元：不必耗损林木榨取纸浆，商品招牌与广告牌照样能更新；电子书仍将保有传统书籍的触感；报章杂志可以无线传送，显示在一页既薄又软的电子纸上，无论你身处拥挤的地铁或荒漠孤岛，要阅读起来都很方便。

目前须突破的是让纸张能自行完成印刷，为完成这个成像技术，得用上电泳（E-lectrophoresis 悬浮在液体中的带电粒子），在电场推动下运动。所用的不是带色小珠，而是含有蓝色染液与白色粒子的透明高分子微囊（Polymer Microcapsule）。当带正电的白色二氧化钛停留在微囊的观视面时，即呈现白色的页面；当微囊下方的电极带负电时，就会将粒子拉到另一侧，产生油墨似的影像，直至相反的电流脉冲，再将白色粒子送回去。若整个程序反过来，就产生暗底白字效果。

目前 E-ink 正在进行第三阶段的无线纸（Radio Paper）研究计划，它是一种高分辨率、全彩的软式数字纸，能够使用无线网络来更新数据（编修自 Steve Ditlea）。

小结：掌握顾客习性

数字时代里，每位目标客源都可能拥有计算机、手机、PDA 等随身数字工具，接收信息的方式不外乎电子邮件、电子报、短信、语音信箱、无线上网等，企业主或个人须透过各种数字工具的信息呈现形式与顾客互动，才能借由生活化方式贴近消费者，进而掌握顾客习性，这种自消费者生活形态掌握顾客感知（Consumer Awareness）的做法，是顾客关系管理的延伸，经营者当致力于与顾客维持良善的伙伴关系，方能了解顾客之所欲、所求，落实顾客导向式服务，或引导顾客使用行为之改变，创造新需求。

M 型营销

M 型社会已从真实生活上演到虚拟世界。数以万计的五彩跳跳小球，沿着明亮的斜坡马路慢动作溜滚跳跃，配上瑞典歌手荷西冈萨雷斯的浅唱《心跳》一曲，这支新力 Bravia 长达两分半的广告，在 Youtube 已有近 65 万浏览人次。聪明的新力，一毛钱都没花。

本来是“妈妈牌”的毛宝冷洗精，借着“Simple Life @ Mao Bao”博客，广邀网友写作、拍照、圣诞节交换礼物，每天吸引近 1 万人次造访，与年轻网友深度沟通。原本和琐碎家事挂上等号的毛宝冷洗精，摇身变成都市男女对幸福生活的想象。这桩执行一年有余的毛宝部落格营销案，花不到 100 万。

重金打造品牌

全球已有 12 亿网络用户。未来五年，亚太区的网络人口将每年增长 13%。如果网络共和国是个法理上的国家，它将是全球第三大国。

网络国愈来愈大，从网站首页、关键词、博客、网络影音广告、Podcast、RSS，到社群网站，企业主该如何执行广告预算，精准找到消费者？

网络营销 M 型化愈来愈明显，企业主一边在各大网站重金打造品牌，一边大买便宜精准的关键词与部落格广告。M 型的一端，愈来愈多的企业将动辄千万的预算撒在网络广告上，在网络上塑造品牌形象。

永庆房屋砸下 1000 万在雅虎奇摩网站首页、各大新闻网站房屋频道和人气博客上播放罕见天使杨玉欣觅屋的影音广告。

便宜又精准

微软软件自动记录消费者使用行为，侦测广告摆在哪一个频道、字段的点击率最高，再将这个字段卖给广告主，依点击次数收费。

当企业打出电视广告勾起消费者兴趣后，目标顾客却无法立即采取行动。时间流逝，购买意愿逐渐降低。但在网络上，通过生动的网络影音、配合在线购物机制，消费者可以立即购物，瞬间将点击率转换成销售数字。

千万预算之外，企业主也购买关键词、部落格广告，讲求更分众、更精准，集中广告效益。部落格广告是 M 型的另一端。中国台湾的部落格热潮已是网络全民运动。ACNielson 指出，台湾人容易信任他人的建议，口碑传播对台湾人更有效。愈来愈多的企业花五六十万预算购买博客广告。

本章重点练习

(1) 针对个案“E-Vision”，提出个人意见？
(2) 何谓 E 营销？
(3) 建立特色化网站应注意到哪些构面？
(4) 如何让忠实顾客担任代言者，提出个人意见？
(5) 何谓病毒营销？

信息来源网站及参考书目

(1) NPD Group. http://www.npd.com/.
(2) 我的心遗留在爱琴海 . http://home.kimo.com.tw/yuchang_chen.tw/.
(3) 我的野生动物朋友 . http://www.booklife.com.tw/2002info/2002_09_tippi.asp.

任务11 “互联网＋”社群

最宝贵的知识不一定来自书本，而是经验。

——台积电 张忠谋

◆ 专家点评

俗话说，处处留心皆学问。只要多用心，生活中处处都有值得学习的人、事、物，特别是来自前人智慧累积与传承的经验，是书本上找不到的宝贵知识，值得我们努力学习。

音乐结合社群

全美社群网站 MySpace 与四大唱片公司合资成立音乐社群网站 MySpace Music，网站开张两星期，就达到在线收听音乐量10亿首，是依靠社群网站的庞大力量。

音乐与社群加乘效果

在线音乐结合社群有两种模式：在线音乐网站附加社群机制，让用户聆听在线串流音乐外，更能利用社群功能强化网站浏览，延长停留时间；会员基础的社群网站，找寻音乐同好，MySpacc Music 就是一个很好的例子（图 11－1）。

第一种模式以音乐为核心，串起使用者。常见的做法有两种：一种是以用户喜欢的音乐为出发点，网站都能自动判定用户的音乐喜好，推荐相似音乐或认识音乐、品味相似的同好；另一种是利用网站为数众多的音乐，让用户建立独一无二的播放列表或网络电台，展现自己的音乐品味，也可以在网站上分享自己或聆听他人的列表与电台，借以认识音乐同好。不论是哪种做法，都是希望以社群黏住使用者，引进人潮。

第二种模式以网站构建社群功能结合外部力量，拓展更多使用者。如 iLike 利用 Facebook 开放平台，开发音乐应用程序，该程序会根据用户在 Facebook 上的个人信息

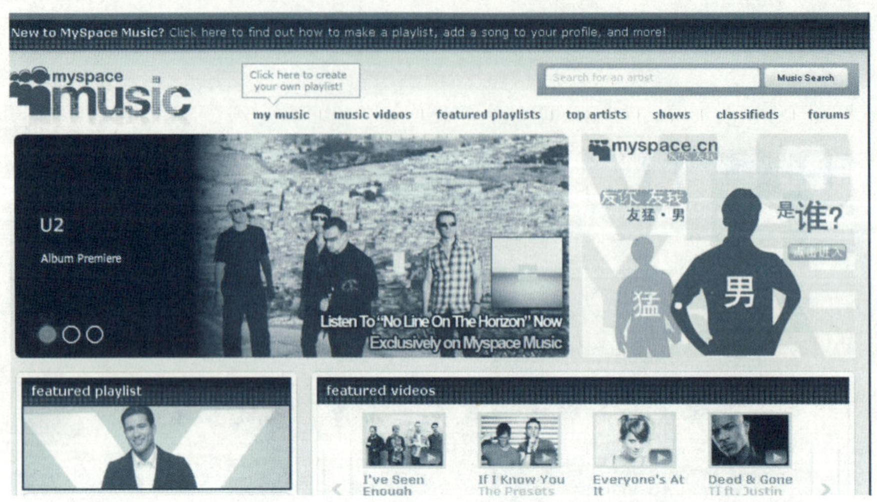

图 11-1 MySpace 与唱片公司合资成立音乐社群网站

资料来源：http：//music. myspace. com/idex. cfm？ fuseac tion=music.

与喜好，为用户设计专属的播放列表、推荐相近的音乐，并与 Facebook 上的朋友分享。

从拥有到接近

除了可以认识音乐芳邻外，用户消费习惯的改变，也促使音乐社群网站兴起。Forrester Research 指出，全美 CD 销售金额年年下滑，与拥有 CD 相比，人们更希望随时随地接触到音乐，这个现象为“从拥有（Ownership）到接近（Access）的转变”。

比起非法下载或盗版 CD，音乐社群网站提供一个合法的渠道，让使用者可以发现更多好音乐，促使越来越多人聚集在音乐社群网站上，加上拥有庞大的会员，也让传统媒体公司正视这股新兴势力。

第一节　社群起源

入口网站的主要功能之一在于集结大量的上网人口，使上网人口长期驻足网站内，对网站产生高忠诚度，必须拥有良好的机制，使其经常上网，而社群就是使网络用户产生高忠诚度的良好机制。

一、在线社群概念

在线社群（On-line Community），或称虚拟社区（Virtual Community），是指有相同感受的一群人，具有强烈的群体参与感，与群体其他成员交换看法、分享共同兴趣，发展强而持久的关系。

除此之外，群体的接受感有助于吸引个人的投入，鼓励使用者和顾客回到网站，进行一对一或一对多的沟通与分享，达到凝聚志同道合成员的目的。

为令读者更了解社群，我们说明社群的要素、类型、参与程度与成员利益等层面（编修自 Rayport and Jamorski，图 11－2）。

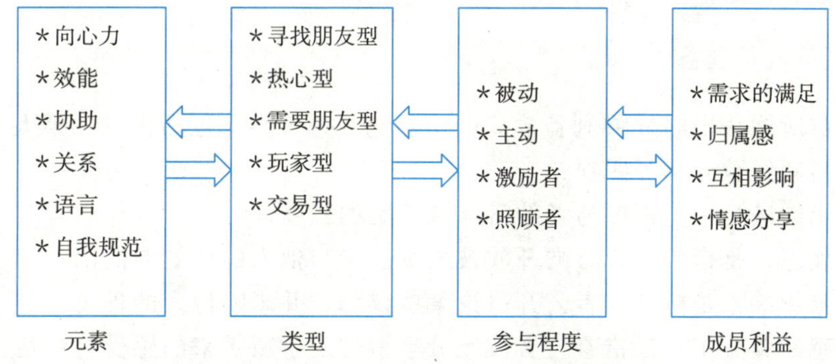

图 11－2 社群的元素、类型、参与程度和利益

注：四构面相互影响，当维持持续行动的酬赏不具吸引力时，就会瓦解。

（一）社群的要素

社群要素（Community Elements），包括向心力、效能、协助、人际关系、语言、自我规范等六部分。

（1）向心力：群体或个人对属于这个群体的感受。

（2）效能：群体对成员生活所造成的影响。

（3）协助：可以在此寻求协助或接受协助的可能性。

（4）人际关系：个人间互动与友谊形成的概率。

（5）语言：特殊的用语。

（6）自我规范：用以约束个人行为的群体规范。

（二）社群类型

社群类型（Community Type），包括寻找朋友型、热心型、需要朋友型、玩家型、交易型等五部分。

（1）寻找朋友型：想遇见别人或交朋友的人。

（2）热心型：与人分享兴趣的人。

（3）需要朋友型：寻找支持群体的人。

（4）玩家型：抱持游戏心态来参与的人。

（5）交易型：与其他人交换所拥有的事物之人。

（三）社群参与程度

在《虚拟真实案例》（*Virtual Reality Case Book*）书中，蓝道·法门（Randll Farmer）叙述在线社群使用者不同社群参与程度（Community Participation），包括被

动、主动、激励者、照顾者等四种。

(1) 被动：是指不会主动投入，但参与虚拟社区的人。

(2) 主动：是指主动参与他人开创的活动或议题。

(3) 激励者：是指那些开创议题与规划活动给其他社群成员参与人。

(4) 照顾者：是指在社群成员之间担任中介的人。

(四) 社群成员利益

参加社群所能获得的社群利益（Community Benefits）包括需求的满足、归属感、相互影响、情感经验分享等四项：

(1) 需求的满足：是指参与者的需求被满足的程度。

(2) 归属感：是指参与者心胸开放被鼓励去参与他人的计划或活动。

(3) 相互影响：是指参与者公开讨论某些议题，并影响他人的程度。

(4) 情感经验分享：是指参与者彼此分享事件发生所带来的感受与记忆。

二、社群典型

介绍社群典型前，我们先了解社群沟通形式，以便对各种典型社群有所了解：

(一) 交互式沟通形式

使用者或顾客可采用直接且持续的互动方式沟通，与其他人交换信息或等待对方响应。所借助的是网站所提供的对话形式，包括聊天、即时消息或实时聊天、消息栏、成员间的电子邮件等四种。

(1) 聊天：非同时性的聊天让使用者以非实时的方式进行，考虑是否响应，或另启新的话题（图 11-3)。

(2) 即时消息或实时聊天：这种形式让信息很快地产生，同时信息被送出去时，每个参与者都可以在几秒内看到这个信息，并提出响应或创造新议题。例如：MSN 的即时消息。

(3) 消息栏：让用户把信息公布在网站的特定位置，与其他人沟通。

(4) 成员间的电子邮件：电子邮件是网络上的“杀手级”应用，扮演传递数字信息的虚拟邮局角色。

(二) 非交互式沟通形式

提供给使用者一种永续存在的架构和空间来支持沟通，不是借由不断的对话。即网站提供静态的信息，允许用户单向沟通，也就是使用者只能观看在线信息，不能提供任何响应，也只能进入公共区，接触一般大众都可以获得的社群资讯。

换句话说，社群成员间只能通过非互动性的沟通，接触网站定期更新的信息，包括公开的会员网页、会员专属内容等两种方式。

(1) 公开的会员网页：社群成员选择在网站经营自己的网页。

(2) 会员专属的内容：与前一页类似，这些内容都是成员发表的。

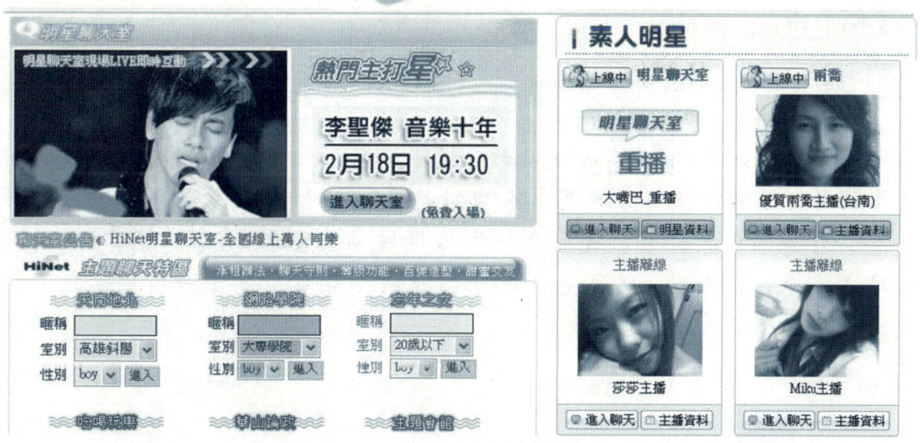

图 11－3 HiNet 社群聊天室

资料来源：http：//chat. club. hinet. net/.

注：HiNet 社群聊天室，提供交友聊天。

（三）社群典型

我们用实体世界的一些名词来介绍虚拟社区典型（Virtual Community Types），包括商城、主题乐园、俱乐部、神坛、戏院、餐厅等六种。

1. 商城

此类社群让用户在许多话题区自由浏览，不提供任何工具让使用者与他人互动。这个空间有许多虚拟商店与摊贩，使用者可以任意浏览，并可连接到许多网站，但不能进行分享或强调特定的兴趣。

2. 主题乐园

强调整理好目录与子目录话题区的社群。这类网站通常有好几个社群，成员间可互通有无，并没有约束力。

3. 俱乐部

高度强调单一领域，且提供成员大量互动的社群。这些网站提供与目标领域相关的大量信息。例如：女性防癌网提供各种与女性癌症相关议题的讨论。

4. 神坛

神坛是成员间互动最少的社群，其基本特点是成员表现出对某一个人或某一件事的狂热。虽然这类网站经常提供聊天机会和公布栏等设施，成员间的互动很少。

5. 戏院

所指的社群是强调特定领域，允许成员间适度互动。这些网站的内容常煽动和强迫会员间互动，使用的形式是对话和面谈，据此带动网站内容。

6. 餐厅

强调共通的兴趣，提供成员间高度互动的社群。这类网站主要焦点是成员间的对话，提供容易接触且规格合适的平台来支持成员间互动，使用者常主动地接收与创造内容。

700万人使用社群网站相关服务

社群类型网站具有群众汇集的功能，根据统计，700万网友曾经造访社群类型网站。这群社群类型网站使用者的基本人口特性为，男女比例为52∶48，年龄层集中在20～24岁，学生为最大族群。进一步观察这群网站使用者，他们的上网使用行为无论在浏览网站的时间、频率、网页数还是造访的网站数量皆高出一般网络用户，显示这群人为网络的重度用户（图11-4）。

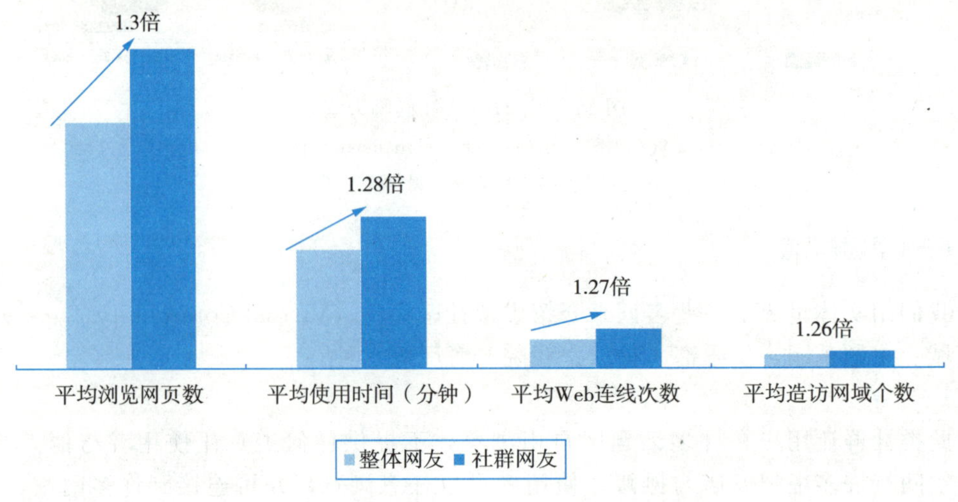

图11-4 社群网友与整体网友的使用行为比较

注：社群网友各项平均值高于整体网友平均值，显示社群网友为重度使用族群。观察使用社群相关服务的网友，Yahoo！奇摩家族服务挟网站高流量优势，在使用人数上遥遥领先其他网站，六成以上社群网友使用该站建立个人家族服务内容，平均每人在一个月有10天上Yahoo！奇摩家族频道13次；其次为MSN的社群频道及PCHome Online的家族频道。以使用时间来看，Hinet的“欢乐国”社群交友提供虚拟替身的角色扮演，是所有社群网站服务网友停留时间最长的，每人单次停留时间将近2小时。

第二节 社群营销

网络用户因共同兴趣、爱好聚集在一起，创造共同经验、共同行动与共同记忆，使得网络社群（Virtual Community）凝聚高忠诚度网友，愈加稳固，是提高网站流量的最佳途径。

一、社群发展

对于如何以社群概念增加会员人数，John Hagel Ⅲ & Arthur G. Armstrong 在

《网络商机》（*NET GAIN*）书中指出，社群发展阶段（Community Development Stage）（表 11－1）包括吸引众多网友上网站、增强网友参与感、建立网友忠诚度及获取价值等四部分。

表 11－1 网络社群会员发展四阶段

会员发展阶段	吸引会员	增强参与感	建立忠诚度	获取价值
内容	◆营销 ◆诱人内容 ◆免会费和免使用费	◆会员创作的内容 ◆社论或出版内容 ◆特别来宾	◆会员间的关系 ◆会员与站主的关系 ◆定制化的互动	◆交易机会 ◆目标性广告 ◆优质服务的收费

资料来源：John Hagel Ⅲ & Arthur G. Armstrong，NET GAIN，2003.

注．社群须逐步取得会员认同、支持、采纳，才能在社群中扮演举足轻重的角色。

（一）吸引众多网友上网站

现阶段入口网站的发展重点在吸引更多上网人口，使其成为网站的长期用户。与虚拟社区的第一阶段任务非常类似，都以广大营销、免会费、免费上网使用与诱人的内容来吸引会员。

（二）增强网友参与感

一旦网友进入社群，下一个挑战就是增强他们的参与热情，让会员可以自由提供意见、对各主题发表不同看法，将吸引会员经常拜访社群，长时间停留，长此以往将建立他们对社群的忠诚度。

（三）建立网友忠诚度

第三阶段在使会员间不断地“对话”（Dialogue），此一“对话”不只在留言板或讨论区，还包括以经营者的角度提供深度咨询、看法及仔细聆听网友的意见，使会员在对话过程中感受到尊重，激发交流的火花，增强对社群的高度参与意识，提高忠诚度与转换成本。

试想你每天都上同一个社群网站，在网站中认识一群志同道合的朋友，奠定你的地位与贡献，你会轻易离开此网站？答案是否定的，因为你在别的网站若要再找到一群和你兴趣相投的伙伴，是需要重新投入时间和气力去寻找和经营。

（四）获取价值

最后一阶段是进行价值创造与交换，即通过网站的高集客能力创造资金流（人潮就是钱潮），此交易就是所谓的电子商务。由此可知，社群网站不仅可以提高入口网站的会员人数，更为未来发展电子商务铺路，是社群网站发展中非常重要的一环。

HiNet 社群聊天室，提供便利、完整的网络服务，包括免费电子信箱、个人首页、讨论版、联天室等服务，创造网友彼此互动的机会，以建立社群的高凝聚力与认同度。

二、社群功能

以前上网纯粹想获得信息，现在他们寻求互动，例如：辩论、投票、游戏、谈恋爱等。

（一）社群发展的理由

网络社群大量出现入口网站或小型网站。为什么社群会兴起？关键在流量、交易、想法等。

（1）流量：全球信息网每年增长50%，网络社群每月增长20%。社群具有黏性，类似过滤性病毒，主宰着网络流量。

（2）交易：有东西要卖，可以在网站上找到买主。电子交易网站让人们认识到建立大型社群网站的必要性。

（3）想法：网站处理各种议题和构想，从环保活动到社会安全改革，利用网络社群来排定议程。

一旦决定在网站上增加新的网络社群（社群的建立对你有帮助吗?），你必须决定最棘手的问题：选择正确的工具来拓展社群，每款软件都可以运用在网络社群上。

当你决定所要建立的社群种类后，接下来必须评估所需的功能、决定该社群采用自建或外包、社群软件选择等。

（二）哪一型社群适合我

网络社群有许多种形式，最常见的网络社群技术是留言板（它也是最活跃的社群）和聊天室，还有邮件列表、即时消息、访客留言簿（Guest Book）、群组行事历（Group Calendaring）、游戏、意见调查，或其他群组技术等（表11－2）。

表11－2　社群形式与特色

社群形式	服务内涵	擅长之处
访客留言簿	让使用者张贴布告给其他人观看的工具	让使用者与你的网站互动
邮件列表、清单服务、在线新闻信函	用户订阅共同列表，张贴于列表上的文章会同时送给所有使用者。版主可管制或完全不管制	电子邮件社群在低流量网站上运作良好。收集e-mail地址是建立此类社群目的
留言板、布告栏、网站论坛	用户在共同信息区张贴文章，做出答复	留言板是发展最成熟的社群，需要大流量和使用者的忠诚拥戴
聊天室	使用者可实时与他人对话	为了让足够的人一起对话，需要大量的网络带宽和极佳的对话排程

注：您喜欢哪一类社群？根据个人需求选择社群。

合适的社群形态可根据需要而定，如果网站刚开始且流量不大，可使用邮件列表或留言簿；如果网站流量大，可考虑留言板和聊天室。根据 Forrester 报告，网站每天流量 2500 位访客，可设置一个留言板，55000 位访客可设聊天室。不过若举办一些活动，即使网络流量不大，还是可以成为一个成功的社群。

许多软件包会提供一些整合在一起的社群技术，使用者只需注册一次，就可以选择喜欢的方式。未来社群技术的差异会逐渐模糊，不过有必要选择合适的工具来使用。

社群软件选择必须考虑用户接口、用户张贴、版主修改功能、平台考虑、预算考虑及其他考虑等六部分说明。

1. 用户接口

用户接口分话题与连载、个人喜好、用户内存、书签及邮件通知等五部分说明：

（1）话题与连载：关于话题（Threaded，留言主题大纲）或连载（Serial，所有内容都在同一页上）式的留言板形式，有许多争论。前者适合技术性题材，后者适合社会性或高流量网站。

（2）个人喜好：许多软件包让用户自行设定接口。

（3）用户内存：有些软件包会记住使用者，在每次单独显示新留言或未读过的留言。

（4）书签：在论坛区内靠动态产生 URL 的软件包，会用书签和索引的方式来显示问题。

（5）邮件通知：少数软件包遇到有回复的留言时，会寄送 e-mail 通知。这个功能对于低流量的网站特别重要。

2. 用户张贴

用户张贴分登录系统、张贴后的编辑、拼写检查、内含 HTML 及附加档案等五个部分。

（1）登录系统：软件对于用户的登录及使用系统安全性，此系统涵盖毫无安全性功能到新登录者 e-mail 的确认一应俱全。

（2）张贴后的编辑：使用者张贴布告后，常常会改变主意，某些软件在张贴后有一段缓冲期，让使用者可以修改自己的张贴信息。

（3）拼写检查：许多软件包都没有这个功能。

（4）内含 HTML：越来越多的论坛软件允许使用 HTML 张贴信息。

（5）附加档案：相片、文件、程序代码和其他附加档案功能，皆是很实用的。

3. 版主修改功能

版主修改功能分易于删除、剔除参与者、产生新话题及档案张贴布告等四个部分。

（1）易于删除：许多软件包允许版主过滤和删除布告。

（2）剔除参与者：使用登录系统的论坛允许版主剔除不守规矩的网友。

（3）产生新话题：版主希望预留产生新话题或开发全新留言区域。

（4）档案张贴布告：活跃的论坛需有完善的档案管理能力。

4. 平台考虑

平台考虑分硬件需求、操作系统、系统考虑、速度、扩充性、稳定性及使用者追踪等七个部分。

（1）硬件需求：软件是为特定硬件平台设计，有些多重平台软件包在特定平台上表现较佳。

（2）操作系统：有些软件包只在 NT 执行，有些可在 Unix 版本执行。

（3）系统考虑：软件包会随着论坛区域扩大，需要特定的系统扩充。

（4）速度：缓慢的论坛软件让用户不舒服，软件的速度极其重要。

（5）扩充性：如果需要一个处理大流量的软件包，必须考虑高扩充性。

（6）稳定性：论坛软件非常善变，做任何决定前和资深使用者交换意见。

（7）使用者追踪：使用者的统计与追踪，对于规划与增强未来论坛的特色是非常重要的事。

5. 预算考虑

预算考虑分采购成本、系统需求及维护与支持等三个部分说。

（1）采购成本：论坛软件价格差异很大，套装价格与其价值并不一定相关。

（2）系统需求：需要新平台或是大肆扩充平台的软件需要很多钱。

（3）维护与支持：论坛软件最大的成本来自维护，支持正确性的调查成本也是非常重要的。

6. 其他考虑

其他考虑分自定义功能、链接至其他社群、搜寻功能、汇入其他格式、广告管理及支持与稳定性等六个部分。

（1）自定义功能：有些软件包采用开放架构和样板语言，用户非常容易自定义功能。

（2）链接至其他社群：渐渐增加不同社群间互连的功能，包括留言板、聊天室、电子邮件、即时消息等等。

（3）搜寻功能：论坛规模及档案不断增加，搜寻能力愈加重要。

（4）汇入其他格式：从另一个软件包汇入过往的内容，需要先确定新软件能否提供适当的工具和能力。

（5）广告管理：商业网站需要成熟的整合广告管理系统。

（6）支持与稳定性：群组原本承诺的新软件平台，最后才发现相关支持很少，或是该公司已离开相关产业，以致完全无法支持。

三、社群经营

一旦你决定社群的优先功能后，接下来就要决定社群经营包括架在何处及使用哪些软件，放在公司内或外包给社群主机架设服务等。

（一）自营网络社群

分为控制、整合与管理等三个部分。

（1）控制：你能完全掌控网站设计、外观感觉和未来的强化作业。

（2）整合：简化在网页上登录、电子商务或付费服务的整合作业。

(3) 管理：你可以避免外包厂商所造成的管理复杂性。

想由公司内部掌控社群的架设，你必须确定技术平台是否足以应付；你必须组织相关人员（技术人员、社群经理人员、社群维修人员），谨慎设计社群的使用与相应的规章。

一旦决定所需的功能，缩小所实行的软件范畴。如果你打算扩充到高流量，许多扩充性不佳的软件就不用考虑，所需的操作系统会帮你过滤不适合的软件。

一旦选择性减少，至少需要一个月测试，找出最佳的软件包。购买与安装各种软件包的成本，与经营一个网络社群的总花费来比较是较低的，值得花些时间和精力来查核几种不同的平台，万不可仅靠一两次的评比就评价软件的优劣，应彻底地进行研究与评估。

（二）外包网络社群

外包制作社群的选择，与公司内部经营的情况一样，也会有许多的服务和价格上的选择。在使用社群主机架设服务上有几种有力的优势。

(1) 方便性：将技术和管理事务交给其他人处理，帮你进行得更迅速。

(2) 专业性：主机架设服务具备丰富架设与经营成功社群的方法。

(3) 确定性：使用主机服务比自行经营社群更能掌握预算和效益。

WholeFoods.com 通讯总监和社群小组 Jon Lebkowsky 认为，选择主机服务的理由在于专业化的社群服务帮我们处理复杂的硬件管理与维护工作。

选择主机服务后，必须厘清企业关系、网站整合议题以及智能财产等因素。一旦关系无法维持长久，必须谨慎处理中止策略，并准备更换另一平台。

目前大多数低流量社群网站倾向于社群主机服务，例如：Yahoo Club 维持数十万个不同的社群；高流量商业网站大部分自行经营社群，也逐渐转向高阶主机服务。

（三）避免社群错误

了解如何构架网络社群固然重要，避开错误也一样重要，应注意下列事项：

1. 成长的准备

社群成员痛恨频繁更换平台和接口，所以事先对发展要有计划，包括平台策略、强大的软件，以及最重要的革新能力与准备。

2. 与使用者对话

每个软件商都说他们的产品稳定又多功能，每种主机服务都吹嘘服务好。然而，所有的社群经营者都遇过经营社群的梦魇。选择平台或主机服务前一定要走访实际用过该平台的经营者。如果不方便与现有使用者交谈，那么就聘雇一个管理顾问小组。

3. 选择长期稳定的服务

社群软件公司以令人目不暇接的速度出现或消失，例如，八分之一的社群软件不再续版。许多不幸的社群目前使用的平台不再有厂商支持了。所以选用任何平台前，一定要对其远景有信心，但不要迷信大公司的售后服务比小公司好；至少就社群软件界而言，情况并非如此。

4. 备份资料

许多社群经营者最惨的经历是系统崩溃，导致失去一大堆使用者。遭上司责骂虽然很惨，但更惨的是面对数千位使用者的不满。我们要认识到社群软件是善变的，避免出错，要时常将你的数据备份。

四、社群营销

除了电子邮件外，网络社群是收费服务的可能来源之一。为了多元化营收来源，降低网络广告的比重，雅虎奇摩推出付费交友服务外，再推“造型精灵”服务。该服务提供类似虚拟玩偶，让网络用户改变网络身份和其他网友互动。

用户须付出替换“造型精灵”配件与服装的费用约 10～120 元新台币不等。本项服务可与雅虎奇摩其他的社群 BBS、交友社群和实时传讯 Yahoo! Messenger 在线服务整合使用。

入口网站过去过于依赖在线广告，导致难以挣脱景气不佳的阴霾，使得全球雅虎奇摩公司不得不致力于开辟其他财源。虽然仍有八成营收来自网络广告，但开始推出付费服务，包括电子邮件信箱、在线扫毒等。

雅虎奇摩公司似乎看好以社群作为付费来源的潜力。雅虎奇摩公司指出，除了电子邮件信箱、在线扫毒等功能的收费服务外，像交友、拍卖等娱乐性的收费服务，经过人际互动推动，效果可以很快看出来。大众化、人际互动为主的社群行为领域，将是该公司付费服务的潜力区域。

建立志同道合的社群，吸引顾客加入，并与他们建立伙伴关系，邀请他们参与公司商品活动，让他们认同公司的商品与理念，乐于为公司商品做推荐、代言与营销，节省公司花在营销活动上的支出，称为社群营销（Community Marketing）。

企业应以 web 2.0 思维，建立博客或社群网站，与顾客联结、互动、分享与交流，拉近与顾客的关系，让顾客愿意为公司推荐商品、代言或营销。

提到社交网站，想必大家对 Facebook、MySpace、hi5、orkut 耳熟能详，2008 年时，最受欢迎的十大社交网站依序是 Facebook、Twitter、LinkedIn、Pinterest、MySpace、Google＋、DeviantArt、LiveJournal、Tagged、Orkut。

五、经营 Facebook

1. 打卡

在聚会聚餐的场合中，许多人坐下来的第一件事，不是点菜，而是打卡。一开始是由美国的服务业者 Foursquare 在 2009 年率先发展出打卡服务，主要配合智能型手机的普及，GPS 或基地台定位，记录到地图的数据库。

2. 粉丝团

粉丝团是属于众人集合而成的庞大社交圈，让使用者快速地找到好的产品或其重要信息，许多企业都将 Facebook 视为开展社群沟通的起点，经营粉丝团也变成企业沟通的重点工作。

3. 应用程序中心

Facebook 在 2012 年推出 App Center，通过更多元的应用，创造更多的营收。刚开始 Facebook 借由《开心农场》应用程序崛起，也陆续推出许多应用程序，例如：游戏、生日卡片、心理测验等等。

4. 广告

点进 Facebook 页面，都会看到左边有一排广告游戏或商品，有些中小企业会买 Facebook 公告栏推销产品或进行宣传。

5. 涂鸦墙

在上面随时更新信息、分享心情，朋友也可在上面留言，是一种互动方式。

6. 市场

使用者可以免费发布广告、二手商品、商业需求、工作征人启事等。

7. 隐私权设定

维持朋友间的私人空间，通过隐私权设定开放权限给认识的朋友。

8. 戳

单纯打招呼可以运用这个功能。

9. 状态

让使用者随时更新近况与生活，也可以透过“打卡”让朋友群知道自己的情况。

10. 活动

活动功能可以通知活动时间、地点，拉近社群关系。

11. 赞

用 like 对朋友发布的信息表示喜欢或赞赏。

12. 发表文章、图片、影音与分享

发表网络文章、转载图片或直播，并与大家分享。

13. 建立社群

建立一个主题讨论平台，吸引志同道合的朋友。

六、经营 Google＋

Google＋（Google Plus，简称：G＋或 GPlus）是 Google 公司推出的社群网站与身份服务；除社群网站身份外，Google 也将 Google＋视为其旗下众多服务之间社交层面的补充，与传统社群网站仅能登入单一网站的概念不同。Google＋整合 Google 所有社交服务诸如 Google Profiles 和 Google Buzz，还加入社交圈（Circles），多人视讯聊天（Hangouts），话题灵感（Sparks），Huddles 以及行动社交应用（Mobile）。

社交圈是 Google＋最重要的功能，用户可以直接拖拉圈选并分类联系人，随时重新命名、分享。预设的四个社交圈为“朋友”“家人”“点头之交”与“追踪”。另一功能为调整信息流即调整各个社交圈信息的多寡；信息流会视屏幕大小调整照片串流信息墙的行数，并能随着上方社交圈的标签过滤想看的信息；Hangouts 为 Google＋所提供的多人视频聊天服务（同一聊天室中，上限为 10 人），作为 Hangouts 的 Extras，使用者能够同步观看同一部 Youtube 视频并讨论，或者分享彼此的桌面等。

小结：顾客聚落

网络广告量大幅增长，代表企业主对网络营销信心增强，无论通过传统或是网络广告都不应该只是不断寻找新客户，应当思考如何留住忠实顾客，创造最大的效益。特别是竞争门槛被逐渐架高，机会还是在于核心价值、经营模式以及与消费者的互动关系等三个关键因素上。

与其邀集同业成立社群，不如找出自己的核心价值，正视自己与顾客的互动关系，好好经营属于自己的消费社群，提供质量优异的服务留住顾客。

新一代网站技术能协助企业轻松发展、管理庞大的顾客社群，以所谓“网站生成器”快速产生网站，内建完整的网站功能与后台管理工具，让顾客得以在企业所设计出来的消费条件与使用规范下，拥有、经营一个功能完整的社群网站。

产品价值高代表企业有更多的资源与能力经营这类社群服务，这类属性的商品与顾客之间的涉入程度也较深，更适合通过社群的经营来加强顾客关系，同时掌握市场与客户的变化。比如，车商能够提供车主自己经营社群的平台，能够循着车主自己的人脉，找出更多潜在客户，直接进行沟通或观察其需求。

网络技术的提升让企业不只经营在线社群，还能将众多社群集结为一个产业或品牌的聚落（Cluster），通过管理工具规范彼此的游戏规则与权利义务，创造顺畅的双向互动沟通渠道，甚至全新的销售通路。

社群经营

在 Web 2.0 网络浪潮下，全球企业莫不投注心力在博客、网络社群经营，如何经营出超人气的社群网站的确需要一些方法，不妨参考以下十种：

（1）测试社群可行性：想经营社群可到讨论区、聊天室或布告栏，建立一个讨论话题，测试社群的想法是否可行。

（2）欢迎造访者：成立一个社群网站必须全心投入。访客不喜欢一个人待在社群里，当访客一现身，要立即去欢迎，并将其引导到一个对话团体。

（3）使顾客自动上门：将成立社群的信息告知潜在参与者，制造一些话题，吸引人潮聚集。

（4）激发讨论：经营社群网站适时激发讨论，有助于知识创造与分享。

（5）招募志工：经营社群不是一两个人的工作，若能招募志愿者帮忙，可让社群经营更热络。

（6）制定游戏规则：你想要经营哪一类社群？以何种对话方式呈现？期待何种社

群气氛？要鼓励哪些互动行为？想让社群朝向自己期待的方式呈现，制定规范与游戏规则是必要的。

（7）大家的社群：让社群不仅属于自己，也同时属于所有参与者，才能让社群日益成长。

（8）建立风格：保有不同声音，才会吸引人进来看看不同的论调。

（9）壮大成员：社群慢慢成长后，开始需要数据库工程师、软件开发工程师、系统管理员等协助，在尽力网罗不同人才合作之际，也壮大你的社群。

（10）社群引导员：有新主题是很重要的，引导人群回流。好的社群经营技巧包括合时的议题、引言、一周的主题、问一些大家有兴趣的话题等（编修自 Manager Today 经理人）。

本章重点练习

（1）针对个案“销售铁三角”，提出个人意见。

（2）什么是社群？

（3）请说明社群的沟通形式。

（4）请说明社群发展的四个步骤。

（5）请说明社群发展的理由。

（6）请说明良好的社群应具备哪些功能，并提出个人意见。

（7）规划社群应避免哪些错误？

信息来源网站及参考书目

（1）世界经理人文摘杂志 . http：//www. emba. com. tw/.

（2）Seth Godin. Permission Marketing，New York：Simon and Schuster，1999.

（3）Kenneth C. Laudon，Carol Guercio Travel，E-Commerce：business，technology，society：Pearson Education Taiwan Ltd，1999.

（4）Judy Strauss，Raymond Frost. E-Marketing，2nd ed. ：Prentice Hall，2002.

（5）Stephen P. Robbins. Business Today：the new world of business，2002.

（6）John Hagel Ⅲ & Arthur G. Armstrong. Expanding Markets Through Virtual Communities，Harvard Business Press，2003.

任务12 “互联网+”邮件

年轻人是未来主流，必须学着向主流价值靠拢。

——威京集团　沈庆京

◆ 专家点评

伴随着数字时代的来临，科技产物成为数字生活中的主流，未来数字产物将充斥着生活圈，加上接触数字文化网民的年龄层逐渐降低，数字科技产物从年龄底层引爆的趋势无法避免。这一现象显示，年轻人已逐渐成为数字时代主流，企业与个人应尝试向主流价值学习与靠拢。

电子邮件营销

随着企业使用电子邮件频率的增加，电子邮件渐渐成为与员工或顾客沟通的正式工具，但是许多人在使用电子邮件时，一般沟通的细节都没有遵守。为了提高沟通质量，应注意电子邮件营销秘诀：联络方式、一封邮件一个主题、清楚说明行动内容、过滤收件者、立刻行动、沟通项目等。

1. 联络方式

每封电子邮件中都应附上发件人的公司电话号码及地址，方便收件者与发件人联络。

2. 一封邮件一个主题

现今许多办公室在公布事情时，都以电子邮件取代传统布告栏。在寄送邮件时，每一封邮件都应只有一个明确、独立的主题，让员工在收件时，能够抓到重点，采取应有的行动（图12-1）。

3. 清楚说明行动内容

例如，“甲同事，请你在星期五之前，建立完成所有顾客的数据库。”含糊不清的内容只会浪费双方的宝贵时间。

图 12-1 一封邮件一个主题，清楚说明行动内容

4. 过滤收件者

不要轻易按下寄给工作团队所有成员的按键，只把邮件寄给真正需要收件的人，否则容易浪费团队的工作时间。

5. 立刻行动

将电子邮件视为正式的沟通工具，对发件人提出的要求或问题，尽快给予必要的响应。例如，当客户寄送电子邮件，表达想要与公司合作的意愿时，应立刻与该客户联系。

6. 沟通项目

如果想要沟通的内容与个人情绪相关，最好通过当面或电话与对方沟通，避免使用电子邮件。双方要了解彼此的感受，必须通过声音、肢体语言及面部表情等。

许多人为了避免直接面对不愉快的情绪，选择以电子邮件沟通负面事情，结果却把自己和收件者之间的距离拉得更大，达不到沟通的效果（编修自世界经理人文摘杂志）。

第一节 电子邮件

随着上网人口增加，网络用户越来越依赖电子邮件（e-mail）作为日常沟通工具，电子邮件使用量大幅成长。Genesys 针对全球 2367 位顾客的调查显示，超过 89%的受访者曾利用 e-mail 进行客户服务（eMarketer）；IDC 指出，全球电子邮件使用量将逐年增加（编修自 IDC）。

一、电子邮件使用量

META Group 公布商业沟通方式偏好调查，80%的商业人士相信 e-mail 比电话更具商业沟通价值；74%表示无法使用 e-mail 比无法使用电话更令他们难受，他们偏好 e-mail 胜于电话的原因包括 e-mail 利于多方沟通、速度较快、可保留互动过程的文字记录、较适用变动性大的商业环境、有利于分布各地的工作团队进行沟通、满足信息快速散布的需求等（编修自 META Group）。

报告指出，中国台湾地区网络用户八成以上曾使用 Webmail 浏览信箱与收发电子邮件，利用 POP3 及 SMTP 收发电子邮件的网友超过一半以上；以 Webmail 来说，平均每人每天检视电子信箱两次，以 POP3 及 SMTP 收发电子邮件，平均每两天收发电子邮件一次，电子邮件收发已成为网友每日必须使用的功能（图 12－2）。

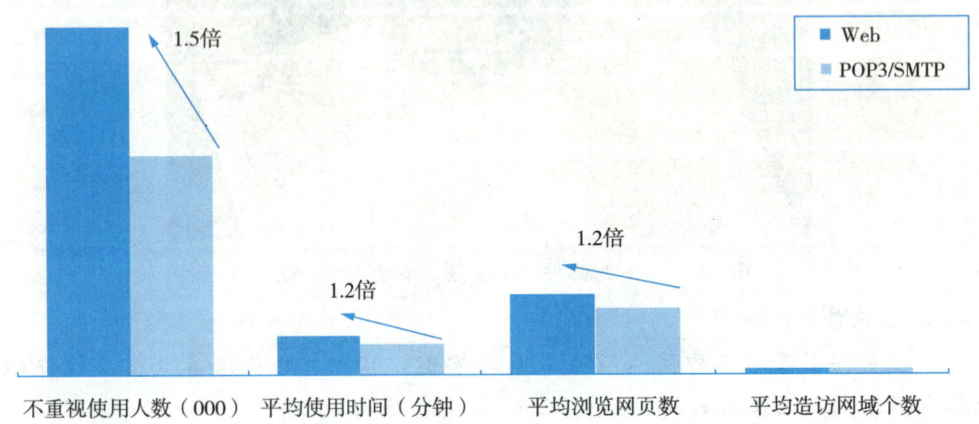

图 12－2　Webmail 和 POP3 及 SMTP 网友使用行为分析

注：鉴于便利性考虑，使用 Webmail 的收信者人数高于 POP3 及 SMTP。

分析使用 Webmail 和 POP3 及 SMTP 收发电子邮件的网友，使用 Webmail 网友人数较多，使用时间、浏览网页数及造访网站量都较 POP3 及 SMTP 使用者高。以人口分布来看，两者的男性使用者较女性多，年龄层集中在 20～29 岁；20 岁以下使用 Webmail 者为 POP3 及 SMTP 使用者 3 倍，学生是最大族群，白领上班族是使用 POP3 及 SMTP 的最大族群。

由于年轻的学生族群倾向于拥有免费的电子信箱，通常通过入口网站申请免费账号，使用 Web 收发信件的概率较高。反观一般上班族，几乎人人拥有公司提供的信箱，收发方式主要是通过 Outlook 或是 Outlook Express 等。

观察各网站电子邮件的表现，将近七成的网友曾使用雅虎奇摩的电子信箱平台收发电子邮件，平均每人一个月当中有 10 天会使用 WEB 收发信件 18 次，每人单次停留时间一分半钟。其次为 MSN 的 Hotmail 及 PCHome Online 电子信箱。

二、电子邮件特性

电子邮件逐渐受欢迎，乃因具备完成时间短、市场反应佳、成本低、无远弗届、一对一电子营销、精准营销及结合多媒体等七项电子邮件特性（e-mail Features）。

（一）完成时间短

实体企业完成一项销售活动通常需要花费 4～6 个星期，通过电子邮件平均只需 7～10个工作日即可完成。

（二）市场反应佳

传统邮递广告通常要花3～6个星期，若是靠电子邮件平均3天即可收到顾客反应。由此可知，电子邮件营销方式从开始制作、发送，到顾客反应所需的时间，总计不到传统邮递广告的十分之一。

（三）成本低

平均每1000件电子邮件所需的费用为5～7美元间，与传统邮递广告所需500～700美元相比较，便宜许多。

电子邮件快速增长，家庭所收到的传统邮递广告比例逐渐减少。由于电子邮件有其便利性，现代人相当依赖电子邮件作为沟通方式（编修自Gartner）。

（四）无远弗届

Nielsen//NetRatings发现，电子邮件仍旧是网络用户最常进行的网络行为。主因在于不受距离空间限制，费用支出又相当低廉（编修自Nielsen//NetRatings）。

（五）一对一电子营销

针对个别顾客的差异性，制定个人化邮件，让企业针对潜在顾客的个人需要，提供有价值的信息，借以提高顾客忠诚度，掌握顾客的终身价值。

（六）具备精准营销特性

营销人员精准筛选寄送对象，将特定营销信息传递给特定目标客群，同时针对顾客回复状态，发动二次营销、N次营销，提升电子邮件营销的有效性（图12-3）。

图12-3 电子邮件具有精确营销、一对一营销优势

（七）结合多媒体

企业通过自动化机制，追踪多媒体影音效果的呈现与浏览者的互动关系，立即产生在线分析报告，提供给营销人员分析目标族群的偏好，建立完整的客户交互式数据库。

此外，与技术结合通过电子邮件与消费者互动，建立完整的客户交互式数据库，达到顾客关系管理以及一对一营销目标。由此可见，电子邮件在个人与企业营销上扮演着不容忽视的角色。

三、电子邮件营销优势

网络兴起后，电子邮件应用成为广大网友最常使用的工具。根据 NetValue 报告，电子邮件营销逐渐成为营销的主流。网络用户依靠电子邮件与亲朋好友沟通，企业亦使用电子邮件当作全新的营销渠道。这不仅是由于电子邮件的发送成本低、效率高，更是因为其成为企业与顾客维持长期关系的最佳方式，于是乎电子邮件日渐受到个人与企业营销者的喜爱。

此外，电子邮件具有双向互动、实时回应以及可被追踪的特性，这不仅在企业内部提供联系与沟通的良好途径，对外更承担与目标族群沟通、服务客户的重要任务，是个人与企业营销及沟通的重要媒介。

电子邮件可应用于营销执行，与后端数据库整合，运用于行动短信、直效营销，针对个别客户偏好与响应状况，实时提供个性化的内容及回复，可掌握营销时机，同时提高顾客服务满意度，为企业取得最佳营销优势。因此，如何有效发挥电子邮件优势，建立一对一营销策略，成为个人与企业在规划相关营销策略时所必须面对的课题。

第二节　电子邮件营销

电子邮件营销除需要具备完善的营销工具外，更重要的是要注意每一个环节都必须考虑到顾客的感受与满意度，才能有效发挥电子邮件营销的效益。

电子邮件营销步骤（e-mail Marketing Steps）包括搜集名单、寄信原则、主旨、内容、递送、后续分析与多次营销等七个部分。

一、搜集名单

每个电子邮件地址都潜藏着商机，若有机会取得要好好把握，尤其是初次与客户接触时，在业务、营销、服务的过程中，主动留下电子信箱账号对日后的联系或其他用途绝对有正面帮助。搜集名单（Collect a List of e-mail）包括取得电子信箱账号、活动搜集名单、业务访谈资料、购买名单、推荐其他顾客、顾客许可的名单等六部分。

1. 取得电子信箱账号

利用各种活动取得顾客 e-mail 账号，例如在顾客下订单、研讨会报名、资料索取、问卷调查、获取折扣及优惠抑或申请新账户时，记得要设计电子邮件以及是否愿意收到数据的字段（许可式营销）。换句话说，多利用电子邮件开拓客源。

2. 活动搜集名单

通过网络进行名单搜集，可以在线举办游戏、票选、抽奖等活动时，吸引目标族群参与，以便达成名单搜集或促销等营销目的，筛选出预售（Pre-sales）名单。

3. 业务访谈资料

企业可建立一套记录业务访谈数据的系统，整理拜访数据，记录客户属性与顾客分级，方便后续名单的寄发与使用，随时与顾客保持联系，做好顾客关系管理。

4. 购买名单

市场上也有以名单数量计价的交易，须特别注意名单的有效性，以及是否符合目标客群的属性，使用上必须小心，最好能够先获取客户的许可再进行营销，以免造成顾客的反感。

5. 推荐其他顾客

除了通过网络活动吸引目标族群外，奖励网友替你宣传更可以达到事半功倍的成效，比如以赠品鼓励网友推荐3～5位好友。

6. 顾客许可的名单

无论是电子报还是E-DM，都可以通过取消/订阅机制，获取客户的许可，在客户认同的条件下获取名单，可避免造成顾客反感，对营销活动的执行，也比未经许可的情况更有效果。例如：美国网络酒商运用一对一营销策略，根据顾客过去的消费行为、浏览模式、偏好等，提供相关性较高的电子邮件信息，而非漫无目标的一般性电子邮件。使得邮件的点选率提高19%，收入也增加31%。

二、寄信原则

过去营销人员梦寐以求的精准式营销、一对一营销，通过电子邮件营销向前迈进一大步，也难怪有越来越多的企业思考如何调整固有营销思维与策略规划，掌握电子邮件营销的寄信原则（e-mail Principle），包括获得顾客许可、满足客户需求、重视个人隐私等三部分。

1. 获得顾客许可

FloNetwork调查发现，许可式（Opt-in）电子邮件是顾客得知商品或服务的主要来源之一，58%的受访者借着许可式电子邮件发掘网络新商品或服务，但是垃圾电子邮件的效果比横幅广告和实体邮件还要糟糕。这说明即便是好的广告内容，邮件名单上也须经顾客认同、许可，且与其兴趣及需求相符，切勿胡乱投递。

若有顾客直接或间接反映拒收电子邮件，个人或企业应予以尊重，否则会减弱电子邮件营销的效果。

2. 满足客户需求

从事电子邮件营销需针对不同顾客属性做邮件内容分类。例如：提供不同主题的电子报，顾客根据不同需求订阅不同类型电子报，才能发挥最大营销效果。

3. 重视个人隐私

消费者对隐私权日益重视，个人或企业切勿轻易让顾客资料外流或滥用，应严密保护顾客的数据。

三、主旨

“病毒快报”“缺钱吗？某某银行帮助您”，企业所提供的信息对客户有帮助或好处，或能解决顾客的问题，即可获得顾客的认同。主旨原则（Subject Principle）包括引起阅读兴趣、量身定做的主旨、避免过度广告、主旨与内容切合等四个部分。

1. 引起阅读兴趣

信件寄到顾客信箱，第一个关卡是主旨是否引起顾客兴趣，才能从密密麻麻的信件标题中脱颖而出，让顾客决定取阅这封信。寄信者在制作信件主旨时，应服从简单、明了、新鲜、新颖等原则，让读者产生点阅的冲动。例如：“什么！肯德基不卖炸鸡了？”让读者想赶快看看到底是怎么回事（图12-4）。

图12-4 有趣的邮件内容让人印象深刻

2. 量身定做的主旨

从信件标题营造出独特性、唯一性、量身定做的特质，或者让读者看到熟悉的人、事、物，势必增加阅读的概率。例如：“快看信！Roger取得博士学位了？”Roger是收件者的老朋友，以前在班上成绩老是最后一名，却取得博士学位，与事实反差的剧情，增大读者阅读信件的可能性。

3. 避免过度广告

虽说“免费”能够吸引顾客注意，但是像“免费带回家”这类老生常谈，已经让顾客看破手脚，容易和广告、推销画上等号，引起顾客反感。个人或企业在邮件规则设定拦截，将包含“免费”字眼的主旨直接删除。这类隐含广告、推销的言辞，既让顾客反感徒增困扰，亦无法与顾客建立和谐、融洽的关系。

4. 主旨与内容切合

顾客受到信件主旨吸引，打开邮件却发现主旨与内容不符，除有被欺骗的感觉，也可能断送与顾客长期的关系，切勿提供主旨与内容不符的信件。

四、内容

信件称谓要以个人化的方式呈现，让顾客倍感尊重；信件内容要切合收件者需求，才能吸引他们的目光。内容原则（Content Principle）包括格式、礼节、开门见山、专业素养、精美赠品、个人化内容、订阅或取消机制、质量管理与测试等八个部分。

1. 格式

HTML 格式越来越普遍，结合图片、Flash 制作出各种个人化的信件内容，漂亮的版面有助于吸引目光，但是要考虑下载速度是否造成顾客反感，或产生失望与不愉快的感觉。

若考虑递送的对象是工作繁忙的高阶主管，单纯的文字格式比复杂的图文动画更适合。

2. 礼节

让顾客倍感重视，避免用公式化用语。例如：亲爱的客户。应在每个细节应用个人化的称谓，呈现对方姓名和职衔，例如：林经理钧鉴等。

收件者方面，呈现对方个别的姓名、职衔或电子邮件，而非不明收件者，例如“undisclosed-recipients”等或是空白；寄件人方面，表明所属单位或姓名，尽量使用公司的代表账号，避免使用 ISP 或一般网站提供的免费信箱账号，类似 roger@yahoo. com，易给人不专业的感受。

尽量营造一对一的气氛，结尾注明寄信者姓名与职称，让顾客感觉这是一封针对个人专门寄发的信件。

3. 开门见山、单刀直入

Jupiter Comminications 研究指出：15%的读者会从头至尾读完一封邮件，51.2%的读者只念开头几句话，决定是否继续读下去。因此需要一针见血、开门见山地将重要的信息传递给顾客，让顾客一眼就看到最想看的部分，如果邮件是 HTML 格式，也可以用不同字体、颜色强调重点。或是将重点句子独立写成一行，让读者一目了然。

如果内容真的是丰富到非三言两语可以说明，那应该在起首条例摘要，让顾客马上看出重点，选择需要的信息阅读，这可以让顾客感受到个人或企业的用心与内容编辑能力。

有些个人或企业使用有趣的游戏或动画来吸引顾客的目光，须注意动画格式是否顾客打开后即可马上执行，文档大小不超过 500KB，控制下载时间在 30 秒内。有趣的动画能够赢得欢心，也可增加信件转寄的机会，有效提升邮件营销的效果。

4. 专业素养

每一封信代表个人专业素养及企业形象，除了注意内容正确外，力求使用专业用语，才能获得顾客的信赖。

5. 精美赠品

“精美赠品”较纯营销的电子邮件吸引目光，但是提供什么赠品给顾客，更是顾客所关切的，最好是顾客所需、感觉值得的，才能提升营销效益。

6. 个人化内容

信件内容依据顾客个别差异做个人化区隔，例如：提供符合顾客兴趣、爱好的商品、服务或信息，拉近与顾客的关系。

7. 订阅或取消机制

邮件要取得顾客收件的许可外，也要尊重顾客不想受到打扰的权利，每封邮件内都应该提供顾客取消订阅的机制，例如：不想继续收到邮件，请按这里取消订阅。同时自动区分订阅者与非订阅者名单，以进行后续的递送。

8. 质量管理与测试

写好一封邮件，从主旨、开场白、目的、内容陈述都应用心，每封邮件寄出前都应谨慎地检查，注意数字的正确性、错别字及相关信息，避免造成行事草率的错误印象。

另外，要防止病毒感染，仿真测试寄发信件给内部同仁应先行检视，确认完全没问题后，再行寄发。

五、递送

据Jupiter预测，每人每年将收到2000封广告邮件。个人或企业应思索递送邮件时机，确保顾客有时间去看。递送原则（Delivery Principle）包括递送时机、追踪重寄、递送频率、退信处置等四个部分。

1. 递送时机

经过周末，周一电子邮件信箱会堆积一大堆待处理信件，包括重要信件与广告信。周五至周末，顾客会将信件延至下星期一再处理，所以周二到周四是发信的最佳时机！

2. 追踪、重寄

信件寄发后，若没有得到顾客预期响应，最好能够做后续追踪，针对没收到或没看到的潜在顾客再行寄发，甚至可以直接打电话与目标客户联系，有效交互运用电子邮件与电话，提高顾客响应概率。

3. 递送频率

通过提高信件递送次数，增加达成交易的机会，但过多的邮件让顾客产生“弹性疲乏”，甚至产生取消订阅的念头。如果寄出的次数太少又很容易被顾客忽略，如何拿捏递送频率呢?

影响递送频率的原因，包括活动性质、产品本身、信息多寡、顾客需求程度等，个人或企业可检测、观察找出邮件频率。

4. 退信处置

一般来说，会有约5%～30%的电子邮件被退回，原因包括信箱长期没有使用、地址错误、工作变更、路由器或闸门（Gateway）问题等，使得电子邮件信箱被取消，造成信件被退回。

为了处理庞大的退信，造成营销人员很大的困扰，应该利用电子邮件管理软件自动记录退信，再加以改善或重新寄发。

六、后续分析

信件寄出后，必须追踪广告的具体效果，包括多少邮件被点阅，点阅的人是谁，点选信件中的哪些链接，多少人会交易等，这些效果都可以实时得到，甚至可以根据报表分析顾客脉动，这是传统电视、广播或平面广告难以得到的信息。

一次寄出数十万份电子邮件，并追踪结果，并不是一件容易的事，若采用具有完整追踪分析功能的电子邮件营销系统或专门的电子邮件营销公司为你代劳，可以让营销人员通过各种条件设定，轻易快速地进行交叉查询与分析，掌握最新邮件营销的成果。

七、多次营销

一个营销活动需通过与客户多次沟通才能取得客户完整的数据，营销人员应采用多次营销方式，逐步将每一次活动的问卷数据、信件发送报告汇整，掌握消费者行为与市场趋势。

企业应通过分析报表，精准筛选递送对象，区隔不同的消费族群，或针对顾客回复状态，再次发动多次营销，将特定营销信息传递给特定目标客群，以提升电子邮件营销的有效性。

八、电子邮件营销成功案例

位于新泽西州的 Children's Place 的电子邮件营销做法也许很传统，但十分贴心。

（一）Children Place

Children Place 借由电子邮件软件对顾客进行分类、设定、分发，从当季目录挑选五样儿童商品，把这份推荐目录递送至 3000 个旧客户电子邮件信箱。这个做法让网络商店和实体零售店这五样产品销量大增，20%的收件者直接从电子邮件中点选进入网站，是一般未经设计的电邮回复率的双倍（图 12-5）。

这群客户后来成为忠实客户，每次寄送电邮目录给他们，就会看到他们在网站上“血拼”（Shopping）。

（二）Garden. com

Garden. com 的个人化服务来自客户资料。例如，住在佛罗里达州的客户会收到如何在温暖气候区栽植蔬果、何种花卉适合本地区等电子邮件信息；住在北部缅因州的顾客会收到湿冷地区土壤需要何种肥料、花卉如何过冬之类的电邮。

做网络零售生意者需要善用电子邮件，举例来说，如果客户买了一台数字相机，照相器材店就应该送一封介绍数字相机外围产品的电子邮件。

图 12-5 寄送儿童商品目录邮件吸引旧客户

资料来源：http：//www.childrensplace.com.

（三）Wine.com

知名网上酒商 Wine.com 的电子邮件营销是精致路线，他们不只促销酒品，更像个风趣的酒类专家，告诉你葡萄品种、全球葡萄园、酿造过程等知识，甚至包括历届总统爱喝什么酒的趣谈。这类创意电子邮件让邮件订阅者转变成消费者（图 12-6）。

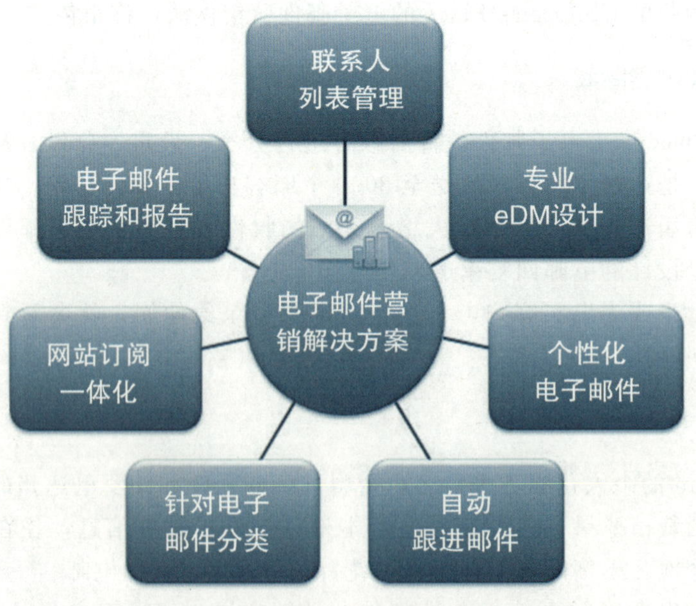

图 12-6 电子邮件营销精确锁定目标客群

电子邮件是厂商与消费者的沟通工具，营销人员在内容与信息的制作上给予投入的同时，也要慎选文件格式，避免由于消费者计算机打不开，而产生反感。

小结：导入电子邮件营销

电子邮件营销日渐重要，促使电子邮件营销服务公司蓬勃发展。提供邮件发送服务、顾客行为统计分析、个人化服务等，可外包专业公司执行，如果不放心将客户资料或名单交给其他公司处理，也可借助专业邮件软件寄发信件。

目前许多公司可提供专业发信系统，可以租赁给个人或企业进行电子邮件营销，从而达到节省软硬件、带宽与技术人力的投资成本，制作出专业一对一、一对多的营销信件。

公司也可根据个别需求，审慎评估各项投资回报率，导入专业电子邮件营销管理软件，提升营销效果。

本章重点练习

（1）电子邮件有何特性？

（2）如何搜集顾客电子信箱账号？

（3）电子邮件营销的主旨、内容与递送，须注意哪些事项？

（4）电子邮件如何管理？请提出个人看法。

参考书目

（1）世界经理人文摘杂志．http：//www. emba. com. tw/.

（2）Genesysv. http：//www. genesys. com.

（3）Emarketer. http：//www. emarketer. com/.

（4）IDC. http：//www. idc. com/.

（5）META Group. http：//www. metagroup. com/us/home. do.

（6）Gartner. http：//www. gartner. com/.

（7）Nielsen//NetRatings. http：//www. nielsen-netratings. com/.

（8）NetValue. http：//www. netvalue. com/.

（9）拍卖网站．http：//ebay. co. ukv.

（10）付费浏览．http：//www. mypoints. com.

（11）个人交友网站．http：//friendsreunited. co. uk/.

（12）旅游网站．http：//lastminute. comv/.

（13）MSN 网站．http：//www. msn. com/en-gb.

（14）购物网站．http：//www. amazon. co. uk/.

（15）流行网站．http：//www. haburi. com.

（16）美国网络酒商．http：//www. Wine. com.

（17）花艺网站．http：//www. burpee. com/.

（18）麦当劳网站．http：//www. mcdonalds. com. us/en-us/emors/404. html.

任务13 “互联网+”信息

收集、管理和使用信息的方式，决定了输赢！

——比尔·盖茨

◆ 专家点评

在知识经济时代，知识就是资源，谁拥有知识，谁就能创造财富。拥有财富，知识的收集、管理和使用就决定了输赢。尤其在知识经济时代，掌握信息就掌握权力与资源分配的能力。消费者应培养收集、管理与使用知识的技能，创造知识，构建竞争力。

数字工具

数字时代里，每个人可能同时拥有计算机、NB、手机、PDA 等数字工具。但工具齐全不代表效率高，要整合运用，否则只是浪费资源。

数字工具协助职场工作者有效整理、储存、检索、搜寻与传播信息，若能彻底E化，就能更快完成任务。不需要耗费时间在找名片、安排行事历、打电话、回信、搜集情报、写企划书、安排会议等琐事上，有效节省时间（图 13-1）。

e-mail 已成为现代人不可或缺的沟通工具，大部分人都使用微软系统，以 Outlook 进行收发信、行事历、记事、工作，若能与手机（Smart Phone）和 PDA 同步，将能取得事半功倍的效果。

以电话为例，因为有多种电话码、市内电话与分机等各种形式，若无统一格式，将造成检索与分类的困扰，甚至有些数据将无法使用。

示例：名片清楚方便检索

以名片分类为例，先列出分类表与关键词，这个基础工作做得愈详尽，日后搜寻就会愈方便。名片分类表其实就是 Outlook 通讯簿中的“群组”，可以先进行“大归

图 13-1 善用数位工具，发挥行销效果

类”，区分为基本类、重要性、用途功能、特殊用途、通用大类等项目，再进行“中归类”，例如将大归类中的“基本类”，进一步区分为客户、同事、厂商、媒体、信息、工商、亲友等项目。最后进行“小归类”，例如把中归类的“客户”，再细分为企业、个人等项目。

名片关键词依照常用字眼设定，如认识的日期与场合、隶属团体、介绍人、特殊专长、喜好、用途类别等，在有需要时便于检索，方便找到符合的数据。

做好分类后，接着要规划名片数据字段。基本字段包括中英文姓名、公司部门、职称、完整地址、通信（含电话/传真/移动电话）、电子邮件、网址。更个人化的则有生日、昵称、介绍人、统一编号等。若找不出适当字段键入，可以放到空白的“记事栏”，最好别遗漏任何信息。

示例：数字能力决定胜负

Outlook“通讯簿”功能，除固定格式外，别忽略“空白处”，应键入适当的查询值，便于日后查询。其实利用E化提高工作效率，不见得要花大钱，只要平时做好名片数据建文件，就成为个人人脉数据库。

针对顾客服务，也可设计销售服务记录、客户关系记录、客户关系管理等字段，关键词包括认识日期、场合、团体、介绍人、产业类型、专长、特色、往来记录、工作经历等等。接下来，将这些记录格式化，依序为时间、动作、场地、对象、事件。

第一节 知识经济

“知识就是力量”这句话传达了知识的重要性。身处瞬息万变的数字时代，知识管理已是个人及企业能否脱颖而出、维持竞争优势的重要因素，谁能做好知识管理，就能掌握赢的先机（图 13－2）。

知识不再如中古世纪是少数人的专利，一般百姓可以从较公平的起点出发，从追求知识开始，因此，权力与财富也就难以被长期垄断。

一、知识经济特色

随着科技的进步，许多数据通过交易行为产生，并且可以轻易地获得、累积。加上软件的辅助，这些数据可以经过分析、归纳、比对、统计，整理出有意义的信息，供决策参考。

知识经济是指以知识为基础的新经济运作模式。唯知识需要获取、累积、扩散、激荡、应用与修正，才能跨越传统的思维及运作方式，以创新、科技、信息、全球化、竞争力等新的增长动力，创造新经济。

图 13－2

知识管理是个人及企业脱颖而出的关键

资料来源：http://pic.sogou.com/d?query=%D6%AA%D7%52%B9%DC%CO%ED&mode=1&did=76#did75.

柯林顿说："新经济的燃料是科技与知识，新经济的精神是冒险与创新。"科技、知识、冒险、创新是面对挑战的重要课题，需要一个具有冒险精神的人，用创意、科技去累积知识开创新局。

（一）知识独领风骚

200 年来的经济成长背景，可以看到不同的时代，采用不同的生产因素，从劳力、土地、自然资源、资金、科技到现今的知识。谈到知识，斯坦福大学教授罗墨（Paul M. Romer）说："只有知识及知识的来源'新观念'是最具成长的潜力。"

当前企业可以依靠新科技暂时维持竞争优势，但不可能长期领先，因为新科技会不断出现，依靠新的知识，才能增大持续领先的可能性。新经济版图不在科技里，不是在芯片或是全球电信网络上，而是在人的思想领域里，只有持续维持知识的产生才是关键。

（二）管理推动变革

在这个剧变的年代，如何因应变局才是重点，推动变革与阻挡变革的力量同样巨大，寻求变革常见的重大错误是自视太高、变革领导团队不强、缺乏愿景、以不变应万变及坐视问题丛生。

（三）变革引发开放

经过痛苦的变革，就会出现开放的新机。知识经济的运作模式是不能容忍落伍的、封闭的心态与作为。结构性的改变正冲击旧有的体制，以前越保守、越久远的体制面临越重大的冲撞，当今的金融体系、教育体系、公务员体系，都需做好各种变革的准备，减少开放的冲击。因开放而带来的冲击必然会造成短期的痛苦，经过这种痛苦，开放才能扎根。

只有开放的社会，知识才能累积，才能提供足够的吸引力及安全性，凝聚人才、资金、技术、信息等。放眼当前，凡是开放的社会，就是进步的社会；凡是不开放的社会，就是落后的社会。

（四）科技主导创新

信息革命与技术创新造成高成长、低失业、低物价的社会状态；硅谷变成金矿，科技新贵变成天之骄子，新经济变成显学，然而旧产业无此成长的动力。

（五）创新推向无限可能

让资源最有效的运用，有其残酷的一面，也提供一个淘汰的机制。事实证明不断出现创新，经济就可繁荣。如果繁荣是创新之果，那么知识就是创新之因。一个社会拥有创新的主客观条件，有了无穷的创新，人类就可预约无限的可能。

（六）速度决定成败

比尔·盖茨说：“如果 80 年代的主题是质量，90 年代是企业再造，那么 2000 年后的关键就是速度。”借助科技的发达，让人类从脑力的限制下释放出来；许多软件让脑力得以发挥，也让人类从空间的限制下释放出来。消费者对速度的要求也越来越苛刻，对质量改善的速度要越来越快，价钱则要越来越便宜。这种商品要越好、价格要越低的反向现象，有时称为“逆向经济学”（Inverse Economics）。

（七）企业家精神化不可能为可能

经济大师熊彼特在半个世纪以前提出的创造性毁灭，生动描述在知识经济的波涛中，因特网公司的大起大落，就是一种敢冒险、敢创新、敢投资的精神弥漫在市场经济中。成功的创业者，化“不可能”为“可能”。

（八）因特网颠覆传统

传统经济学的报酬递减规律，当软件复制几乎不要成本，使用者付费、供需决定价格、交易成本不可忽视等根深蒂固的概念，几乎都面临新的定义，都必须做大幅修正。上网的魅力即在让你独立，独立后你更想上网。在此网络时代，在信息高速公路上，不超速就会被别人赶上。

（九）全球化增加无限商机与风险

20 世纪 90 年代被称为后冷战时代与全球化时代。在全球化整合的过程中，较落后的国家必须在法令、外国语文、信息通信、智能财产保护等方面加速改进。能力强者，全球是你的舞台，尽是挥洒空间；能力弱者，正面临排山倒海而来的挑战。

（十）竞争力决定长期兴衰

知识决定竞争力，竞争力决定一个产业或一个经济领域的兴衰。竞争力是指一国在世界市场上能创造出每人平均财富的能力。竞争力愈强，创造财富的能力也愈强。这个能力，不仅是指狭义的生产力，还包括多种经济与非经济因素，如公共建设、行政效率、环保质量、自由化与全球化程度等。

二、创造与应用知识的能力

在人类历史上，谁掌握资源，就能创造财富、拥有财富。人类经济的发展过程是从农业经济演进到工业经济，再由工业经济发展到知识经济。

农业时代致富的关键是土地，有土才能有财，才能生产粮食；工业时代能源（石油、资金等）就是资源，由于资本家掌握能源，就能创造和拥有财富；工业时代后期，需要大量资本的大规模生产成为经济成功的关键，赢家就是拥有最多资本的人。19 世初的卡内基，19 世纪 20 年代的福特、19 世纪 50 年代的美国企业与 19 世纪 80 年代的日本企业均是如此。

在知识经济时代，知识就是资源，谁拥有知识，就能创造财富、拥有财富。例如，微软（Microsoft）创办人比尔·盖茨（Bill Gates），本身并未拥有土地、黄金、石油等有形资源，借着知识资源，创造最大的个人财富；戴尔计算机（Dell Computer）迈克尔·戴尔（Michael Dell）靠着“跳过中间商，把计算机直接卖给消费者”的创意，获得了极大的财富。这就是知识经济时代的特质：创造知识与应用知识的能力与效率，凌驾于土地、资金等有形资源，成为经济发展的动力。

处于信息快速流通时代，只有充分掌握、运用信息，才能创造知识，累积财富。做法是从自身做起，构建属于自己的信息管理组合机制，包括构建个人通讯簿、群组管理、信息搜集规则、专属文件夹、识别身份切换、专业信笺、直接删除或检举等。

第二节 “互联网+”信息

盖洛普（Gallup Organization）调查发现，e-mail 是美国网络用户最常应用的网络活动，其中女性高达 66%，男性占 44%；网络调查公司 NetValue 网络用户分析表明，中国台湾地区网友最喜爱的网络活动是收发电子邮件，使用比例超过 67.0%；东方消费者营销数据库（Eastern Integrated Consumer Profile，E-ICP）调查显示，最近一个月上网民众从事网络活动前三名分别是 e-mail、聊天室与在线游戏；IT 顾问公司

META Group 公布商业沟通方式调查，80％的商业人士认为 e-mail 比电话在商业沟通上更具价值，74％表示无法使用 e-mail 比无法使用电话更令人难受，显示收发电子邮件是网友最常使用的网络工具之一，已成为生活的一部分。

META Group 指出，由于 e-mail 量大增，有些使用者每天收到超过 200 封以上的电子邮件，必须花费许多时间管理信箱，因此企业必须发展工具协助使用者加强信箱管理，使用者也必须对大量邮件的处理更为熟练（编修自 META Group）。

基于此，我们试图从网友最常使用的 e-mail 着手，建构一个让人际互动更快速“一对一或一对多”，更有效果“因势利导”，更具人性化、定制化“量身定做”，有效反制垃圾邮件（Spam）及建立个人资料库的机制，让收发与管理 e-mail、搜集信息更具效率与效果，做好完善的个人关系管理（Personality Relationship Management，PRM），称为个人信息管理组合（Personality Information Management Mix，PIMM）。

此类个人信息管理组合机制包括构建电子通讯簿、群组管理、信息搜集规则、专属文件夹、识别身份切换、个人化专业信笺、直接删除或检举垃圾邮件等七个步骤。

一、构建电子通讯簿

随着网络基础建设日渐普遍，全球被串联成信息地球村，彼此的关系已跨越时空藩篱、地理疆界，使得从事网络活动者逐渐倍增，尤其是通过 e-mail 传递信息已成为全民运动，为了使信息传递更便捷、易于管理，须构建电子通讯簿以竟全功。

构建电子通讯簿（Build Electronic Address Book）是指将朋友或顾客的电子信箱、电话、移动电话、网址、联络住址、传真机、生日、职业及家庭成员等人口统计变项数据键入收信软件（例如：Outlook）通讯簿相关字段（图 13－3），若时间不允许，至少须输入联络住址及代表此一住址之易记名称（如姓名），以方便两者相互连接及检索。

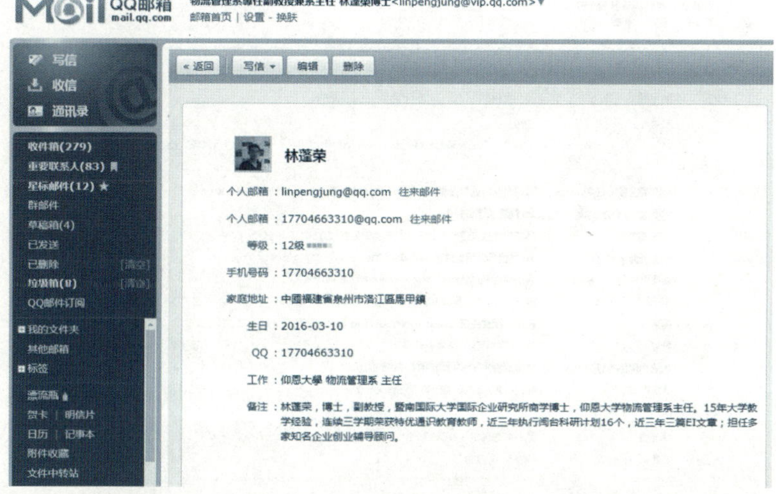

图 13－3 建立通讯簿 知识管理是个人及企业脱颖而出的关键

资料来源：QQ Mail

注：善用通讯簿相关字段，让人脉数据库具备数据检索功能。

构建电子通讯簿的好处在于节省时间、便于管理及查询，特别是同质团体人数众多，以搜寻方式比起翻阅笔记本更具效率与效能，只要键入查询条件（姓名），数据库随即锁定搜寻目标，完成目标消费者（收件者）设定，所有与特定个人相关信息一目了然。

二、群组管理

为了建立良善的人际互动关系，根据个人接收信息习惯的差异性，区隔朋友属性，以方便管理。依据 STP（Segment，Target，Position）原则，第一，将朋友数据依亲疏远近关系归类、分组，以作为有效区隔；第二，针对特点，选定目标，订定目标组名称或群组文件夹，类似某某公司同事、朋友、亲戚等，可根据个人实际需要划分目标组；第三，给予群组成员适切的定位，从个人电子通讯簿列表中选择各群组成员，将其汇入目标组，即完成群组定位程序。

发送邮件时，点击欲发送信件的收件者，即出现姓名、电子邮件地址及组名等字段的个人通讯簿，选取欲发送的群组，并根据此群组特性发送专属信息，称为群组管理（Group Management）。此一群组管理的便利性在于一对多传递信件，无须每次传递信件均重新输入收件者 e-mail Address，节省时间，亦方便管理。例如：设定转寄（Forward）相关文章给特定成员；依发件人特性设定邮件规则；特定群组来信，自动汇集至专属文件夹；利用不同 e-mail Address 接收不同族群来信，真正做到定制化的群组管理。

有关特殊信息的来源，例如：专业电子报，也可设定群组文件夹（图 13-4），让所订阅的电子报自动分类，便于阅读及管理。此类群组管理方式，除可运用于文件夹、邮件外，也可将通讯簿分群管理。

图 13-4 群组管理的群组文件夹（方形框线内）

资料来源：QQ Mail

注：根据用户个人习性，设定邮件规则，各类信息自动汇入群组文件夹，便于管理。

三、信息搜集规则

你常收到一些莫名的电子报、广告信件等垃圾邮件（Spam），造成收发邮件的困扰吗？尤其这些大容量的信件造成网络大塞车时，设定信息搜集规则让收发信件更有效率，就显得非常有必要。简单地说，信息搜集规则（Information Collected Rules）包括邮件条件、动作、编辑及名称等四项目，主要作用在于接收该收的、应收的信及信息，对于来路不明、造成困扰的电子邮件直接于收信服务器（Mail Sever）过滤、剔除，不致出现在收件夹内。

对遭受广告邮件困扰的人而言，只要你将垃圾邮件、不明人士或广告信件等 e-mail Address 登录通讯簿，然后至编辑邮件规则列表设定下列四个部分，即完成信息搜集规则设定，杜绝广告邮件干扰。

（一）选择邮件规则条件

邮件规则条件包括发件人包含人员、主旨包含特定文字、邮件本文包含特定文字、收件者包含人员、副本包含人员、收件者或副本包含人员、邮件标示成优先级、来自指定账户的邮件、邮件大小设定、邮件包含附加档案、邮件是安全的及全部邮件等十二个项目，可根据个人需求选定一个或以上项目。目的在于设定接收邮件或信息所实行的规则。

（二）选择邮件规则动作

邮件规则动作包括移至指定的文件夹、复制到指定的文件夹、删除、转寄邮件给人员、用色彩标示邮件、加上标帜、标示成已阅读、将邮件标示成保存或略过、回复时加上邮件、停止处理更多的规则、不要从服务器下载及直接从邮件服务器删除等十二个项目，可根据个人需求选定部分项目。目的在于设定接收邮件或信息所采取的行为动作。

（三）选择邮件规则描述

根据邮件规则动作及描述，点选加底线的值进行规则及动作描述的编辑，例如：设定发件人包含人员所寄来的信件，直接删除。其做法是自选择人员窗口中新增一个名称或直接从通讯簿选择人员，即完成设定程序。

（四）设定邮件规则名称

根据所设定的邮件或信息规则赋予一个容易了解执行目的的规则名称，以便于邮件或信息管理。例如：“不想收到林蓬荣寄来的信件”（图 13－5）。

不想收到的邮件或电子报信息，必须时常登录最新广告信件发件人 e-mail Address，随时修改邮件规则条件项目的发件人包含人员，才能直接从邮件服务器中删除。

换句话说，网友可根据个人邮件或信息搜集需求，设定规则，例如：不想收到容

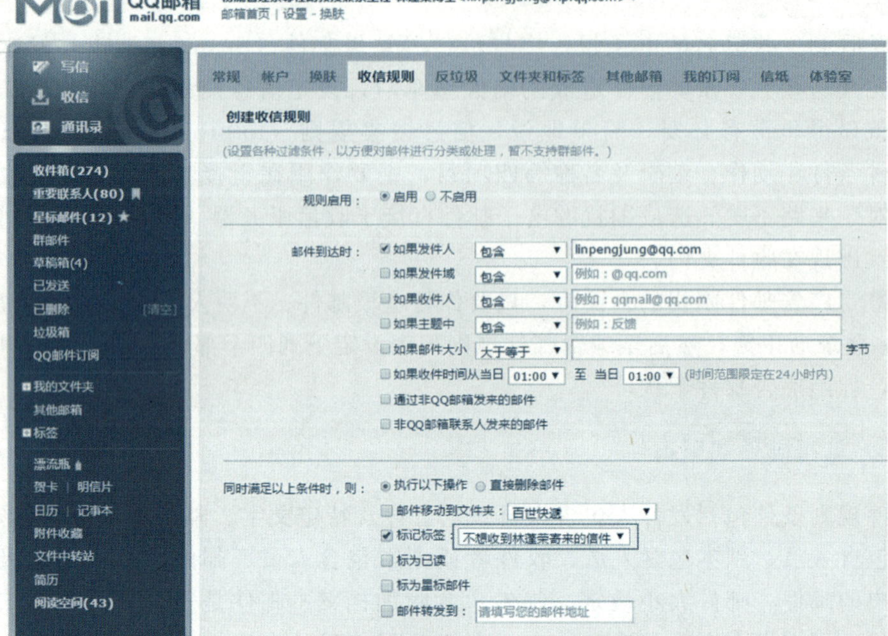

图 13－5

信息搜集规则设定不想收到林蓬荣的信（方形框线内）

资料来源：Microsoft Outlook Express

注：来路不明或广告邮件设定直接删除指令，有效管理垃圾邮件，节省收信时间。

量超过 10MB 的信息或信件，可选择发件人包含人员（条件），直接从邮件服务器删除（动作），并从通讯簿中选取发件人名称及设定邮件容量大小（描述），最后赋予顾名思义之易记规则名称“删除超过 10MB 邮件”或由计算机自动排定编号，即完成“新增邮件或信息搜集规则”的设定。将来如果实际行为改变，可直接移除或变更该指令。

四、专属文件夹

知识经济（Knowledge Economy）时代，信息传递快速、负载量密集＼质量参差不齐、信息来源等信息扩张的问题丛生，只有顾客及企业对信息的需求依旧存在，守门过程就更加重要与迫切，特别是影响市场存续的竞争情报（Competitive Intelligence，CI）的管理就必须做到易于检索、查询，必要时可借助图书馆的专业编目、分类原则，建立小型个人信息室。

我们提供一个有效管理文件夹的方式，首先于收件夹层级新增次一层级子文件夹（Sub-document），并以信息内容类型命名，作为文件夹名称，接着利用“邮件规则”，设定专业信息的发件人来信，自动将信息汇入特定文件夹，称为专属文件夹（Exclusive Folder）。例如：有关“网络营销”方面的邮件或信息，直接汇入“互联网+”文件夹（图 13－6），便于读者至专属文件夹查询相关信息，方便数据文件管理。

图 13-6 “互联网＋”专属文件夹（方形框线内）

资料来源：QQ Mail

注：有关“互联网＋”的数据自动汇入“互联网＋”文件夹，以此类推，其他信息也可设定汇入专属文件夹。

五、识别身份切换

网络业者提供许多免费服务，诸如免费 e-mail Address，使得一人登记数个电子信箱的情形屡见不鲜，为省却网友至各入口网站接收、发送邮件的繁杂，可通过收信软件统一收发、管理信件，网友只需变更登入账号及密码，即可区隔各信箱的用途，这种方式称为识别身份切换（Identity Switch）。

所谓“识别身份切换（图 13-7）”，就是利用不同账号、密码进行身份转换（登入或注销），好处在于有效区隔不同受众族群。例如，在公司接收私人信件较不方便，利用不同 e-mail Address 的切换，便于接收公、私领域的信件，不致造成混乱。这个做法像是拥有两个手机号码，一个用于公务，另一个私人使用。

六、个人化专业信笺

在人际沟通上，e-mail 的便捷性已逐渐取代传统信件，除了 e-mail 礼仪不如传统信件正式，常收到内容粗糙、排版凌乱、没有署名和问候词的邮件，容易令人怀疑其可信度或误认是垃圾邮件。

我们建议使用 e-mail 的网友，不要因为电子邮件方便，就很随性地就将信件寄出，这会让人对您的印象打折扣。

一封完整、完善、完美及专业的邮件应包括几个要素（图 13-8）：第一，信件开头须清楚地列出收件者姓名，及相衬的礼貌性问候；第二，内文排版须整齐、美观；第三，祝贺词须得体；第四，信件末尾的签名栏要清楚详列发信者的署名、服务机构名称、头衔、联络住址、电话、e-mail Address 等；第五，设定符合自己性格的信笺及字形。

图 13－7 识别身份切换（方框线内）

资料来源：Microsoft Outlook Express

注：通过不同账号、密码进行身份切换，有效区隔、管理资料。

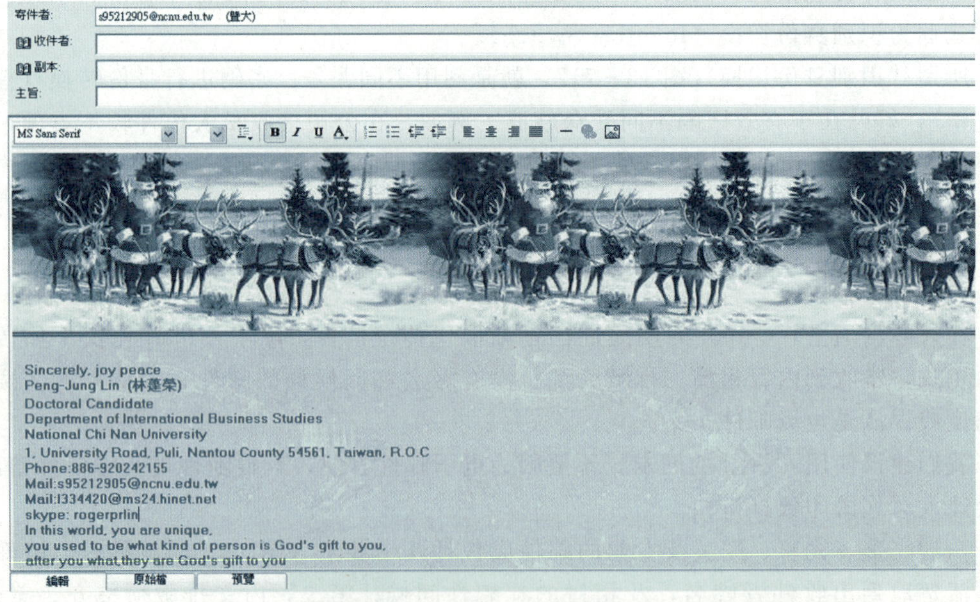

图 13－8 配合圣诞节的个人化专业信笺及签名栏（方形框线内）

资料来源：Microsoft Outlook Express

注：建立专属信笺及签名栏，具有个人独特性，并可配合节庆更改。

这些繁复动作，一经设定后，会在所有待发邮件上加上签名、固定字形、文字大小、问候语、联络数据及专业信笺等固定格式，无须另行书写，让 e-mail 更完善、更专业、更有效率，称为个人化专用信笺（Exclusive Personalized Stationery）。

七、直接删除或检举垃圾邮件

用户可以在通讯簿建立个别地址或网域安全名单，并设定信息搜集规则阻止来路不明的垃圾邮件进入用户的收件夹，将信件直接传至垃圾邮件夹或直接删除。换句话说，用户只会收到自己通讯簿名单内传来的邮件，其他邮件将直接被删除（图 13－9）。

图 13－9 防堵垃圾邮件，减少邮件管理时间

此外，用户也可向邮件滥用防范系统（MAPS）组织检举，将提供了垃圾邮件者伺服服务的 ISP 列入黑名单，或发邮件给入口网站提供的检举垃圾邮件信箱。

小结：杜绝垃圾邮件

Ferris Research 指出，垃圾邮件一年造成美国企业高达 89 亿美元的损失。

基于此，许多从业者提供了拦截垃圾邮件的技术，打击垃圾广告，像美国在线、雅虎、微软和电子邮件服务商等计划分析发信者的真正身份，防止垃圾邮件传递者发送大量捏造假的电子邮件账户，并使其无法获得新的邮件地址，抑止传递垃圾邮件账号的增加。

此外，政府机构也开始正视垃圾邮件造成的困扰，制定相关法令惩罚滥发垃圾广告者，美国逾半数州已制定反垃圾邮件法，例如：美国加州参议院通过法案，明确传发不请自来的电子邮件广告属违法行为，允许民众控告滥发邮件者，每则垃圾邮件可求偿500美元；美国国会议员研拟“封锁垃圾邮件法（CAN-SPAM Act)”，意在让传发伪造回信地址的垃圾邮件行为成为联邦犯罪行为。

除了从业者在技术面的努力，以及政府立法规范外，我们也需要网友的配合，将发信来源提供给垃圾邮件防范机构或组织，只有从垃圾邮件的原端有效阻止，才不会牺牲被冒用合法电子邮件者的权益。不管采取何种方式，都是为了防止信息垃圾，减少垃圾广告产量。

本章重点练习

（1）针对个案“活用数字工具”，提出个人意见。

（2）知识经济特色为何？

（3）如何构建电子通讯簿？

（4）如何加强邮件或信息群组管理？

信息来源网站及参考书目

（1）META Group. http：//www. metagroup. com/.

（2）NetValue. http：//www. netvalue. com/.

（3）Ferris Research. http：//www. ferris. com/.

（4）Jupiter Research. http：//www. jup. com/.

项目五 “互联网+”谢曲

我并非事事否定，只是凡事质疑

——英国诗人　拜伦 Lord Byron

王品 http：//www. wangsteak. com. tw/.

“互联网+”就是将顾客当成最重要的人，让客户感到特别尊宠。

◆ 专家点评

培养思考力，需要多看、多听、多问，认真质疑，掌握逻辑知识和唯物辩证法，凡事 deep，deeper，deepest，and keep doubt。学习“互联网+”也须抱持凡事质疑，才能让自己学到更多。

任务14 “互联网＋”创新创业

决定要做的事，就要完成它，即使遇到困难、挫折，也要坚持下去。

——知识分享者 林蓬荣教授

◆ 专家点评

既然是已决定要做的事，表示事前已经缜密分析过利弊得失，就要全力以赴去完成它，不要半途而废。就像目标设定后，只能努力朝目标前进，不达成目标绝不终止。

别人的嘴巴，自己的道路 @林蓬荣®

有一群青蛙在比赛谁能爬上最高的铁塔，比赛开始。一大群青蛙看着高大的铁塔异论纷纷：“这太难了！我们绝对爬不到塔顶。”“塔太高了！我们不可能成功！”听到这，有些青蛙放弃了。

坚持到底，不在意别人的批评，最终就能爬上高塔。

看着那些仍然坚持爬的青蛙，大家又继续说：“这太难了！没有谁能爬上塔顶的。”

就这样你一言、我一语，愈来愈多的青蛙退出了比赛。有一只愈爬愈高，最后当其他的青蛙都无法再前进的时候，它却成为唯一到达顶点的选手。

其他的青蛙都想知道，它是怎么做到的？跑上前去询问，才发现原来它是个聋子！知道这个故事告诉你什么吗？是的，嘴巴是别人的，人生却是自己的！虽然我们不必做个真正的聋子，却要永远充满希望、乐观和积极，不要只听那些消极、悲观的话，因为他们只会泼别人的冷水，浇熄你的毅力。

要将充满力量的话，时时记在心里，因为这将影响你往后的一生。嘴巴长在别人脸上，自己却要走属于自己的道路。在这个现实的社会里，即便是遭受旁人无情的冷落、批评、否定，甚至排挤，也不能表示你就必须唉声叹气、自怨自艾，唯一能否定你的人，只有你自己！因此，绝不能因为别人的几句批评或冷言冷语，就难过痛苦，因为那只会更让自己更没信心。

有人的地方就有是非，只要有嘴巴，就会有意见和批评。太在意别人的批评，不仅愈活愈痛苦，也会失去自己的看法和坚持，最后甚至连人生的意义都将游移、蒙蔽，如果真走到这样的地步，自我变成别人嘴巴的奴隶，岂不是很可悲？

别人的嘴巴，永远不能帮你走过人生的路，无论是康庄坦途，还是崎岖不平的路，都只能自己走，在那当中，如果得到的是鼓励和支持，就要永远感恩。

图 14－1 坚持到底，不在意别人的批评，最终就能爬上高塔

第一节 绪 论

这是一个讲究营销的时代，通过专业企划将企业品牌化腐朽为神奇，抓住消费者眼球流动，提升产业营收，这是网络营销企划的功用与魅力所在（图 14－2）。

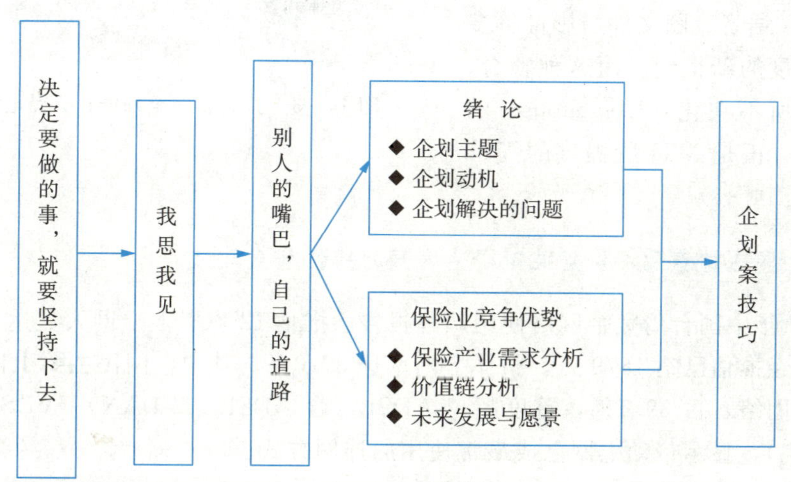

图 14－2 网络营销企划案架构

注：企划须合乎真实、创意、可执行，才能化腐朽为神奇。

一、企划主题及执行者

主题：构建保险产业持续性竞争优势；执行者：林蓬荣。

二、企划动机

本企划书源于知识经济时代来临，如何充分掌握时代脉动，以构建保险产业持续性竞争优势，已成当前重要课题，将从四构面分析如下：

（一）E化、I化、M化到U化时代

网站起始于1989年伯纳斯·李（Tim Berners-Lee）在日内瓦的欧洲粒子物理研究中心（CERN）所发明的全球信息网（World Wide Web，WWW），发展至今已历经二十余年，再加上科技的进步与发展，使网络产业从起初的E化，发展到双向互动的时代，可是对重视客户服务效率与效能的保险产业而言，只是单纯的公文收发E（Electronic）化与双向互动（Interaction），无法满足企业主追求速度的需求，只有达到行动化（Mobile）直接对保户联机沟通（Direct Online Communication）的要求，才是时时与客户同在的最高指导原则，也才是展现与讲究文字、语音、图文件与影像等多媒体传输速度的新世纪。而这种整合、协同式、无所不在化（Ubiquitous）的影音超媒体，正是MTI所提供的Web Telecom（图14-3）。

图14-3 具创意的企划能让人慧心一笑

（二）上网更加普及，保险业电子化有其必要性与必然性

据2017年中国台湾宽带网络使用调查报告，推估12岁以上上网人数达1760万人；而上网人数经推估已达1879万，整体上网率达80.0%。其中，网民主要上网方式为使用行动电信网络，占39.1%，首度超越ADSL（含ADSL＋WLAN）/VDSL（光纤到府/光纤到宅），显示行动上网已成最常使用的连网方式。

（三）运用知识管理（Knowledge Management）概念

创造保险业持续的竞争优势（Sustaining Competitive Advantage），是信息科技（Information Technology）时代最迫切且重要的课题。

运用知识管理的概念，不仅在于创造保险业的营收，并维持其持续的竞争优势，更在于帮助其解决客源管理的问题与发掘潜在客群的机会。

对保险业而言，不断地为旧保户持续性地服务与解决问题，以促使其重复或持续加保、追保，无疑是保险业维持营收的方法之一，但最根本的方法，应在于不断发掘潜在客户，并加以开发、维护与管理，才是维持客源绵延不绝的策略。而随着信息科技时代的来临，再加上越来越多且快速成长的 e 世代（E-generation）已逐渐以在线（On Line）作为人际沟通的工具，乃至于生活方式的一部分时，对于此快速成长的网络族群或未来保户，我们应尽早拟订因应方案，并正视网络族群保户在未来保险业中扮演的角色与地位，而这股保户网络化的浪潮只会更大，并不会停歇，因此我们不该忽略应用知识管理以创造产业优势的课题。

而我们的 Web Telecom 正是提供一个有效管理客户且传递知识、信息与客户的接口，这正好满足保险从业人员必须时常与保户作互动与传递信息的需求。而通过此接口，保险从业人员与保户间的互动将更具效率与效能，节省产业的支出，以维持产业的竞争优势。

（四）Knowledge Economy ＝ （People ＋ Information)^{s}

“＋”代表 Technology；“S”代表 Share。

知识经济是指知识需要经过管理、累积后，才足以创造利润，而在这个过程中，必须通过科技（例如：Web Telecom 所提供的整合式平台）才能将保险从业人员与保险信息两者融合为一体，在充分结合后，将这些信息分享、告知保户，使保户从认知、了解、产生兴趣到接受它，进而改变观念、态度，并产生购买的行为，才会为组织创造乘数的效果与加倍的利润。

对保险产业而言，分享的样本愈多，成功的概率将愈高。而通过 Web Telecom 的传布，不仅保险从业人员可以有效管理保户，并提高保户样本渗透率以开发潜在客源，对保户而言，也可以轻松使用 Web Telecom，达到与从业人员充分沟通的境界，即“主客尽欢、共创双赢”。

三、企划解决的问题

本企划在于解决企业所面临的问题，改善其现存的威胁与弱势，再造企业的优势与机会，企划能提高工作的效率，吸引消费者的注意力（图 14－4）。分析企划解决的问题如下：

（一）减少资源浪费

我们都清楚地知道，资源并非取之不尽、用之不竭，对公司而言，减少资源的浪费，无形中就为公司节省不少支出。例如：将原本需要用到纸张的部分，转换到电子化接口输出，就不用每个人都发给一份书面资料。

（二）节省成本支出

在行业景气低迷之际，公司开源不易，只有节省成本的支出，也只有在成本上占有优势，才能增强产业的竞争力。而 MTI 公司的 Web Telecom 将所有操作系统整合到一个接口上，客户可以轻易使用，并节省多重操作系统构建费用的支出。

图 14-4 企划能化腐朽为神奇，抓住消费者眼球流动

（三）有效的顾客开发与管理

对任何产业而言，有效的开发与管理客户是刻不容缓的课题。而 MTI 公司的 Web Telecom 可以无限延伸域名，提供给各产业应用，而各产业更可以因客户不同的特性与需求，给予社群化，并进行有效的顾客开发与管理。

（四）更有效率与效能的服务

现今是买方市场的时代，所有的购买行为讲究的是顾客导向，也就是以客户的方便为第一要务，因此产业在进行客户服务时，绝对须讲究效率与效能，而 MTI 公司的 Web Telecom 将电子邮件、语音信箱、传真、短讯、在线会议室等功能都整合到同一接口，不仅省却切换不同操作系统的时间，更提高对客户服务的效率，不啻是一个功能便捷的产品。

第二节 构建保险业持续竞争优势

保户的维护与管理、简化投保过程对保险行业十分重要，将从顾客关系管理与流程改造两方面做说明。

一、保险业需求分析（Insurance's Need Analysis）

如今是一个讲究个人化的时代，而保险业正是一个因个人需求不同，而提供不同服务需要的产业，因此顾客关系管理与传递信息流程的改造，就成为保险业相当重视的课题。

（一）顾客关系管理（Customer Relationship Management，CRM）

CRM的意思是建立保险产业与顾客的关系。而这种关系的建立与维护，应以科学化的方法来建构，以别于以往与客户长期互动经验所建立的关系。而所谓的科学方法就是通过计算机来进行消费者数据的搜集、分析、维护与建档，以找出消费者的购买行为与生活习性，分析如下：

1. 因保户个别差异而量身定做（Nice Suit）

每个保户因年龄、性别、身体状况、家庭背景、认知、教育水平等个人统计变项因素的不同与差异，所反映出的个人需求一定不同，因而个人重视且加重投保的项目也就歧异。例如：有些保户身体状况较差，即可加重投保医疗部分，而这些信息的取得应透过电子化数据的搜集、归纳、分析与建档而来，以便于保险从业人员帮保户试算、规划出最符合个人切身需求的保单，这也就是所谓的定制化（Customization）。

而MTI公司Web Telecom可以无限提供符合个别产业域名的电子邮件信箱功能，除了方便企业本身及其内部员工外，也可以提供给公司的客户，更方便保险从业人员将个人化数据透过电子邮件传给保户，而全球唯一且独特的个人认证码（PIN，Personal Identification Number），更可以满足客户个人化的需求。

2. 潜在客户的开发

保险从业人员除了持续提供旧保户的新需求，促使其重复加保外，也应持续开发潜在客户，增加保户的样本。但由于开发新保户所花费的成本是维护旧保户的5～8倍，因而我们可以通过成本最低、传递速度最快、渗透力最强的电子邮件营销（e-mail Marketing），来作为吸引新保户的方法。

而MTI公司Web Telecom所提供的通讯簿功能，有助于保险从业人员构建保户数据，并加以群组管理，以便于进行电子邮件营销。

3. 保险业服务区分散、管理集中的需求

由于保户缴纳保费的方式不同，保险从业人员须按月缴、季缴、年缴等不同缴费方式，向保户收取保费，然后再将数据汇整给各层级的分公司、总公司。在这一过程中，若因服务区幅员广大，且公司遍及全世界，将浪费庞大的人力、物力、财力等公司资源，长此以往，绝对会影响公司竞争力的提升。

而MTI公司Web Telecom是一个寻址架构于因特网上的整合平台，使用者只要上MTI公司之网址，并输入代表各公司的代码，即可方便存取数据，不仅节省时间与成本，最重要的是，正符合保险业服务区分散、但管理集中的需求。

（二）流程改造（Process Reengineering）

这是一个讲究科学方法的时代，必须时时寻求最佳的工作模式，因而创新、改造工作流程，以节省时间，并提高工作效率与效能，就成为企业主迫切思考的课题，分析如下：

1. 公司内部文件的公告

在以往，但凡公司任何文件的公告，几乎都以纸张的形式传播，长此以往，无形中会增加公司营运成本的支出。而 MTI 公司 Web Telecom 正可以作为公司的内部网络，扮演内部沟通的工具与桥梁。例如：有关保险从业人员的业绩榜单、人事升迁、重要决策，或公司数据库的建文件、分类与查询等信息，都可以通过 Web Telecom。

2. 公司外部公文书、宣传品的传递

科技无疑正在改变人类的生活，昨日微不足道的事情，今日或将成为生活的重心。Gartner Group 的调查显示，美国上网用户中，42%的用户在度假时仍然会检查、回复与商业相关的电子邮件；周末时则有 23%的用户会做同样的事。

调查也显示，53%的美国上网用户每天检查电子邮件 6 次，34%的用户全天候检查是否有电子邮件投进信箱，平均因商业需要而使用电子邮件者，每天花 49 分钟处理、撰写或回复电子邮件；企业用户平均每天接到 22 封电子邮件，其中有 27%需要实时回复，显示每天固定收、发电子信箱已成为生活的一部分。这些电子信件的内容不乏广告 DM、E-card、Coupon 等广告商或企业主为宣传公司产品所寄发，通过 Web Telecom 群组设定将电子邮件直接传给有效客群，不仅可以节省资源与成本，更可避免对顾客造成干扰。

3. anymember，anytime，anywhere，anydevice

只要取得 MTI 公司 Web Telecom 的 PIN Number 的客户，就可以随时随地在任何时间上网查看个人信件、传真、语音信箱、手机短信、使用在线会议室等，其便利性在于颠覆以往的使用模式，并将所有传播工具与操作系统接口整合在一块，节省保险从业人员行政作业时间，更可以满足个人保户接收信息的不同习惯。

4. 依权限设定的信息公开化

根据所设定的数据权限，让数据管理更有效率，必要时也可以将一般性的资料直接开放给保户查阅，通过这种信息公开化的方式，不仅可以满足越来越多网络族群保户主动性的需求，更可以降低客服服务的成本。例如：开放保户查询个人的保险额度、项目、类型等，以便随时依照个人需要增减保险需求，也可分担客服人员的工作量。

二、价值链分析（Value-chain Analysis）

这是一个价值取向的时代，当某项产品所提供的利益与便利越多，对顾客而言，该产品就越有价值，其吸引力就越大，顾客的依赖性也就越强，分析 MTI 公司及其相关产品定位、价值如下：

（一）Maxima Telecommunications Inc. 公司简介

1986 年，MTI 公司成立于美国纽约，初期主要服务项目在于提供实时金融信息（Real Time Financial Information Service）。由于 MTI 公司在金融信息产品上专注而持续的发展，MTI 的金融信息网络逐渐成为美国及亚洲众多期货公司、保险公司、金融经纪商、银行及投资人的信息服务网，因此奠定了 MTI 公司在国际网络服务市场中的基础。

鉴于 Internet 近年来的蓬勃发展，MTI 思考如何利用实时信息网络的基础，以提供消费者更经济有效的网络服务，因而在1995年年底，MTI正式推出自行研发的Inetfax传真网（这是个架构在Internet上的一个传真存转系统），在市场上受到许多消费者肯定。

如今，MTI已是亚洲地区布点最完整、营运分钟数最大的Internet传真业者，其传真主机网点在全世界已有108个；MTI传真网在亚洲地区的营业量及稳定性均是首屈一指，服务质量受到广泛大众的肯定。

另外，MTI将在近期全面推广网页通信服务（Web Telecom Service），提供一种全方位的网络电信服务。

（二）MTI Web Telecom定位（Position）

MTI Web Telecom是一个以网页浏览器（World Wide Web Browser）为中心的信息传输服务产品，主要目的在于利用Internet的便利性及成本优势，提供企业用户一个以Web为中心的通信及信息传输机制，让使用者花最低的成本，享受最便利的通信服务。

1. 提供无国界、无时差的实时服务

MTI于各国（地区）设立服务网点，让用户可以就近利用当地的电话网络与我们的主机联机，获得低价的信息收发方式，让信息的传输真正做到无国界、无时差且实时的服务，使用户得到最大的便利性。对保险产业及其从业人员而言，MTI Web Telecom无国界、无时差的实时服务，全面满足产业全球化、国际化及信息无国界的未来趋势。

2. 为企业解决问题

能帮助企业解决问题、发掘潜在机会的信息，是企业最重要的资产，而这些信息包括内部生产、销售信息、外部竞争者动态及新科技发展趋势等。因此，为妥善搜集、运用所有信息，全球各厂商纷纷计划设立企业入口网站（EIP，Enterprise Information Portal），并将所有信息整合到同一个接口。以便于信息的整合、管理与运用，这即是MTI Web Telecom信息整合系统（UMS，Unit Message System）概念的运用。对保险产业而言，MTI Web Telecom也能发挥同样的功能，并协助解决企业体所面临的问题。

3. 构建一个产业专属的通信网

以协同、整合式的商业处理接口与环境，提供私密化的信息链接信道及网络，其好处除了让企业使用网站更方便外，还在公众网络上构建了一个产业或个人专属的私密网络，其功能类似虚拟个人网络（VPN，Virtual Private Network）。这个用意在于为各产业打造一个专属的通信网，让其发挥各自拥有的客户关系管理系统（CRM）、供应链管理系统（SCM）、企业资源规划管理系统（ERP）等。而这正是MTI Web Telecom重视各产业独特性与差异性需求的产品特色，目的是提供一个属于个人及产业的自由、私密及自在的空间。

4. 为企业节省成本

为了降低并节省产业投入信息技术及整体商业的营运成本，并改善各产业重要组成机制的生产力，包含员工、事业伙伴、供货商及客户等。MTI Web Telecom建构了

一个信息整合系统，提供各产业节省营运成本的选择。

5. 在线直接双向沟通

新进保险从业人员在面对保户时，若发生信息不足或专业不够的问题时，可以利用信息整合系统中的网页电话功能，轻松拨通全球各地区电话，进行在线直接双向沟通，以获得实时的协助，并继续为保户服务。这不仅可以节省新进人员教育训练的时间，更可令其尽早适应保险文化。

（三）价值链分析（Value-chain Analysis）

任何公司所生产、提供的产品，其所展现的功能愈强，价值就越高，对消费者而言，该产品的吸引力就越强，被取代的可能性就越低，分析 MTI Web Telecom 的价值链如下：

1. 寻址（Fixed Address）

不管您来自何方，只要进入 MTI 公司 Web Telecom，即可同时享用收发电子邮件、传送全球传真、拨通全球电话、进行在线多方会议、收发语音邮件、发送手机短信、由电话到邮件、由电话到网页、由传真到电子邮件、由传真到网页等功能，且不必切换窗口与操作系统。

2. 整合式平台（Integrative Interface）

MTI Web Telecom 运用因特网的技术，将不同来源的信息整合在一个接口上（All In One），使不同的使用者如员工、企业合作伙伴、外部关系团体等，能借此单一入口网站来搜寻、撷取、分析、运用、分享信息，以满足其工作上、采购上或是投资上的需求，其好处在于，不用切换窗口与操作系统。

3. 接口易学、易用

MTI Web Telecom 所提供的接口很容易学习，只要按下接口上的各种按键，即可切换各种信息接收工具，对不熟悉计算机的新手而言，并不会造成阻碍，反而更能激发其学习的意愿。其好处在于，可以同时接收各种传播工具或媒介的信息，且不需要更换任何机制。

4. 群组管理（Cluster Management）

MTI Web Telecom 提供无限域名，可协助保险从业人员设定顾客群组。这种量身定做的方式，完全符合顾客的个人特质，又能兼顾有效管理顾客，其好处在于将顾客做有效的区隔，便于保险从业人员维系重要客户或开发潜在顾客。并针对各种特质的顾客，拟定了不同的营销组合策略，以满足保户的个别需求，真正做到便民服务。

再者，各部门、各组拥有各自的标识符（ID Code），便于总公司对各部门的管理与控制。

5. 在线多方开会

MTI Web Telecom 提供在线多方会议，可以让您主动邀请相关业务负责人参与会议，并在专属的会议室开会。在此接口上，您可以清楚看到每个与会来宾的发言。此外，可以直接将任何文件及图片上传，便于主客双方在会议中讨论，且不用担心受到干扰。

6. 影音超媒体

MTI Web Telecom 提供文字、图文件、影像传输、拨打移动电话、网络电话、收发电子信件、传真、短信等文字、声音、影像功能，比起“多媒体”所具备的功能还多、还方便，顾名思义为“影音超媒体（Hyper-medium）”。这种整合式（All In One）平台，可结合网络影像，将各位带入数字影像时代。

（四）目前市场状况

全球企业入口网站的市场规模将成为因特网产业中的另一项明星业务。在此风潮下，包括宏道信息、雅虎奇摩等网站，目前均锁定企业入口网站业务为今后的重点工作，以抢占商机，并拓展营收来源。

目前包括 FleetBoston-Financial、NCR、东芝等来自不同产业、超过百余家的机构，均已采用宏道信息的这项解决方案，以强化其企业入口网站的主动性。

三、未来发展与愿景（Future and Vision）

有关未来发展分国际化、产业间跨业与跨领域结合、虚拟与实体服务的相互为用、注重效率与效能及个人化营销等五个部分。

（一）产业国际化、全球化、无国界化

企业发展已逐渐从地区性（Area）、地域性（Region）、国际化（International）、全球化（Global）发展到无国界化，在此过程中，企业服务区愈来愈大，且分散于世界各地，如何集中管理抑或权力下放，就变得相当重要。而这股全球化乃至于无国界化的趋势，让生活在地球村（Earth Village）的我们都无法立身于外。因此，如何将庞大的企业资源做有效的管理与整合，将成为每个全球化企业应该思考的问题，而借助信息科技的应用，以达成资源的充分整合，似乎已成为唯一的选择。

（二）产业间跨业与跨领域结合

任何产业的发展都必须面对生命周期的问题，再不然就是须面对产业结构重组造成的产业冲击，这让部分产业结束营业，或者亏损连连。为了避免这些情形的发生，产业必须广结善缘或异业结合，才能互蒙其利，共创双赢。

（三）虚拟与实体服务的相互为用

随着信息科技的发展，上网已逐渐成为生活的一部分，尤其年轻人更是主要的上网族群，长此以往，将使上网成为一种生活模式与习惯。因此，除了一般实体（Physical Space）商店所提供的传统服务方式外，越来越多的企业也逐渐将网络的虚拟（Cyber Space）服务方式作为与消费者互动的媒介，且这种趋势正方兴未艾。对于那些还未电子化的企业而言，网络族群已逐渐形成，此刻不 E 化，更待何时呢？

（四）注重效率与效能

这是一个顾客导向的时代，凡事须以顾客为最优先考虑，而他们最在乎的是服务，因此任何产业都相当重视客户服务。谈到服务，首先是服务的效率，然后就是服务的质量，也就是所谓的效能。换句话说，服务要做得好，就必须做得迅速、做得有质量，才能在买方市场中得到顾客的青睐。

（五）个人化营销

这是一个讲究个人化与量身定做的时代，换句话说，因为每个人的品位、需求不同，企业主就必须根据各人不同的消费习惯与行为，量身定做不同的营销组合模式，因此透过电子信箱营销，就成为当前最具个人特色的营销方式，企业当妥善应用。

创新创业企划案技巧

创新创业企划案可分为七个步骤：发现问题、定义问题、搜集数据、数据分析、创意发想、选择可行方案、执行与检讨等。

1. 发现问题

企业经营存在许多问题：有些是明显的，有些是隐性的；有些是具体的，有些是抽象的。发现问题的角度，可以分为两方面，一是外部，一是内部。外部指消费者、供货商、竞争者、合作者、外部顾问等，内部是指基层员工、各部门主管、经理人、股东、董事等。从不同的角度可以发现企业不同的问题，而发现问题的方法则可以通过观察、谈话、阅读资料等方式来找出企业的问题所在。换句话说，企划的目的在于解决问题。

2. 定义问题

撰写企划案通常是为了解决某种问题，或是提出某种构想，例如：产品销售、新产品开发、员工训练等。这时候如何定义问题就变得非常重要。定义问题的方式、角度、层次不同时，所产生的解决方案也会有所不同。所以在定义问题的时候，可以从不同的角度、不同的层次来看问题。问题定义得当，可以使接下来的步骤进行得更加顺利。

3. 搜集资料

数据可以分为初级数据或次级数据。初级数据通过问卷、观察及一对一或一对多访谈等方式取得。次级数据则是通过网络、报纸杂志、数据库、政府出版物、研究报告等方式取得。一般而言，搜集初级数据较为费力费时，可以取得符合需求的问题；次级数据较容易取得，数据量也多，但是取得的数据不一定能符合自己的需要。最后需要注意的是，搜集数据的方式要依据问题的种类来选择，相辅相成才能呈现问题的原貌。

4. 资料分析

量化的数据可以得出某些统计量，例如平均数、百分比、标准偏差等，或者是利用统计软件，如：EXCEL、SPSS、SAS等进行分析，这些分析可以显示出数据的某种特性或差异。除了统计分析外，对于专家或是重要人士的访谈内容可以透过批判性思考的分析方法，分析受访者的立场与论点；或者是利用综合的方式，结合各方观点加以比较。

5. 创意发想

创意是一个企划案的灵魂。企划案没有创意就变成例行公事。创意可以是新发明、新包装、新改良、新组合、新应用、新搭配、新程序或是新制度。创意的过程，不要被自己的旧观念所限制，尝试天马行空的想法，就会产生不一样的答案。

6. 选择可行方案

创意可以千奇百怪，但是创意的落实就必须考虑现实面。选择可行方案就是在有限的资源条件下，选择可以达成的方案。一件企划案要能落实，需要上级主管及各单位的通力合作，还要足够支应的预算、人力以及各项资源。在撰写企划案的过程中，企划者应该不断去突破挑战这些限制，以期能满足企划案的需求。

7. 执行与检讨

企划案的执行需要通过整体企业有关部门分工合作，执行的过程中要注意实际情形与预期进度是否有落差。企划案撰写者应扮演协调、沟通的角色。而在企划案执行结束后，也应该进行检讨。包括预算的估算与运用情形，有无浪费或不足；实际与预期是否有落差，等等。适当的检讨可以使下一次的企划案更好。

上述流程是一种“逻辑化”的企划案撰写步骤，但在现实中，企划案的撰写并不一定都是这么“有逻辑性”，突发奇想或不经意地发现，都很可能是企划案的来源。但是撰写企划案的目的是要能将方案落实，所以必须考虑到很多事情。上述的流程可以帮助我们留意一些重要的事，这也是为何要有这些步骤的原因。

图书在版编目(CIP)数据

互联网+/林蓬荣,许哲毓,田崑主编．—合肥:合肥工业大学出版社,2017.8
ISBN 978-7-5650-3451-0

Ⅰ.①互…　Ⅱ.①林…②许…③田…　Ⅲ.①企业管理—网络营销　Ⅳ.①F274-39

中国版本图书馆 CIP 数据核字(2017)第 164292 号

互 联 网 ＋

主编　林蓬荣　许哲毓　田　崑　　　责任编辑　袁　媛　吴毅明

出　版	合肥工业大学出版社	版　次	2017 年 8 月第 1 版
地　址	合肥市屯溪路 193 号	印　次	2017 年 8 月第 1 次印刷
邮　编	230009	开　本	787 毫米×1092 毫米　1/16
电　话	艺术编辑部:0551-62903120	印　张	14
	市场营销部:0551-62903198	字　数	310 千字
网　址	www.hfutpress.com.cn	印　刷	安徽联众印刷有限公司
E-mail	hfutpress@163.com	发　行	全国新华书店

ISBN 978-7-5650-3451-0　　　定价:48.00 元